Knut Vollmer

Das Fachwörterbuch für Erzieherinnen und pädagogische Fachkräfte

Knut Vollmer

Das Fachwörterbuch für Erzieherinnen und pädagogische Fachkräfte

HERDER

FREIBURG · BASEL · WIEN

Für Jolanda, Theresa und Ferdinand

4. Auflage

Gedruckt auf umweltfreundlichem, chlorfrei gebleichtem Papier

Umschlaggestaltung: R·M·E Roland Eschlbeck/Rosemarie Kreuzer
Umschlagfoto: Hartmut W. Schmidt, Freiburg
Innengestaltung: Schneider/Reckels, Wiesbaden

Alle Rechte vorbehalten – Printed in Germany
© Verlag Herder Freiburg im Breisgau 2005
www.herder.de
Herstellung: fgb · freiburger graphische betriebe 2006
www.fgb.de
ISBN-13: 978-3-451-28700-8
ISBN-10: 3-451-28700-5

Inhalt

Vorwort

In den letzten Jahren sind die Fachbegriffe für Erzieherinnen und pädagogische Fachkräfte immer umfangreicher und differenzierter geworden. Während der „Berg an Begriffen" stetig anwächst, steigt der Bedarf, diese Begriffe für die Praxis erklärbar zu machen.

Aus dieser Situation heraus ist die Idee für das vorliegende Fachwörterbuch entstanden. Es soll relevante Begriffe in Anbindung an die tägliche Praxis definieren und zugleich Handlungsmöglichkeiten aufzeigen.

Das Fachwörterbuch ist in 6 Rubriken gegliedert:

1. Kindheit – Aufwachsen – Hineinwachsen in die Gesellschaft
2. Entwicklung im Kindesalter
3. Bildung und Erziehung
4. Pädagogischer Rahmen – Konzepte und Pläne – Einrichtungen für Kinder
5. Management und Recht
6. Entwicklungsauffälligkeiten – Behinderungen – individuelle Förderung von Kindern.

Durch die Rubriken ergibt sich eine inhaltliche Logik und Struktur, die die Vielzahl und Vielschichtigkeit der Wissensgebiete für Erzieherinnen und pädagogische Fachkräfte aufzeigt. Diese inhaltliche Struktur soll – anstelle eines einfachen alphabetischen Abhandelns der Begriffe – auch die vielfältigen Anforderungen an die Berufsgruppe widerspiegeln. Nicht zuletzt erhebt das Fachwörterbuch den Anspruch, mehr als ein Wörterbuch zu sein. Es wird Ihnen auch ein wertvolles Fachbuch sein, das Sie in Ihrer täglichen Arbeit unterstützen soll. Für das schnelle Auffinden von Wörtern dient das alphabetisch geordnete Register am Ende des Buches. Einige Begriffe verweisen auf andere und sind durch Pfeile gekennzeichnet. Diese sind im Register alphabetisch eingeordnet.

Eine umfassende, vollständige, inhaltliche und rechtliche Klärung der Begriffe ist nicht immer möglich gewesen, wofür keine Gewähr geleistet werden kann.

Knut Vollmer

1. Kindheit – Aufwachsen – Hineinwachsen in die Gesellschaft

1.1 Kindheit

Kindheit ist ein Konstrukt, das kulturell definiert wird. Heutzutage ist die Kindheit ein klar beschriebener Lebensabschnitt in Abgrenzung zu Jugend- und Erwachsenenalter, während im Altertum und im Mittelalter Kinder als kleine Erwachsene gesehen wurden. Die Kindheit ist entwicklungspsychologisch die Zeit zwischen der Geburt und dem Beginn der Pubertät. Rechtlich endet die Kindheit mit der Vollendung des 14. Lebensjahres.

Unter anderem durch Jean-Jacques Rousseau begann man ab dem 18. Jahrhundert „vom Kinde aus zu denken". Es war noch ein langer Weg, bis sich das heutige Konstrukt von Kindheit mit einem dazugehörigen Bild vom Kind entwickelte. Bei der Kindheit, wie sie in Industriegesellschaften definiert wird, handelt es sich um einen Lebensabschnitt, in dem Kinder bestimmte ▶ Entwicklungsaufgaben bewältigen müssen und dabei frei von der Verantwortung von Erwachsenen sind.

Diese Freiheit ermöglicht es ihnen, z. B. im Spiel, Rollen zu übernehmen, Fähigkeiten und Fertigkeiten zu üben und zu entwickeln, die sie später im Erwachsenenalter benötigen. Gleichzeitig befinden sich die Kinder in einem klaren Abhängigkeitsverhältnis von den Eltern, wenn es um wichtige Entscheidungen geht.

Kindheitsabschnitte
Frühe Kindheit (0–2 Jahre)
- Neugeborenenzeit (0–ca. 3 Monate)
- Zeit des ▶ kompetenten Säuglings (4–12 Monate)
- das Kleinkind im zweiten Lebensjahr
- ein infant (engl. infancy) ist ein der Sprache noch nicht mächtiges Kind (ca. die ersten zwei Lebensjahre)
- ein toddler (engl. toddlerhood) ist ein Kind, das sich unsicher eigenständig fortbewegen kann (ca. im zweiten und dritten Lebensjahr)

Kindheit (2–ca. 5 Jahre)
Kleinkinder können konkrete Merkmale des Selbst nachvollziehen. Das Selbst wird durch körperliche Merkmale („ich habe blaue Augen"), Aktivitäten („ich kann malen"), soziale Beziehungen („ich habe eine Schwester") oder Empfin-

dungen („ich bin traurig") repräsentiert. Mit zunehmendem Alter suchen Kleinkinder positive Rückmeldungen für ihre Leistungen und sind sich darüber bewusst, dass sich ihr Verhalten auf das Verhalten anderer auswirkt.

Schulkindzeit, Schulübergang (Vorschulkind) und frühes Schulalter (5–8 Jahre)

Nach und nach findet eine Verknüpfung der Merkmale der Selbstbeschreibung statt. Das Kind kann Gegensatzpaare bilden (groß-klein, gut-böse). Es beginnt, die Perspektive anderer Personen einzunehmen und versteht, dass andere Menschen eigene Überzeugungen haben.

Späte Kindheit, Mittleres Schulalter (9–13 Jahre)

Kinder können innere Dimensionen beschreiben, Merkmale, die hinter verschiedenen Fähigkeiten oder Verhaltensweisen erscheinen. Sie vergleichen sich in der Schule mit anderen, die peer-Gruppe (Gleichaltrigengruppe) wird wichtig.

Entwicklungsaufgaben in der Kindheit

Beschreibung von kindlichen ► Entwicklungsaufgaben:

Ca. 0–2 Jahre

Aufbau emotionaler Beziehungen, Entwicklung von ► Neugier und ► Interesse, Entwicklung der ► Motorik, Beginn der ► Sprache, Entwicklung von Fähigkeiten zur Selbstregulation, ggf. Eintritt in die institutionelle Betreuung.

Ca. 2–4 Jahre

Weiterentwicklung der Sprache, Weiterentwicklung der Fähigkeiten zur Selbstregulation im motorischen und psychischen Bereich, erste Entwicklungen einer ► Geschlechtsidentität, Entwicklung des ► Spiels, erste Ablösungen von den primären Bezugspersonen, Eintritt in die institutionelle Betreuung.

Ca. 5–7 Jahre

Übergang in die Schule, Weiterentwicklung der ► Geschlechtsidentität, Gruppenfähigkeit und Entwicklung von sozialen Regeln, Entwicklung der ► Moral, Entwicklung von mathematisch-logischen Denkweisen (► Mathematische Bildung).

Ca. 7–13 Jahre

Lernen von Kulturtechniken (Lesen, Schreiben, Rechnen), Erwerb von Wissen, Entwicklung eines leistungsbezogenen Selbstkonzeptes, von Selbstwert, Weiterentwicklung der Gruppenfähigkeit und sozialen Kooperation, Aufbau von Beziehungen zu Gleichaltrigen.

Bild vom Kind

Das Bild vom Kind (oder **Menschenbild**) ist eine Haltung von Erziehenden gegenüber Kindern, basierend auf verschiedenen Entwicklungsmodellen, Wertvorstellungen und Grundannahmen. Diese Haltung prägt das Erziehungsverhalten. Ursache von Konflikten in Kindertageseinrichtungen sind oft unterschiedliche Bilder vom Kind seitens der Erzieherinnen. Das Bild vom Kind muss in der Organisation, in der Kindertageseinrichtung geklärt und in der ▶ Konzeption verankert sein.

Zwei mögliche Unterscheidungen:

– Kinder müssen vor schädlichen Einwirkungen geschützt werden, damit sie sich gut entwickeln können. Die Erziehenden bereiten eine schützende Umgebung vor, in der sich die Kinder entwickeln können. Beispiel: ▶ Waldorf-Pädagogik.

– Kinder haben Potenziale und Fähigkeiten in sich und steuern ihre Entwicklung selbst in Auseinandersetzung mit der Umwelt. Die Erziehenden sind begleitend und unterstützend tätig. Kinder als eigenaktive Konstrukteure ihrer Entwicklung. Beispiel: ▶ Situationsansatz.

1.2 Familie

Die Familie (lat. familia = Hausgenossenschaft) ist eine generationenübergreifende Gruppe von Personen, die durch leibliche Verwandtschaft oder Heirat miteinander verbunden ist.

Der Staat garantiert grundsätzlich den Bestand der Familie. Artikel 6 des Grundgesetzes stellt Ehe und Familie unter den besonderen Schutz des Staates. Kinder benötigen beim Aufwachsen Menschen, die ihnen nahe sind, die ihnen Sicherheit und Beziehungen bieten und die auf ihre Bedürfnisse eingehen. Die Familie übernimmt in diesem Sinn grundlegende Funktionen beim Aufwachsen der Kinder.

Die Qualität der Eltern-Kind Beziehungen hat sich dabei in den letzten Jahrzehnten verändert. Während früher die Anpassung der Kinder an eine bestehende Ordnung im Vordergrund stand, steht heute in vielen Familien ein Beziehungsverhältnis im Vordergrund, das von partnerschaftlichen Strukturen geprägt ist. Dies drückt sich in Erziehungszielen wie Selbstständigkeit und Verantwortung im Gegensatz zu Zielen wie Gehorsam und Einordnung aus.

Im Laufe der letzten Jahrzehnte erfolgte ein Wandel von Familienformen. Während mancherorts von der Krise der Familie gesprochen wurde, ist festzustellen, dass sich Familienstrukturen im Gegensatz zu früheren Jahrzehnten verändert und entwickelt haben, die Eltern-Familie aber weiterhin der vorherrschende Familientyp ist.

Familienformen

Im Gegensatz zu früheren Jahrhunderten finden sich heutzutage neue Haushalts- und Familienformen. Gemeint ist dies vor allem in Bezug auf Haushaltsformen, da individuelle Lebensformen schon in früherer Zeit (wie z. B. das Alleinleben von Haushaltspersonal, Kostgängern, und jüngeren Geschwisterkindern) existierten. Neben nichtehelichen Lebensgemeinschaften mit und ohne Kinder sowie Wohngemeinschaften sind an dieser Stelle vor allem die Ein-Eltern-Familien bzw. die allein Erziehenden von Bedeutung.

Klein- oder Kernfamilie
Eine Familie in häuslicher Gemeinschaft, bestehend aus verheirateten Eltern und Kindern.

Nichteheliche Lebensgemeinschaft
Eine Familie in häuslicher Gemeinschaft, bestehend aus nichtverheirateten Eltern und Kindern.

Großfamilie
Eine Großfamilie besteht aus Kindern und Eltern in häuslicher Gemeinschaft, die sich über drei oder mehr Generationen verteilen.

Ein-Eltern-Familie
Eine Familie in häuslicher Gemeinschaft, bestehend aus einer Mutter oder einem Vater und einem oder mehreren Kindern.

Patchwork-Familie (Stieffamilie)
Eine nach der Trennung von Eltern neu zusammengesetzte Familie in häuslicher Gemeinschaft. Eltern bringen nach der Trennung und Scheidung vom alten Partner ihre Kinder in die neue Familie mit ein und bekommen ggf. mit dem neuen Partner Kinder.

Pflegefamilie
Ein Ehepaar oder nichtverheiratetes Paar nimmt ein Kind kurzfristig oder auf Dauer in Pflege.

Familienphasen/Familienzyklen

Familienphasen sind bestimmte Abschnitte in der Entwicklung von Familien.
- Bildung der Familie durch Entschluss zum Zusammenleben, durch Eheschließung
- Geburt des ersten Kindes

- Phase der Vorschulzeit
- Phase des Schulalters der Kinder
- Phase der Adoleszenz (Jugendalter)
- Entlassen der Kinder aus der Familie
- Phase der „nacheltelterlichen Gefährtenschaft" bzw. das „leere Nest"
- Phase des Ruhestands bzw. des Alters.

Die Phasen können durch verschiedene Ereignisse wie Trennung, Scheidung wiederholt, unterbrochen, ausgelassen werden.

Funktionen von Familie

Funktionswandel von Familie
Die Verlagerung von familiären Aufgaben an die Gesellschaft. Der Staat oder andere öffentliche Institutionen übernehmen heutzutage Aufgaben, die früher die Familie übernommen hat, wie z. B. die Betreuung der Kinder, während die Eltern arbeiten, Erziehungsberatung, die Betreuung und Pflege von älteren Familienangehörigen. Dagegen gewinnt die Familie als Ort intimen Zusammenlebens an Bedeutung, ebenso wie Freizeit- und Konsumverhalten in der Familie

Ökonomische Funktion
Die Sicherung der Existenz durch Berufstätigkeit der Eltern.

Körperliche und emotionale Versorgung
Zuwendung, körperliche Nähe durch die Bezugspersonen für ein körperliches und psychisches Wohlbefinden.

Rückzug und Erholung
Familie ist oft der einzige Rückzugsort.

Reproduktion
Sicherung des Fortbestandes der Familie und damit der Gesellschaft durch die Geburt von Kindern.

► Sozialisation
Die Familie hat als soziale Primärgruppe die Aufgabe, Kindern wichtige Normen, Regeln und Umgangsformen zu vermitteln.

1.3 Sozialisation

Sozialisation meint nach Hurrelmann die Entwicklung der Persönlichkeit in Abhängigkeit und in Auseinandersetzung mit der sozialen und dinglichen Umwelt. Bronfenbrenner definiert in seiner ökologischen Theorie der Sozialisation diese als Ergebnis der Interaktion zwischen dem wachsenden menschlichen Organismus und der Umwelt. Beide gehen von denselben Annahmen aus:

- Die menschliche Persönlichkeitsentwicklung wird beeinflusst von gesellschaftlichen (Umwelt) und intrapersonalen Strukturen (Anlage).
- Zwischen der sich entwickelnden Person und der Umwelt besteht ein wechselseitiges Verhältnis. Weder Anlage- noch Umweltfaktoren bestimmen die menschliche Persönlichkeitsentwicklung einseitig.
- Die sich entwickelnde Person ist damit nicht Objekt in einem Prozess, sondern Subjekt, das zwar von der Umwelt beeinflusst wird, aber auch wiederum auf die Umwelt einwirken kann.

Erziehung wird aus Sicht der Sozialisationsforschung nach Hurrelmann als alle bewussten und geplanten Maßnahmen und Handlungen verstanden, die dazu dienen, auf die Entwicklung der Persönlichkeit auf der Basis von Wertmaßstäben Einfluss zu nehmen.

Die Sozialisationsforschung (lat sociare = verbinden) bezieht ihre Grundlagen aus der Psychologie, der Soziologie und der Pädagogik. Sie untersucht, wie gesellschaftliche Faktoren (soziale, kulturelle, ökonomische und ökologische) die Entwicklung der Persönlichkeit beeinflussen. Ebenso wie die Entwicklungspsychologie geht die Sozialisationsforschung davon aus, dass die Persönlichkeitsentwicklung von Anlage- bzw. psychischen Faktoren und gesellschaftlichen Faktoren in einem wechselseitigen Zusammenspiel beeinflusst wird. Den Begriff der Sozialisation hat der französische Soziologe Emile Durckheim Anfang des 20. Jahrhunderts geprägt.

Primäre Sozialisation

ist die Sozialisation im frühen Kindesalter, in der Familie (familiäre Sozialisation). Die Grundstrukturen der Persönlichkeit werden entwickelt. Es werden elementare Werte, Regeln, Normen und Umgangsformen erlernt.

Sekundäre Sozialisation

Sie beginnt etwa ab dem vierten Lebensjahr. Es werden Verhaltensweisen gelernt, die für eine bestimmte Situation erwartet werden. Weitere wichtige Umgangsformen, Regeln und Normen, Interaktionsmuster werden weitervermittelt.

Sozialisationsinstanzen

Gesellschaftsebene

(soziale, kulturelle, ökonomische, technologische und politische Strukturen)

Organisationsebene/Institutionsebene
(öffentliche Einrichtungen wie Kindergärten und Schulen, Betriebe, Medien etc.)
Interaktionsebene
(Familie, Verwandtschaft, Freundeskreis, Gleichaltrigengruppe etc.)
Individualebene
(physisch-psychische Grundstruktur)

Werte

Werte sind historisch gewachsene und kulturell geprägte zentrale und bedeutsame Elemente eines Sinn- und Orientierungssystems einer Gesellschaft. Es sind die grundlegendsten und wichtigsten Orientierungen in einer Gesellschaft, die wiederum als Begründung für Normen dienen. Aufgrund ihrer Allgemeinheit liefern Werte i. d. R. keine konkreten Anleitungen für die Gestaltung von Situationen des täglichen Zusammenlebens. Hierfür bestehen soziale Normen, deren Grundlage Werte sind. Ziel innerhalb eines Sozialisationsprozesses ist es, dass Kinder Werte übernehmen und verinnerlichen. Werte sind z. B. Ehrlichkeit und Achtung vor der Natur.

Soziale Norm

Eine soziale Norm ist eine allgemeingültige Verhaltenregel, basierend auf grundsätzlichen Wertvorstellungen in einer Gesellschaft. Normen sind damit eine Konkretisierung und Verfeinerung von Werten. Es wird von den Mitgliedern einer Gruppe, Gesellschaft erwartet, dass diese die bestehenden Normen einhalten, andernfalls drohen Sanktionen. Aufgabe von Eltern und Erzieherinnen innerhalb des Sozialisationsprozesses ist es, Kindern Normen zu vermitteln, damit diese die Normen verinnerlichen (**Normvermittlung**).

1.4 Lebenswelt(en)

Die Lebenswelt ist die für einen Menschen konkret erfahrbare soziale, kulturelle und räumliche Umwelt. Der Begriff der Lebenswelt geht auf Edmund Husserl zurück. Er begründete eine philosophische Grundlagentheorie, die universell-menschliche Voraussetzungen der Wissenschaft entdecken sollte.
Für ein Kind im Kindergarten ist das Dorf oder der Stadtteil die Lebenswelt.

Im 8. Kinder- und Jugendbericht von 1990 werden sog. **Strukturmaximen einer lebensweltorientierten Jugendhilfe** aufgestellt: Präventive Orientierung der Angebote, Dezentralisierung und Regionalisierung (Einbettung von Einrichtungen in den Stadtteil), Alltagsorientierung (Zugangsbarrieren zu Angeboten sollen abgebaut werden, z. B. bietet eine Kindertageseinrichtung ein Abendessen für Familien statt eines offiziellen Vortrags an), Situationsbezogenheit (die Menschen werden in ihren jeweiligen Verhältnissen wahrgenommen, Ganzheitlichkeit (sieht Zusammenhänge, Wichtigkeit von der Zusammenarbeit von mehreren Fachdisziplinen), Integration (Eingliederung statt Ausgrenzung von z. B. behinderten Kindern), Partizipation (Beteiligung und Mitbestimmung). Der Kindertagesbetreuungsbereich als Teil der Jugendhilfe ist zur Übernahme der Strukturmaximen aufgefordert.

Milieu

Das Milieu ist die soziale, ökonomische, geografische Umwelt eines Menschen, die ihn beeinflusst und prägt. Nach der Milieutheorie werden Menschen überwiegend durch umweltbedingte und damit durch Bedingungen und Vorgänge im Milieu und weniger durch Anlagen geprägt (► Anlage – Umwelt – Diskussion).

Nachfolgend werden Bereiche aus der Lebenswelt von Kindern vorgestellt, die sich auf die Sozialisation und Entwicklung von Kindern auswirken.

Armut

Im Armuts- und Reichtumsbericht der Bundesregierung von 1998 wird auf eine Definition des EU Rates von 1984 zurückgegriffen: Arm ist demnach, wer über so geringe materielle, kulturelle und soziale Mittel verfügt, dass sie/er von einer Lebensweise ausgeschlossen ist, die in dem Mitgliedsstaat als Minimum annehmbar ist. Kernpunkt dieser Definition ist die Ungleichheit von Lebensbedingungen und die Ausgrenzung von gesellschaftlichen Mindeststandards.
Der Armutsbegriff der Bundesregierung basiert auf diesem Ansatz der Ungleichheit bzw. ungleichen Verfügbarkeit von Ressourcen: Armut ist **relative Armut** im Sinne von Ungleichheit.
Dem Begriff der relativen Armut kann die absolute Armut gegenübergestellt werden. **Absolute Armut** meint, dass ein Mensch nicht genügend Mittel zum physischen Überleben zur Verfügung hat.

Junge Familien mit kleinen Kindern sind besonders von einem Armutsrisiko bedroht. Nach einem Bericht des Deutschen Gewerkschaftsbundes und des Paritätischen Wohlfahrtsverbandes gelten in Deutschland etwa 2 Millionen Kinder als arm.

Kinder von allein erziehenden Eltern und von ausländischen Familien sind von Armut besonders betroffen.

Für Kinder hat Armut gravierende Folgen, u. a.:

- Kinder sind in ihrer Entwicklung Risiken ausgesetzt, besonders wenn mehrere belastende Faktoren zusammenkommen.
- Das Selbstwertgefühl der Kinder entwickelt sich mangelhaft.
- Schlechter Zugang zu Bildungseinrichtungen
- Armut hat Auswirkungen auf die Gesundheit, z. B. eine höhere Anfälligkeit für akute und chronische Erkrankungen.
- Arme Kinder und Jugendliche haben ein geringeres Wohlbefinden, sind unzufriedener und haben stärkere Zukunftssorgen.
- Kinder sind einsam, nervös und haben Konzentrationsschwächen.

Kindertageseinrichtungen können dazu beitragen, dass die Benachteiligung von Kindern aus von Armut betroffenen Familien ein Stück weit abgebaut werden kann. In Kindertageseinrichtungen haben Kinder Zugang zu Bildungsbereichen und können individuell gefördert werden. Die Kinder werden beim Aufbau von resilientem (▶ Resilienz) und pro sozialen (helfenden) Verhalten unterstützt, können Selbstwert entwickeln und Kompetenzen und Ressourcen aufbauen. Eltern können über Kontakte in der Kindertageseinrichtung aus ihrer Isolation finden und gegebenenfalls Zugang zu Hilfs- und Unterstützungssystemen bekommen. Voraussetzung dafür ist, dass in der Kindertagseinrichtung die Bedeutung des Themas erkannt wird, was nicht immer einfach ist, da Familien Armut oftmals nicht offen zeigen.

Freizeit

Der Begriff Freizeit hat seinen Ursprung im Zeitalter der Industrialisierung, als immer mehr Menschen in Fabriken arbeiteten und die Trennung zwischen Wohnort und Arbeitsort, zwischen Arbeitszeit und Freizeit vollzogen wurde. Die Freizeit ist ein Bereich im Leben der Kinder geworden, in dem sie vielfältige Aktivitäten und Beziehungen entwickeln, Fähigkeiten und Kompetenzen erlernen können und der damit entsprechend für die Entwicklung der Kinder eine große Bedeutung hat. In der Freizeit können Kinder ihre Vorlieben, Interessen und Stärken und damit ein Stück ihrer eigenen Identität entdecken.

Gleichzeitig besteht nach dem 10. Kinder- und Jugendbericht (1998) aber auch die Möglichkeit, dass die Freizeit für die Kinder im Sinne einer „Professionalisierung" des außerschulischen Lernens zu einem Leistungsbereich wird.

Die Kinder übernehmen und nutzen in ihrer Freizeit nicht nur Bekanntes, sondern entwickeln auch Eigenes und Neues (Spiele, Geschichten etc.). Dabei entsteht eine eigene Kinderkultur, die nach dem 10. Kinder- und Jugendbericht von einer hohen Kreativität und Selbstständigkeit geprägt ist. Wie Kinder ihre freie Zeit nutzen, ist abhängig von der Schichtzugehörigkeit, vom kulturellen Hintergrund, vom Alter und Geschlecht. Eine weitere Rolle spielt das Wohnumfeld, ob die Kinder auf dem Land oder in der Stadt wohnen, und das Angebot an Freizeitmöglichkeiten.

Gewalt

Gewalt bedeutet grundsätzlich, dass ein Mensch die Möglichkeit und die Macht besitzt, über andere oder über Sachen zu bestimmen und zu herrschen. Es gibt eine auf der staatlichen Ordnung beruhende begrenzte Gewalt, die **Amtsgewalt** oder **Staatsgewalt**.

Gleichzeitig ist Gewalt eine besonders schwere Form der ► Aggression, wie z. B. Schlagen, Erpressen oder Drohen.

Im Wörterbuch Pädagogik wird zwischen 5 Formen von Gewalt unterschieden:

– Körperliche Misshandlungen
– Vernachlässigung wegen der Vernachlässigung der körperlichen, seelischen und sozialen Grundbedürfnisse
– Psychische Gewalt (z. B. Angst machen, Lächerlich machen)
– ► Sexueller Missbrauch
– Erkrankungen des Kindes, die absichtlich herbeigeführt werden, damit die Eltern medizinische Hilfe herbeiholen können (Münchhausen-Stellvertreter-Syndrom).

Gewalt kann in Familien, in der Kindertageseinrichtung, in der Schule und in Medien stattfinden. Zum Teil ist in einem Grenzbereich zwischen einem rauen Spiel und Gewalt die Defintion von Gewalt schwierig. In Familien findet man sowohl Gewalt zwischen Eltern, Gewalt, die Eltern an Kindern ausüben sowie Gewalt zwischen Geschwistern. Gewalterfahrungen von Kindern stellen eindeutig eine Gefahr für ihre Entwicklung dar. **Bullying** ist eine Art von Mobbing unter Kindern oder Jugendlichen. Über einen längeren Zeitraum werden Einzelne, unbemerkt z. B. von Lehrerinnen, mit subtilen Mitteln (psychischer, physischer Art) aus einer Gruppe ausgegrenzt.

Bei der Frage nach Ursachen von Gewalttätigkeit spielen mehrere Faktoren eine Rolle:

– Erziehungsstil in der Familie: Ist das Erziehungsverhalten nicht vorhersehbar und unbeeinflussbar und setzen Eltern wenig oder keine Grenzen, so steigt die Wahrscheinlichkeit, dass Kinder Gewalt ausüben.
– Gewalttätige Handlungsmuster zwischen Eltern werden von Kindern übernommen.
– In der Kindheit erlebte gewalttätige Handlungsmuster werden übernommen und später selbst praktiziert.
– Gewalt als ein Bewältigungsmuster von Stresssituationen.
– Im Jugendalter kann der Einfluss der Gleichaltrigengruppe steigen.
– Gesellschaftliche Einstellungen zur Gewalt
– Migrationsspezifische Einstellungen

Gewalt spielt im pädagogischen Bereich vielfach eine Rolle: In der Beziehung zwischen Erzieherinnen und Kindern, zwischen Kindern oder als sog. strukturelle Gewalt, die von Institutionen ausgeht.

Kindertageseinrichtungen haben die Möglichkeit, präventiv tätig zu werden. Dazu trägt ein soziales Klima bei, mit dem sich alle, Kinder, Erzieherinnen und Eltern, identifizieren können. Beteiligungsstrukturen und eine wertschätzende Haltung gegenüber den Kindern können helfen, ein angenehmes Klima zu stärken. Räumliche und zeitliche Strukturen können darauf überprüft werden, ob sie Stress und Aggressionen auslösen. Erzieherinnen können mit Kindern den Umgang mit Gefühlen und damit auch Aggressionen ansprechen und üben. Modelle zum Konfliktverhalten können erprobt werden.

Kindesmisshandlung

Kindesmisshandlung oder Kindesmissbrauch ist jede Form von körperlicher, seelischer, emotionaler, sexueller oder psychischer Gewaltanwendung, die das Wohl des Kindes (► Kindeswohl) beeinträchtigen und zu Verletzungen oder zum Tod des Kindes führen.

Bei einem Verdacht sollten Erzieherinnen in Kindertageeinrichtungen mit Ruhe vorgehen, keine übereilten Schlüsse ziehen, die Leitung über den Verdacht informieren und den Fall mit Experten von Erziehungsberatungsstellen, Kinderschutzzentren etc. besprechen, um das weitere Vorgehen zu erarbeiten.

Sexueller Missbrauch/Sexuelle Misshandlung

Sexueller Missbrauch (oder **sexuelle Misshandlung**) als eine Form von ► Kindesmisshandlung findet statt, wenn Erwachsene zur Befriedigung ihrer sexuellen Bedürfnisse sexuelle Handlungen an Kindern oder Jugendlichen oder im Beisein von Kindern und Jugendlichen vornehmen; Weiterhin oraler, analer oder genitaler Verkehr, Nötigung zu pornografischen Aktivitäten. Sexueller Missbrauch findet oft im familiären Milieu statt, wird stark verschleiert und hinterlässt bei den geschädigten Kindern ein schweres Trauma. Sexueller Missbrauch von Schutzbefohlenen (z. B. Kinder in Kindertageseinrichtungen) bzw. Kindern ist nach § 174 ff. Strafgesetzbuch ein Straftatbestand. Verschiedene Symptome bei Kindern (z. B. Essstörungen, Ängstlichkeit, Zurückgezogenheit) können auf sexuellen Missbrauch bei Kindern hindeuten. Bei einem Verdacht sollten Erzieherinnen in Kindertageeinrichtungen mit Ruhe vorgehen, keine übereilten Schlüsse ziehen, die Leitung über den Verdacht informieren und den Fall mit Experten von Erziehungsberatungsstellen, Kinderschutzzentren, etc. besprechen, um das weitere Vorgehen zu erarbeiten.

Medien

Bei einem Medium (v. lat.: medium = Mittel vermittelndes Element) handelt es sich im Allgemeinen um einen Träger oder Übermittler von Jemandem oder Etwas. Der Begriff Medium meint u. a. ein Kommunikationsmittel (z. B. Telefon, Fax-Gerät, Diaprojektor) oder eine einzelne Publikationsform, über die diese Medien publizieren (z.B Bücher, Computer)
Medien gehören zu den Umweltfaktoren, die sich auf die Sozialisation und die Entwicklung von Kindern auswirken, hilflos ausgeliefert sind die Kinder diesen Einflüssen aber nicht. Die Lebenswelt von Kindern ist eine Medienlebenswelt.

Medienidole

Medienidole sind Figuren, die von Kindern und Jugendlichen aus der Ferne verehrt und als Wunschbild betrachtet werden (Zeichentrickhelden, reale Filmhelden, Fußballspieler etc.). Durch die Präsenz der Medienidole in der Ferne können die Kinder eine subjektiv gestaltete Beziehung zu ihrem Medienidol aufbauen und werden dadurch entsprechend der vom Medienidol ausgehenden Botschaften, von direkten und indirekten Aussagen, von ► Werten und ► sozialen Normen beeinflusst.

Die Kinder können so ohne Begleitung von Eltern oder Erzieherinnen eine Sicht von Wirklichkeit konstruieren, die zum einen zwar auf verschiedene

Bedürfnisse der Kinder (nach Helden, Stark-sein, Lösungen finden etc.) hinweist, ihnen aber auch Vorstellungen über die Welt, über Handlungs- und Lösungsansätze bietet (z. B. Gewalt, einfache Lösungen), die nicht in Einklang mit bestehenden Werten, Normen und Regeln stehen. Umso wichtiger ist es, dass die hinter der Verehrung von Medienidolen stehen- den Bedürfnisse der Kinder gesehen und von den Bezugspersonen aufge- griffen werden. Ein ehrliches Interesse an den Medienidolen seitens der Eltern und Erzieherinnen statt einer Abwertung kann dabei hilfreich sein.

Migration

Migration (lat. migratio= (Aus)wanderung) meint die Wanderung von Per- sonen oder Gruppen innerhalb oder zwischen Nationen.

Die Beauftragte der Bundesregierung für Migration, Flüchtlinge und Inte- gration definiert in einer Information zum Migrationsgeschehen Migra- tion als eine Verlagerung des Lebensmittelpunktes über eine sozial be- deutsame Entfernung. Internationale Migration ist die Verlagerung des Lebensmittelpunktes über nationale Grenzen hinweg.

Für die betroffenen Menschen, die Migrantinnen und Migranten, ergeben sich räumliche, soziale und kulturelle Veränderungen. Ebenso erfahren die Menschen in den Aufnahmeländern Veränderungen durch die multikul- turelle Gesellschaft. Ein wichtiger Aspekt von Kindheit in Deutschland ist das Aufwachsen in einer multikulturellen Gesellschaft. Migrantenfami- lien unterschiedlicher Nationalität prägen mit das Bild der Gesellschaft. Eine Konsequenz in Kindertageseinrichtungen ist die ▶ interkulturelle Er- ziehung. Für viele Migranten ist ihre Migration mit einem sozialen Abstieg im Aufnahmeland verbunden. Sie sind überdurchschnittlich von Arbeits- losigkeit betroffen. Die kulturelle und sprachliche Sozialisation von Kin- dern kann sich schwierig zeigen, da diese oft erst mit Eintritt in den Kin- dergarten die deutsche Sprache und Kultur kennen lernen. Andererseits kann sich die Zweisprachigkeit und das Aufwachsen im Kontext von zwei Kulturen positiv auf das Aufwachsen auswirken. Migrantenfamilien beto- nen dabei insgesamt stark die Familie als Gruppe.

Räumliche Umwelt

Die räumliche Umwelt spielt beim Aufwachsen von Kindern eine bedeu- tende Rolle. Während bei Säuglingen und Kleinkindern die Wohnung und deren direktes Umfeld wichtig ist, kommt mit zunehmendem Alter dem weiteren Wohnumfeld für die Kinder eine Bedeutung zu.

Im Durchschnitt ist die Wohnsituation von Kindern und Familien nach dem 10. Kinder- und Jugendbericht relativ günstig, allerdings wird die Wohnungssituation für junge Familien mit mehr als drei Kindern und für Zuwanderungsfamilien als schwierig bezeichnet. Werden die Kinder älter, beginnen sie, sich das Wohnumfeld anzueignen. Typisch wird dabei für die Kinder die Suche nach eigenen Orten bzw. (Frei-)Räumen, in denen sie, außerhalb von kontrollierenden Einflüssen, u.a. Kontakte und Beziehungen aufnehmen, Rollen übernehmen und Konflikte üben können. Studien zeigen, dass Persönlichkeitsmerkmale von Kindern nicht allein durch das Erziehungsverhalten der Eltern, sondern auch durch Erfahrungen, die das Kind im außerhäuslichen Bereich macht, beeinflusst werden.

Sucht

Eine einheitliche Definition von Sucht gibt es nicht. Von der Weltgesundheitsorganisation (WHO) wurde der Begriff Sucht im ► ICD 10 (Entwicklungsauffälligkeiten) durch den Begriff **Abhängigkeit** ersetzt. Im Alltagsgebrauch werden die Begriffe Sucht und Abhängigkeit oft verwandt benutzt.

Sucht kann beschrieben werden als die Abhängigkeit von Menschen von Substanzen (Alkohol, Nikotin, illegale Drogen) und Verhaltenweisen (Arbeiten, Spielen, Essen), durch die ein subjektiv besserer Zustand oder die Verbesserung eines negativen Spannungszustandes erreicht werden soll. Im **DSM-IV (D**iagnostic and **S**tatistical **M**anual of Mental Disorders – Klassifikationssystem psychischer Störungen) werden für das Vorliegen einer Sucht folgende Kriterien festgestellt:

– ein überwältigendes Verlangen bzw. der Zwang nach dem Suchtmittel,
– die Tendenz, die Dosis zu steigern,
– psychische und i.d.R. auch physische Abhängigkeit, die bei Unterbrechung des Konsums zu Entzugserscheinungen führt,
– schädliche Folgen für den Süchtigen und die Gesellschaft.

Die Frage, wie Süchte entstehen, ist nicht einfach zu beantworten. Mehrere Auslöser sind verantwortlich: Genetische, psychologische, gesellschaftliche Faktoren können die Entstehung einer Sucht beeinflussen. Jungen scheinen stärker suchtgefährdet zu sein als Mädchen.

Eine Sucht ist sozialversicherungsrechtlich als Krankheit anerkannt.

Man unterscheidet zwischen

Stoffgebundenen Abhängigkeiten

Von legalen Drogen: Alkohol, Nikotin, Medikamenten, Schnüffelstoffe

Von illegalen Drogen: Haschisch, Betäubungsmittel, Kokain, Heroin

Stoffungebundenen Verhaltenstörungen
Arbeitssucht, Computersucht, Esssucht, Kaufsucht, Spielsucht

Drogen

Drogen sind natürliche oder künstlich hergestellte Substanzen, deren Gebrauch zu einer Abhängigkeit führen kann. Die Wirkung kann beispielsweise stimmungsfördernd, angstlösend, leistungsfördernd oder schmerzlindernd sein. Nach der Weltgesundheitsorganisation (WHO) kann zwischen physischer (seelischer) und psychischer (körperlicher) Drogenabhängigkeit unterschieden werden.

Legale Drogen
Alkohol, Nikotin, Koffein, Schmerzmittel, Beruhigungsmittel, Schlafmittel.

Illegale Drogen
Halluzinogene (Haschisch, Marihuana, LSD), Opiate (Heroin, Morphium)

Synthetische Drogen
Ecstasy, Fentanyl

Psychotrop

Auf die Psyche einwirkend. Bsp.: Die Wirkung von Haschisch auf die Psyche des Konsumenten.

Suchtprävention

Suchtprävention in Kindertageseinrichtungen muss sich auf verschiedenen Ebenen widerspiegeln, die Ergebnisse aus der Resilenzforschung (► Resilienz) sind hierbei zu beachten:

1. Reflexion der Erzieherinnen: Welche Erfahrungen haben sie in ihrer Kindheit/in ihrer Familie mit dem Thema Sucht bzw. legale und illegale Drogen gemacht, haben sie selbst Drogen konsumiert? Wie gehen sie mit Alkohol und Zigaretten um. Wie kompensieren sie Belastungs- und Stresssituationen? Die Erzieherinnen sind die Vorbilder für die Kinder. Sie leben in der Einrichtung vor, wie man mit Konflikten, mit Belastungen, Gefühlen umgeht und beeinflussen so die Kinder.

2. Wie steht die Einrichtung zum Thema Sucht, Drogen: Umgang mit Suchtmitteln in der Einrichtung: Stehen alle Teammitglieder in der Pause in der Raucherecke? Gibt es Regeln, die den Umgang mit Zigaretten, Alkohol beschreiben?

3. Warnhinweise bei Kindern, die vielleicht auf eine spätere Drogenabhängigkeit hindeuten könnten, ernst- und wahrnehmen und ggf. Hilfe- und Unterstützungsmöglichkeiten für das Kind und die Familie su-

chen. Warnhinweise sind z. B.: ein schwieriges Sozialverhalten, starke Aggressionen, starkes Lügen, wenig Selbstwert, wenig Zutrauen in das eigene Können, ein schwieriger Umgang mit eigenen Gefühlen, eine schwierige familiäre Situation, eine schwierige schulische Situation.

4. Stärkung der Kinder über Angebote und Projekte sowie im Alltag: Ermöglichung von Erfolgserlebnissen, die Stärken der Kinder herausfinden und daran ansetzen, Gefühle zulassen, über Gefühle reden, Konflikte konstruktiv regeln, mit den Kindern den Umgang mit Konflikten üben, sinnvolle Freizeitmöglichkeiten für und mit den Kindern finden, Bewegungsangebote fördern, den Kindern helfen, Enttäuschungen und Misserfolge zu ertragen und zu verarbeiten, für Schulkinder Aktivitäten mit erlebnispädagogischem Charakter, mit älteren Kindern kann die Wirkung von Drogen z. B. über Filme, Gespräche thematisiert werden.

5. Zusammenarbeit mit den Eltern: Über Infoveranstaltungen, Elternabende können Eltern für das Thema sensibilisiert, können Fragen aufgegriffen werden, kann gemeinsam besprochen werden, wie Kinder stark gemacht werden können, sodass sie später nicht auf Drogen zurückgreifen.

6. Die Zusammenarbeit mit Eltern, die süchtig sind: In diesem Fall geraten Erzieherinnen in Kindertageseinrichtungen an ihre Grenze. Ziel sollte es sein, die Eltern an eine Beratungsstelle zu vermitteln. Eine Fallberatung für die Erzieherinnen durch Experten ist in diesen Fällen angebracht. Besteht der Verdacht auf eine akute Gefährdung der Kinder durch die Sucht der Eltern, sollten weitere Handlungen mit den sozialen Diensten abgesprochen werden.

2. Entwicklung im Kindesalter

2.1 Entwicklung

Entwicklung ist die Veränderung von bestimmten Merkmalen, Eigenschaften, Einstellungen und Fähigkeiten (z. B. Wahrnehmungs-, Kommunikations-, Erkenntnisfähigkeiten, Emotionen, Motivation, Handlungskompetenzen) eines Menschen im Laufe seines Lebens. Diese Veränderungen unterliegen vielfältigen Einflüssen – vom Menschen selbst und von der Umwelt ausgehend.

Im Gegensatz zur Entwicklung versteht man unter **Reifung** die durch ► Gene gesteuerte Entwicklung biologischer Strukturen im Gesamtorganismus mit der Folge von Verhaltensänderungen, die auf das ► Lernen keinen Einfluss hat. (Bsp.: Reifung der Wahrnehmung und Motorik beim Säugling, Reifung des Zentralnervensystems, des Körpers, Entwicklung der Sexualität im Jugendalter).

Ein Mensch muss einen gewissen körperlichen **Reifestand** haben, damit Entwicklungen vonstatten gehen können. Bsp.: Mit einem Jahr kann ein Kind noch nicht die Blase kontrollieren, diese Fähigkeit beginnt ab ca. dem Ende des 2. Lebensjahres.

Entwicklungspsychologie

Die Entwicklungspsychologie als Teil der Psychologie beschäftigt sich mit der Beschreibung und Erklärung der menschlichen Entwicklung. Sie nutzt dabei Erkenntnisse anderer Wissenschaften wie der Biologie, Medizin oder Hirnforschung. Die Entwicklungspsychologie bezieht demnach andere Bezugswissenschaften in ihre Beschreibungen und Erklärungen mit ein, so dass sie nach neuestem Verständnis eine interdisziplinäre Sichtweise vertritt. (Der Begriff interdisziplinär besagt, dass mindestens zwei Disziplinen zusammmenarbeiten.)

Anlage-Umwelt-Diskussion

Eine Grundsatzfrage in der Entwicklungspsychologie ist, ob ein Mensch die Anlagen für seine Entwicklung in sich trägt oder ob seine Entwicklung von äußeren Kräften gelenkt wird, bzw. wie hoch jeweils die Anteile von Anlage und Umwelt sind. Heute geht man davon aus, dass sowohl Anlage- als auch Umwelteinflüsse die Entwicklung in einem wechselseitigen Zusammenspiel bestimmen. Die Umwelt stellt Anforderungs- und Erfahrungsbereiche zur Verfügung. Es wird davon ausgegangen, dass die Kinder genau so viel von der Umwelt annehmen, wie sie verarbeiten können.

Gen
(gr. Génos = Geschlecht) Träger eine Erbanlage, eines Erbfaktors, der die Ausbildung bestimmter Merkmale eines Menschen bestimmt.

Entwicklungsverläufe
Häufig wird die Frage nach der normalen oder abweichenden Entwicklung gestellt.

Geht man davon aus, dass sich jedes Kind individuell entwickelt, stellt sich die Frage nach einer normalen oder abweichenden Entwicklung nicht. Abweichungen im Entwicklungsverlauf (Verzögerungen oder Vorsprünge) können in weiten Grenzen als nicht besorgniserregend gesehen werden. Ob Entwicklung insgesamt gelingt, hängt von den Bedingungen ab, in deren Kontext sie verläuft. Das bestimmte Zusammentreffen von Bedingungen kann einen Entwicklungsverlauf positiv oder negativ beeinflussen.

Entwicklungsverläufe sind nicht kontinuierlich. Entwicklung verläuft eher ungleichmäßig, durchaus verbunden mit Rückschritten. Dabei zeigen sich Entwicklungsfortschritte oft als Rückschritte, da die Kinder Veränderungen erst einmal verkraften müssen. Der Rückschritt ist so als Schutz zu verstehen, um ein Kind vor zu viel Neuem zu schützen. Während Jean Piaget ein Stufenmodell der Entwicklung beschrieb, geht man aktuell von einem Modell des **bereichsspezifischen Wissenserwerbs** aus.

Bereichsspezifischer Wissenserwerb
Kinder haben schon oder erwerben (Teil-)Kompetenzen in verschiedenen Entwicklungsbereichen. Heute weiß man, dass bereits Säuglinge über vielfältige Kompetenzen und Vorstellungen verfügen, die Piaget bei Säuglingen nicht erkannt hat und nur in Abhängigkeit vom Alter und der jeweiligen Entwicklungsstufe gesehen hat. Die Entwicklung dieser Bereiche geht unterschiedlich vonstatten.

– **Interindividuelle Variabilität:** Kinder im gleichen Alter entwickeln sich unterschiedlich, sie können, trotz des gleichen Alters, unterschiedliche Eigenschaften, Einstellungen und Fähigkeiten haben. Das bedeutet, dass die Merkmale bei Kindern gleichen Alters niemals gleich ausgeprägt sind.

– **Intraindividuelle Variabilität:** Innerhalb eines Gesamtentwicklungsverlaufes eines Kindes verläuft die Entwicklung der einzelnen Bereiche

(z. B. die Sprachentwicklung, kognitive Entwicklung, motorische Entwicklung etc.) unabhängig voneinander. So kann ein Kind schnell laufen lernen, während es bei der Sprachentwicklung länger braucht.
– **Sensible Perioden** oder **Sensible Phasen** sind Abschnitte im Entwicklungsverlauf, in denen im Gegensatz zu vorherigen oder nachfolgenden Phasen ein Mensch besonders gut Fähigkeiten erlernen kann. Bsp: Die sensible Phase für die Sprachentwicklung beginnt ab ca. dem 2. Lebensjahr.

Entwicklungsalter
Entwicklungsalter stellen Entwicklungsperioden bzw. Abschnitte in der Entwicklung eines Menschen dar, innerhalb derer bestimmte ► Entwicklungsaufgaben geleistet werden müssen.
Entwicklungsalter bzw. -perioden nach Bensel/Haug-Schnabel, angelehnt an Petermann u. a.:
– Frühe Kindheit (0–2 Jahre)
– Kindheit (2–4 Jahre)
– Schulübergang und frühes Schulalter (5–7 Jahre)
– Mittleres Schulalter (8–12 Jahre)

Die Entwicklungsalter können noch durch das vorgeburtliche Stadium ergänzt werden. Des Weiteren kann die frühe Kindheit in die Neugeborenenzeit (0–ca. 3 Monate) und in die Zeit des ► kompetenten Säuglings ► Kindheitsabschnitte (4–12 Monate) weiter differenziert werden.

Entwicklungsaufgaben
Ein Mensch bewältigt im Laufe seines Lebens Entwicklungsaufgaben. Für Kinder ergeben sich aus Alltagssituationen Aufgaben, die sie entsprechend ihres Alters bewältigen müssen.
Konzepte hierzu werden u. a. von Havighurst und Erikson vorgestellt. Havighurst beschreibt drei Quellen möglicher Entwicklungsaufgaben: 1. Physische Reifungsprozesse, 2. kultureller Druck bzw. gesellschaftliche Erwartungen, 3. individuelle Ziele und Werte. Darauf aufbauend gibt es drei Formen von Entwicklungsgaufgaben: 1. Entwicklungen des Körpers (z. B. Laufenlernen, Bewältigung der Pubertät), 2. Anforderungen durch die Umwelt (z. B. Berufsausbildung), 3. Aufgaben, die man sich selbst stellt (z. B. Trennung vom Ehepartner). **Kritische Lebensereignisse** nennt er Ereignisse wie die Trennung der Eltern, Tod, Arbeitslosigkeit. Weiter sind Entwicklungsaufgaben nach dem Alter, nach Entwicklungsperioden geord-

net. Bsp.: Entwicklungsaufgaben eines Kindes im Alter von 2–4 Jahren: Motorische Selbstkontrolle, Sprachentwicklung, Fantasie und Spiel, Verfeinerung motorischer Funktionen.

Havighurst geht von ► **sensitiven Perioden** aus, d. h. Zeiträumen, die für bestimmte Lernprozesse besonders geeignet sind.

Coping (engl. fertig werden mit etwas) meint die bewusste Bewältigung von Entwicklungsaufgaben.

Kompetenter Säugling

Lange Zeit galt ein Neugeborenes und ein Säugling als ein Wesen, das ohne oder nur mit wenig Fähigkeiten zur Welt kommt. Mittlerweile wurde dieses Bild vom hilflosen Säugling revidiert. In vielen Untersuchungen wurde nachgewiesen, dass Säuglinge mehr Kompetenzen besitzen und entwickeln können, als früher angenommen. Von Geburt an haben Säuglinge ein umfangreiches Verhaltensrepertoire und sind enorm lern- und wissbegierig. Um sich gut entwickeln zu können, benötigen die Kinder allerdings eine sichere Bindung und eine anregungsreiche Umwelt. Über welche Kompetenzen Säuglinge verfügen, ist in den folgenden Entwicklungsbereiche nachzulesen.

Resilienz

Resilienz kann mit „psychischer Widerstandsfähigkeit" übersetzt werden. Resiliente Kinder können besser mit Enttäuschungen, Problemen und Fehlschlägen umgehen. Sie fühlen (im Vorschulalter) und wissen (später im Schulalter), dass sie über Kompetenzen (Problemlösefähigkeiten, soziale Kompetenzen, Selbstregulationskompetenzen) und Willen verfügen, Ereignisse beeinflussen bzw. bewältigen zu können. Resiliente Kinder haben in diesem Sinne ein positives Selbst-, Welt- und Menschenbild. Die Resilienzforschung geht davon aus, dass Resilienzfähigkeiten nicht angeboren sind, sondern im Laufe der Entwicklung erworben werden können. Resilienz entsteht vor allem dann, wenn die Beziehung zwischen Kind und Bezugspersonen positiv verläuft und ein Kind in den Eltern resiliente Vorbilder hat. Wesentliches Merkmal des Resilienzkonzeptes ist der Ansatz an den Ressourcen eines Kindes und nicht an den Defiziten.

Protektive (schützende) Faktoren

Faktoren, die die Widerstandsfähigkeit von Kindern positiv beeinflussen können bzw. die Chance mindern, dass Kinder psychische Störungen oder Auffälligkeiten entwickeln. Bsp.:

- Mindestens eine stabile emotionale Beziehung zu einem Elternteil oder zu einer anderen Bezugsperson
- Soziale Unterstützung außerhalb der Familie
- Emotional warmes, offenes, strukturierendes , normorientiertes Erziehungsverhalten
- Soziale Modelle wie Eltern, Geschwister, Erzieherinnen
- Altersangemessene soziale Verantwortung
- Altersangemessene individuelle Leistungsanforderungen
- Hobbys

Faktoren, die die Resilienzfähigkeit ungünstig beeinflussen können:
- Trennungs- und Scheidungsprozesse
- Schwierige Beziehung zwischen den Eltern
- Krankheit des Kindes
- Extreme Erziehungsstile

Frick beschreibt konkrete Möglichkeiten, wie Erzieherinnen stärken und ermutigen können:
- Positive Grundstimmung in der Kindertageseinrichtung
- Stärken der Kinder erkennen und diese dem Kind alleine oder in der Gruppe rückmelden
- Den Kindern Fortschritte klarmachen
- Das gegenseitige Helfen unter Kinder fördern
- Problematisches Verhalten, nicht das Kind selbst, kritisieren
- Neugier und Interesse fördern
- Perspektivenwechsel mit den Kindern üben
- Unsicherheit und Schwächen nicht übersehen, sondern diese feinfühlig und aufbauend angehen
- Kinder beteiligen

2.2 Bindung

Bindung ist nach Bensel/Haug-Schnabel existenziell für eine gesunde psychische und soziale Entwicklung des Menschen. Säuglinge binden sich automatisch an die Hauptbezugsperson(en). Entgegen früheren Forschungsergebnissen ist heute klar, dass sich Bindungen zu mehreren Personen, die einem Säugling nahe stehen, entwickeln können. Säuglinge sind in der Lage, unterschiedliche Qualitäten von Bindungen zu

Familienmitgliedern, aber auch zu Personen außerhalb des familiären Systems, z. B. Erzieherinnen, zu entwickeln. Die Bindung ist eine wichtige Voraussetzung, damit Kinder ihre ▶ Entwicklungsaufgaben bewältigen können. Die **primäre Bindung** beginnt in den ersten Lebensmonaten und endet ca. am Ende des zweiten Lebensjahres. Eine sichere Bindung ist die Voraussetzung für compliance (Fähigkeit von Kindern, sich die Erziehungs- bzw. Verhaltensziele der Eltern zu eigen zu machen und diese zu befolgen), die Entwicklung eines helfenden, prosozialen Verhaltens und die Entwicklung ▶ sozialer Kognition.

In den 1970er Jahren entwickelte der englische Kinderpsychiater John Bowlby seine Bindungstheorie. Er beschreibt **Bindungsverhalten** als das Verhalten eines Kindes, wenn es z. B. weint, damit die Mutter bei ihm bleibt, wenn es in einer fremden Umgebung ist. **Explorationsverhalten** meint das Verhalten des Kindes, wenn es sich in der Lage fühlt, seine Umgebung selbstständig zu entdecken. Grundlage ist dabei für das Kind die ▶ sichere Bindung zu einer Bezugsperson.

Bindungsverhalten und Explorationsverhalten stehen sich in einem ständigen Wechsel gegenüber. Fühlt sich ein Kind sicher gebunden, dann kann es die Umwelt erkunden. Fühlt es sich unsicher, so zeigt es das Bindungsverhalten. Das bedeutet, je besser die Qualität der Bindung ist, desto mehr ist ein Kind in der Lage, die ihm sichere Umwelt zu verlassen und eine ihm neue Welt zu entdecken. Dies ist auch eine Voraussetzung für Bildungs- und Lernprozesse. Bindung bietet Kindern Schutz und Hilfe und ist Voraussetzung für eine gelingende Entwicklung. Das Bindungsverhalten ist genetisch (endogen) angelegt, benötigt jedoch Anregung und Unterstützung von außen, d. h. durch Bezugspersonen. Deutlich ist hierbei das Zusammenspiel zwischen Anlage- und Umweltfaktoren zu sehen.

Nach Bowlby entwickelt sich eine personenspezifische Bindung bei Kindern in drei Schritten:

1. In einer Vorphase sind die Kinder offen und ansprechbar für verschiedene Personen.
2. Ab ca. drei Monaten lernt ein Kind über die Interaktionen, seine Aufmerksamkeit einer bestimmten Person bzw. Personen zuzuwenden.
3. Beginn der eigentlichen Bindung im Alter von ca. acht Monaten. Im Zusammenhang mit der motorischen und kognitiven Entwicklung vermissen Kinder ihre Bezugsperson bei ihrer Abwesenheit.

Bonding

ist die emotionale Bindung der Eltern an den Säugling als Grundvorausetzung gelingender Entwicklung.

Attachment bezeichnet die emotionale Bindung des Säuglings an die Eltern.

Attachment Parenting

Attachment Parenting ist ein Ansatz, mit dem erreicht werden soll, dass die Kinder früh selbstständig werden. Grundlage des Ansatzes ist die Bindungstheorie. Über eine starke, qualitativ gute Beziehung zwischen Eltern und Kind, durch viel Nähe und wenig Trennung sowie viel Eingehen auf das Kind soll es dem Kind ermöglicht werden, die Beziehung zu den Eltern und die Gemeinschaft mit diesen als positiv zu erleben.

Bindungstypen

Sicher gebundene Kinder

Die Bezugspersonen zeigen ein feinfühliges, emotional und körperlich positives Fürsorgeverhalten mit einer entsprechenden Freude und positiven Grundeinstellung im Kontakt mit dem Kind. Somit entsteht für das Kind Sicherheit und damit auch ein positives Selbstwertgefühl, die die Basis für das Explorationsverhalten bildet. Bei der Trennung von einer Bezugsperson können die Kinder Bindungsverhalten zeigen, größere Probleme entstehen aber durch die bestehende Basis nicht. Kehren die Bezugsperson wieder zurück, sind die Kinder leicht zu beruhigen.

Wenn die Kinder sich in belastenden, schwierigen Situationen befinden, wissen sie, dass sie zu ihrer Bezugsperson zurückkehren können.

Unsicher-vermeidend gebundene Kinder

Die Bezugspersonen zeigen wenig Interesse am Kind, suchen emotional und körperlich keine Nähe, zeigen sich abweisend. Auf Bedürfnisse des Kindes wird nicht eingegangen. Die Kinder erlebt man äußerlich als eher gleichgültig, sie zeigen aber innerlich Stresssymptome. Kommt nach einer Trennung die Bezugsperson zurück, wenden sich die Kinder der Bezugsperson eher nicht zu. Die Kinder zeigen wenige Gefühle und entwickeln ein geringes Selbstwertgefühl.

Unsicher-ambivalent gebundene Kinder

Die Bezugspersonen zeigen ein schwer einschätzbares und vorhersagbares Fürsorgeverhalten. Für die Kinder ist das Verhalten unberechenbar, was sie ängstlich, unsicher, aber auch wütend und ärgerlich gegenüber den Bezugspersonen macht. Bei einer Trennung zeigen die Kinder starkes Bindungsverhalten und Stress und lassen sich bei Rückkehr der Bezugsperson nicht beruhigen, können diesen gegenüber auch Ärger zeigen. Die Kinder entwickeln wenig oder kein Selbstwertgefühl und trauen sich nicht, ihre Umwelt zu erkunden.

Desorganisiert gebundene Kinder

Die Bezugspersonen zeigen gegenüber den Kindern ein Angst machendes Verhalten, das bis hin zu Missbrauch und Vernachlässigung führen kann. Die Folge ist ein geringes oder kein Selbstwertgefühl, gekoppelt mit einem schwierigen Verhalten, wie z. B. auffällige Mimik, Grimassen. Die Bezugspersonen stellen keine sichere Basis dar, was das Explorationsverhalten verhindert. Entfernt sich eine Bezugsperson, zeigen die Kinder ein widersprüchliches Verhalten. Gleiches gilt, wenn die Bezugsperson zurückkommt.

Fremdeln

Ab dem sechsten Lebensmonat reagieren Kinder auf fremde Personen, auch wenn erwiesen scheint, dass Säuglinge schon früher wahrnehmen, wenn ihre Bezugsperson sie verlässt bzw. wenn eine ihnen fremde Person zu ihnen kommt. Die Kinder können durch dieses Bindungsverhalten, durch ihre Blicke, durch Schreien und Abwenden von fremden Personen, ihre Ablehnung, Misstrauen oder auch ihre Angst gegenüber Fremden zeigen.

2.3 Bewegung/Motorik

Motorik

(lat. motor = „Beweger") Alle vom Gehirn aus gesteuerten Bewegungen des Körpers. Die motorische Entwicklung steht im engen Zusammenhang mit der Entwicklung der ▶ Wahrnehmung, mit der ▶ kognitiven Entwicklung, der Entwicklung der ▶ Sprache.

Grobmotorik

Bewegungskoordination des ganzen Körpers, Veränderung der Körperposition. Bsp.: Ein Kind krabbelt, strampelt, steht auf, rennt.

Feinmotorik

Gebrauch der Hände, Finger, z. B. ein Kind greift, spielt ein Fingerspiel, faltet Papier, schreibt.

Mundmotorik

Bewegungen im Mundbereich, z. B. schlucken, saugen, kauen, lachen.

Entwicklung der Bewegung/Motorik

Über Bewegung entwickelt sich ein Kind in die Welt. Ohne Bewegung hat es wenige Möglichkeiten, seine Umwelt zu erkunden und Kontakt mit seiner Umwelt aufzunehmen. Eine wichtige Aufgabe übernehmen die Sinne, weil diese Informationen an das Gehirn übermitteln, die dann in Bewegung übersetzt werden können. Die Sinneswahrnehmung und die Motorik sind die Grundlage für die Entwicklung des Denkens und der Sprache.

Ab der 10. Schwangerschaftswoche können bei einem Embryo Bewegungen beobachtet werden. Bei einem Fötus können die Bewegungen ab der ca. 20. Schwangerschaftswoche von der Mutter gespürt werden. Ein neugeborenes Kind besitzt überlebensnotwendige Reflexe (z. B. der Schluckreflex, Greifreflex). Der Säugling hat dann die Aufgabe, die Steuerung der Bewegungen durch seinen Willen zu lernen.

In den ersten Lebensmonaten liegt das Kind entweder auf dem Bauch oder auf dem Rücken. Es zeigt unkoordinierte zufällige körperliche Reaktionen und Reflexe, die auf Reize erfolgen. Eine bewusste Bewegungssteuerung erfolgt noch nicht, diese wird erst langsam erlernt. Grundlage dafür ist die Reifung des zentralen Nervensystems und der Muskeln. Ab ca. drei Monaten kann ein Kind den Kopf anheben, um sich umzuschauen. Das Kind beginnt zu greifen bzw. zu „be"greifen. Ab dem 5. Monat entwickelt ein Säugling immer mehr Bewegungskompetenzen: Die Kinder rollen, robben, kriechen, krabbeln. Um den 9. Lebensmonat lernen die Kinder, Gegenstände bewusst loszulassen. Die Koordination der Bewegungen wird immer besser. Das Zusammenspiel der Sinneswahrnehmung und der Motorik wird an der Auge-Hand-Koordination deutlich. Die visuelle Wahrnehmung liefert die Informationen für die Handbewegung. Danach lernen die Kinder zu sitzen, sich an Gegenständen hochzuziehen, um dann etwa um den Beginn des zweiten Lebensjahrs laufen zu lernen. Gegen Mitte/Ende des zweiten Lebensjahres lernen die Kinder Treppen zu laufen, rückwärts zu gehen und Bälle zu werfen.

Jedes Kind hat dabei einen eigenen ► Entwicklungsverlauf. Die Kinder lernen in dieser Zeit mit Unterstützung ihrer Bezugspersonen ihren Körper kennen, lernen, was sie durch die Bewegung erreichen können und entwickeln damit ein eigenes Körperbewusstsein.

Ab dem dritten Lebensjahr verfeinern die Kinder ihre motorischen Fähigkeiten, lernen weitere motorische Fähigkeiten: Balancieren, Klettern, Hüpfen, Springen, Werfen, Fangen, um diese in Spiel und Sport einzusetzen. Gleichzeitig beschleunigt sich die motorische Entwicklung. Die Kinder sind in der Lage, Bewegungsabläufe zu automatisieren und zielgerichtet einzusetzen (**adaptive Variabilität**).

Die motorische Entwicklung bildet dabei die Grundlage für die weitere ▶ kognitive Entwicklung.

2.4 Emotionen

Emotionen (lat. emovere = herausbewegen, emporwühlen) sind tief greifende Prozesse in einem Menschen, die sich auf den Körper (z. B. Muskelanspannung, Zittern, schnelle Atmung), auf die Psyche (z. B. Veränderungen in der Wahrnehmung, im Denken) und auf das Verhalten (z. B. Verhalten wird aktiviert, unterdrückt) auswirken können. Emotionen beeinflussen die geistige und soziale Entwicklung. Emotionen bzw. der Umgang mit diesen sind gleichzeitig abhängig vom Entwicklungsstand eines Kindes. Die Begriffe Gefühl und Emotion werden in der Fachliteratur verschieden angewandt und zum Teil differenziert betrachtet. Ein Gefühl wird dabei zur Emotion, wenn es bewusst wahrgenommen und verarbeitet wird. In diesem Sinn sind Emotionen bewusst verarbeitete Gefühle. Emotionen wirken sich auf das Handeln aus, beeinflussen das soziale Miteinander und sind eine Voraussetzung für die kognitive Entwicklung. Wenn sich Emotionen gesundheitlich positiv oder negativ auf den Körper auswirken, werden diese Befunde als psychosomatisch beschrieben.

Entwicklung von Emotionen

Grundlage für eine positive Entwicklung der Emotionen, der Emotionsregulierung und damit einer emotionalen Kompetenz ist eine ▶ sichere Bindung des Kindes zu seinen Bezugspersonen.

Ab dem dritten Lebensmonat entwickeln sich beim Säugling die **primären Emotionen** bzw. Basisemotionen wie Furcht, Wut, Trauer und Freude. Ärger kann ab ca. dem vierten Lebensmonat in Erscheinung treten, Überraschung ab ca. dem sechsten Lebensmonat.

Ab Mitte des zweiten Lebensjahres entwickeln sich die primären Emotionen zu **sekundären Emotionen** (verschiedene verfeinerte Formen von Freude, Wut…) weiter, wenn Kinder z. B. durch kognitive Fähigkeiten und durch Erfahrungen in Beziehungen ihre emotionalen Reaktionsmuster verändern.

Soziale Emotionen treten zum ersten Mal im zweiten Lebensjahr auf. Die Kinder beginnen, sich auf die Emotionen anderer zu beziehen. Sie lernen zwischen eigenen Emotionen und den Emotionen anderer Menschen zu unterscheiden.

Kinder entwickeln **Empathie** (= Einfühlungsvermögen). Sie können sich in die Gefühle anderer Personen hineinversetzen und das gleiche oder ein ähnliches Gefühl erleben. So sind die Kinder z. B. zu Mitleid fähig. Voraussetzung dafür ist, dass die Kinder ein Selbstkonzept entwickelt haben, um in der Lage zu sein, zwischen sich und anderen, zwischen eigenen Emotionen und den Emotionen anderer zu unterscheiden.

Haben Kinder diese Fähigkeit entwickelt, so sind sie auch zu pro sozialem (helfendem) Handeln fähig. Allerdings zeigten Untersuchungen, dass diese Fähigkeiten auch vom Geschlecht und von den Emotionen beteiligter Personen abhängig sind. Mädchen weisen dabei mehr prosoziales Verhalten auf als Jungen. Die Sprachentwicklung ermöglicht es Kindern, ihre Emotionen zu benennen. Gleichzeitig ist aber die gelingende emotionale Entwicklung mit den dazugehörigen nichtsprachlichen kommunikativen Prozessen eine Voraussetzung für den Spracherwerb. Worte werden Emotionen zugeordnet. Damit können emotionale Zustände beschrieben werden, mit der Absicht, dass die Bezugspersonen auf die Bedürfnisse der Kinder eingehen (z. B. Kind: „Ich bin traurig" – der Vater tröstet das Kind). Gleichzeitig verstehen die Kinder auch die emotionalen Äußerungen anderer Menschen.

Zwischen dem 18. und 20. Lebensmonat kennen Kinder die Wörter für einzelne primäre Emotionen (weinen, sich freuen). Sie drücken ihre Emotionen aber selten aus. Bis zum zweiten Lebensjahr können sie ansatzweise Gespräche über Emotionen führen, zeigen aber eher ein passives Verständnis als einen Gebrauch von Emotionswörtern.

Bis zum vierten Lebensjahr sind Kinder in der Lage, immer häufiger die Emotionen anderer zu benennen und können ausführliche Gespräche über Emotionen führen. Bis zum sechsten Lebensjahr können Kinder Emotionen sehr differenziert beschreiben.

Die Kinder sind ab ca. dem dritten Lebensjahr in der Lage, ihre Emotionen zu kontrollieren bzw. zu unterdrücken. Emotionserleben und Emotionsausdruck können damit zweierlei sein. Gefühle können im Umgang mit anderen Personen kontrolliert werden. Gefühle können sogar vorgetäuscht und strategisch eingesetzt werden

Ab ca. dem vierten Lebensjahr sind die Kinder immer besser zu einer emotionalen Perspektivenübernahme in der Lage. Sie können nachvollziehen, weshalb sich jemand aus welchem Grund gerade so fühlt.

In der Entwicklung der sozialen Kompetenz kommt der **Emotionsregulie-**

rung eine große Bedeutung zu. Emotionsregulierung bedeutet, dass Kinder Emotionen hervorrufen und aufrechterhalten können, deren Stärke und Dauer kontrollieren und die damit einhergehenden körperlichen Prozesse und Verhaltenweisen beeinflussen können.

Hilfreich dafür ist, dass Kinder beim Versuch der Emotionsregulierung früh Unterstützung von ihren Eltern bekommen, damit sie im weiteren Verlauf immer selbstständiger werden können.

Insgesamt kommt der Entwicklung der emotionalen Kompetenz eine hohe Bedeutung zu, da sie mit eine Grundlage dafür stellt, dass sich auch andere Entwicklungsbereiche positiv entwickeln können. Kinder mit guten emotionalen Kompetenzen zeigen auch ein gutes Sozialverhalten. Emotional kompetente Kinder haben weniger Probleme in der Schule als Kinder mit weniger guten emotionalen Kompetenzen.

Emotionale Kompetenz

Emotionale Kompetenz beinhaltet die Fähigkeit zur **Selbstwirksamkeit** (ein Kind erzielt ein gewünschtes Ergebnis, weil es weiß, dass es das Ziel erreichen kann), das Bewusstsein über den eigenen emotionalen Zustand bzw. die Wahrnehmung der eigenen Emotionen, das Verständnis eigener Emotionen und von Emotionen anderer, die Fähigkeit, mit eigenen und den Emotionen anderer umzugehen, die Fähigkeit, Emotionen in Worte zu fassen, die Fähigkeit, schwierige Situationen, die mit belastenden Emotionen verbunden sind, zu bewältigen sowie die Regulierung positiver Emotionen, wenn diese die Umwelt aufgrund einer zu hohen Intensität verunsichern.

Wiedebusch/Petermann beschreiben im Sinne der emotionalen Kompetenz emotionale Schlüsselfertigkeiten von Kindern:

- Sich seiner eigenen Gefühle bewusst sein
- Verschiedene Gefühlszustände voneinander unterscheiden können
- Eigene Gefühle mimisch und sprachlich ausdrücken können
- Die Gefühlsausdrücke anderer erkennen und interpretieren können
- Gefühle anderer nachvollziehen und verstehen können
- Sich in die Gefühle anderer hineinversetzen können
- Über Gefühle reden können
- Das innere Erleben und den äußeren Eindruck von Gefühlen voneinander trennen können
- Mit negativen Gefühlen und Stress umgehen können
- Den Ausdruck negativer Gefühle kontrollieren können

Emotionale Intelligenz

Im Gegensatz zum Konzept der emotionalen Kompetenz findet das Konzept der emotionalen Intelligenz seine Herkunft im Bereich der Intelligenzforschung. Emotionale Intelligenz ist die Fähigkeit, sich seiner eigenen Emotionen bewusst zu sein, mit ihnen gut umgehen zu können und sie konstruktiv einsetzen zu können. Gleichzeitig bezeichnet emotionale Intelligenz die Fähigkeit zur ► Empathie und die Fähigkeit, soziale Beziehungen entwickeln und gestalten zu können.

Der Begriff wird häufig mit dem amerikanischen Psychologen D. Goleman in Verbindung gebracht. Er geht davon aus, dass emotional intelligentes Verhalten erlernbar und steuerbar ist. Heutzutage geht man davon aus, dass der emotionale Quotient (EQ) mit seinen Aussagen über personale und soziale Kompetenzen wichtiger und aussagekräftiger ist als der ► Intelligenzquotient (IQ), der „nur" Aussagen über den kognitiven Intelligenzbereich zulässt.

Unterteilung verschiedener Emotionen in sog. „Familien" nach D. Goleman:

- Zorn – Bsp.: Wut, Verärgerung, Verletzbarkeit, Feindseligkeit
- Trauer – Bsp.: Kummer, Leid, Melancholie, Verzweiflung, Depression
- Furcht/Angst – Bsp.: Nervosität, Besorgnis, Entsetzen, Schrecken
- Freude – Bsp.: Glück, Vergnügen, Zufriedenheit, Stolz, Euphorie
- Liebe – Bsp.: Freundlichkeit, Güte, Hingabe, Toleranz
- Überraschung – Bsp.: Verblüffung, Schock, Verwunderung
- Ekel – Bsp.: Verachtung, Geringschätzung, Abneigung
- Scham – Bsp.: Verlegenheit, Kränkung, Bedauern

Aggression

Aggression (lat. aggressio = Angriff) ist ein zielgerichtetes Verhalten, das darauf ausgerichtet ist, anderen Personen, Sachen oder sich selbst (**Autoaggression**) Schaden zuzufügen. Im weiteren Sinn kann Aggression als ein offensives und tatkräftiges Verhalten gesehen werden. Dazu gehören z. B. Formen der Selbstbehauptung, Durchsetzung, tatkräftiges Arbeiten. Des Weiteren weisen andere Definitionen von Aggression auf innere Vorgänge auf der emotionalen Ebene im Menschen hin (Wut, Trauer, Hass etc.) und unterscheiden aggressive Gefühle bzw. Emotionen und aggressives Verhalten. ► Gewalt ist eine besonders schwere Form von aggressivem Verhalten. Dieses zeigt sich oft durch Schlagen, aber auch durch Bedrohen oder Erpressen.

Aggressionstheorien

Verschiedene psychologische Schulen erklären Aggressionen unterschiedlich:

Triebtheorie

Die Psychoanalyse geht davon aus, dass Aggressionen angeboren sind, also zur Trieb- bzw. Instinktausstattung des Menschen gehören.

Frustrationstheorie

Aggressionen werden z. B. durch das Erleben von Enttäuschungen, durch die Nichtbefriedigung von Bedürfnissen ausgelöst.

Lerntheoretischer Ansatz

Aggressives Verhalten wird gelernt durch

- positive Verstärkung, wenn ein Kind merkt, dass es durch sein aggressives Verhalten sein Ziel erreicht.
- negative Verstärkung: Ein Kind vermeidet durch sein aggressives Verhalten ihm unangenehme Ereignisse.
- Lernen am Modell: Ein Kind übernimmt aggressive Verhaltensmuster seiner Eltern.

Neuere Ansätze gehen von einem differenzierteren Erklärungsbild von Aggressionen aus. Sie beziehen u. a. kognitive Bewertungen, moralische Haltungen einer Person, die Beziehungen zwischen Personen und die jeweiligen Situationsbedingungen in ihre Erklärungsversuche mit ein.

Für Erzieherinnen in Kindertageseinrichtungen gehört der Umgang mit Aggressionen zum Alltag. Die Erscheinungsformen können vielfältig sein: Aggressionen im Team, im Erziehungsverhalten der Erzieherinnen, zwischen Kindern, im Verhalten auffälliger Kinder oder im Verhalten von Eltern.

Allgemeiner Umgang mit Aggressionen:

- Lernen, Gefühle und Emotionen wahrzunehmen
- Über Gefühle und Emotionen sprechen
- Stärkung der Kinder über Erfolgserlebnisse
- Aggressionen nicht unterdrücken, sondern ihnen einen entsprechenden Rahmen geben, z. B. Spaßkämpfe mit festen Regeln, Spielgeräte, mit denen Kinder geregelt ihre Aggressionen ausleben können, Spiele, die Aggressionen zum Thema haben
- Genügend Bewegungsraum für die Kinder
- Grenzsetzungen durch Erzieherinnen bei grenzüberschreitenden Aggressionen
- Erzieherinnen und das Team wirken als Vorbilder im Umgang mit Aggressionen

Zeigt sich ein Kind auffällig aggressives Verhalten, so ist es wichtig herauszufinden, wofür das auffällige Verhalten steht. Was versucht das Kind über die Aggression über sich und/oder seine Umgebung zu sagen? In Gesprächen mit Eltern sollte vorsichtig erkundet werden, wie sich die familiären Bedingungen gestalten. Für Erzieherinnen besteht die Möglichkeit, eine Beratungsstelle hinzuzuziehen. Des Weiteren ist abzuklären, ob das aggressive Verhalten ein Hinweis auf organische Ursachen ist.

Angst

Angst (lat. angustus = eng) ist ein Gefühlszustand, in dem sich ein Mensch befindet, der als Unruhe, Hilflosigkeit, Bedroht sein und Enge erlebt wird und der sich auch körperlich (Schweißausbruch, Zähneklappern) auswirkt. Der Gefühlszustand kann einhergehen mit Vermeidungstendenzen (Abwehr, Flucht).
Ängste können wie folgt geordnet werden:
Existenzängste
z. B. Todesangst, Unfallangst, Dunkelangst, Gewitterangst.
Soziale Ängste
z. B. Scham, Verlegenheit, Angst vor Vorgesetzten, Angst vor dem anderen Geschlecht.
Leistungsangst
z. B. Prüfungsangst, Schulangst, Lehrerangst.

Angst-Theorien

Tiefenpsychologischer Ansatz
Unterschieden werden Es-, Ich-, und Über-Ich-Ängste. Diffuse Ängste werden dem Es zugeordnet. Anerzogene, kulturgebundene Ängste werden dem Über-Ich als Gewissensinstanz zugeordnet und die Ich-Ängste sind auf die Realität bezogen.
Lerntheoretischer Ansatz
In der Lerntheorie geht man davon aus, dass Angst gelernt und damit auch wieder verlernt werden kann. Ängste von Erwachsenen können auf Kinder übertragen werden.
Systemischer Ansatz
Der systemische Ansatz erklärt kindliche Ängste damit, dass Kinder ihre Umwelt, ihre Beziehungen subjektiv erleben. Aus der Art heraus, wie die Kinder belastende Situationen erleben, kann ihre Angst entstehen.

Trauer

Kinder begegnen dem Tod (von Angehörigen, des Haustieres), erleben die Trennung der Eltern oder den Abschied von der Erzieherin. Trauer ist der Prozess, durch den Erlebnisse wie Tod, Trennung oder Unglücke verarbeitet werden. Aufgabe von Erzieherinnen ist es, sich mit diesem schweren Thema auseinander zu setzen, eigene Erfahrungen zu reflektieren, um damit in der Arbeit mit den Kindern handlungsfähig zu werden. Die Kinder sollen nicht vor Tod und Trauer geschützt werden. Ziel ist es, offen mit dem Geschehenen umzugehen und den Kindern als Ansprechpartnerin und Trauerbegleiterin zur Verfügung zu stehen. Die Gefühle und Gedanken der Kinder sollten dabei im Mittelpunkt stehen. Wichtig ist dabei auch, den Kindern die Wahrheit zu sagen und Schuldvorwürfen entgegenzuwirken. Rituale, z. B. Ecken, in denen ein Foto der ehemaligen Erzieherin hängt, Gedenktage, erleichtern Kindern den Umgang mit ihrer Trauer.

Dabei ist zu beachten, dass Kinder je nach Altersstufe bestimmte Vorstellungen vom Tod haben.

Todesvorstellungen von Kindern

0–10 Monate

Der Tod wird als Abwesenheit wahrgenommen. Wenn nahe Bezugspersonen, vor allem die Mutter, sterben, ist es wichtig, dass sich andere Bezugspersonen kontinuierlich um das Kind kümmern und für einen regelmäßigen Tagesrhythmus sorgen.

10 Monate–2 Jahre

Die Kinder verstehen den Begriff Tod noch nicht. Trennungen, Verluste bereiten großen Schmerz. Die Kinder zeigen sich sehr traurig, der Rückfall in frühere Entwicklungsstufen ist möglich. Die Verbalisierung des Verlustes („Papa ist fort") und die Zuwendung von Bezugspersonen können dem Kind helfen, den Verlust zu überwinden.

3–6 Jahre

Der Tod hat für Kinder in diesem Alter noch keine endgültige Bedeutung. Sie erwarten häufig die Rückkehr des Toten und rechnen nicht damit, selbst vom Tod betroffen sein zu können. Der Rückfall in frühere Entwicklungsstufen ist ebenso möglich wie Schuldgefühle. Auch in diesem Alter ist ein stabiler Tagesrhythmus, die Zuwendung von Bezugspersonen wichtig. Über Bilderbücher kann über das Thema Tod und die dazugehörigen Gefühle gesprochen werden.

6–9 Jahre
Kinder beginnen, den Tod zu verstehen. Sie interessieren sich dafür, was aus Toten wird. Gegen Ende dieser Periode beginnen die Kinder zu begreifen, dass auch sie einmal vom Tod betroffen sind und entwickeln ein Interesse daran, was nach dem Tod ist.

2.5 Gedächtnis

Die Fähigkeit, ► Sinneswahrnehmungen oder innerpsychische Vorgänge behalten und zu einem späteren Zeitpunkt willentlich oder unwillentlich abrufen zu können.
Die im Gedächtnis gespeicherten Informationen und Erfahrungen beeinflussen aktuelle Erlebnisse und damit das Verhalten auf einer gefühlsmäßigen Ebene (ich erlebe etwas und verbinde ein Gefühl aufgrund früherer Erfahrungen damit) und auf einer rationalen (lat. Ratio = Vernunft) Ebene (ich erlebe etwas und reagiere mit bewusstem Handeln). Biophysiologisch ist Gedächtnis die Veränderung des neuronalen Netzes im Gehirn, bestehend aus Dendriten und Nervenzellen. Schon Säuglinge und Kleinkinder besitzen Gedächtniskompetenzen und haben die Fähigkeit zum Wiedererkennen. Diese Fähigkeit verbessert sich in den ersten sechs Lebensmonaten. Im Laufe der weiteren Entwicklung nimmt die Gedächtniskapazität wegen neurologischer Reifungsprozesse zu, sodass die Kinder zu immer besseren Gedächtnisleistungen in der Lage sind.
Deklaratives Gedächtnis
Das bewusste Gedächtnis für Fakten und Ereignisse. Das **semantische Gedächtnis** enthält Wissen, Regeln, Konzepte, das **episodische Gedächtnis** speichert Erlebnisse, Erfahrungen in einem zeitlichen Zusammenhang.
Nicht-deklaratives Gedächtnis
Das nicht-deklarative Gedächtnis (oder implizite Gedächtnis) besteht aus unbewussten Gedächtnisprozessen. Das **prozedurale Gedächtnis** beinhaltet einfache, motorische Ablaufmuster wie z.B. das Greifen eines Stiftes. Ebenso wird sowohl das Konditionieren (► Klassische Lerntheorie), als auch das **Priming** (ein Reiz wird besser erkannt, wenn man ihn unbewusst schon einmal erlebt hat) dem nicht-deklarativen Gedächtnis zugeordnet.

Enkodierung
Die Einspeicherung von Informationen in das Gedächtnis.

Metagedächtnis
Die Kenntnis über das eigene Gedächtnis bzw. Vorgänge im Gedächtnis und die Möglichkeit, daraus seine Gedächtnisleistungen zu beeinflussen und zu verbessern.

2.6 Gehirn

Den Ergebnissen der Hirnforschung kommt in Bezug auf Pädagogik eine immer größere Bedeutung zu. Das Gehirn besteht aus ca. 100 Milliarden Nervenzellen (**Neuronen**), die mit über 100 Billionen Kontaktstellen (**Synapsen**) miteinander verbunden sind. Die Nervenzellen kommunizieren über Neurotransmitter, das sind Aminosäuren wie z. B. Adrenalin und Dopamin. Schon im Mutterleib besteht das Gehirn des ungeborenen Kindes aus etwa 100 Milliarden Nervenzellen, die allerdings noch wenig miteinander verbunden sind. Die Grundstruktur dieser Verbindungen der Nervenzellen ist genetisch angelegt, doch schon im Mutterleib regen erste Sinneswahrnehmungen den Ausbau der Verbindungen zwischen den Nervenzellen an. Für die Entwicklung des Kindes kommt der Ausbildung der Synapsen eine große Bedeutung zu. Durch die Verbindung der Nervenzellen ist ein Kind in der Lage, seine Merkmale, Eigenschaften, Einstellungen und Fähigkeiten zu entwickeln.

Nach der Geburt entwickeln sich die Synapsen durch die Erfahrungen, Anregungen und Anreize durch die Umwelt, was zeigt, wie wichtig die Sinneswahrnehmung ist. Die Gehirnentwicklung ist abhängig von Erfahrungen und Aktivitäten, die einem Kind zuteil werden. Das Kind bzw. sein Gehirn ist dabei in der Lage zu unterscheiden, welche äußeren Einflüsse, Reize, Anregungen sinnvoll sind oder nicht. Ein genetisch bedingtes Bewertungssystem scheint dazu vorhanden.

Ob und wie sich diese äußeren Einflüsse auf die Gehirnentwicklung auswirken, hängt weiter davon ab, ob die Sinnesreize die Folge von Interaktionen mit Bezugspersonen sind. Der Kommunikation (non-verbal und verbal) zwischen Kind und Bezugsperson kommt eine hohe Bedeutung zu.

Bei seiner Entwicklung in den ersten Lebensjahren verbraucht das kindliche Gehirn doppelt so viel Energie wie das Gehirn eines Erwachsenen. Gleichzeitig ist das Gehirn aktiver als das eines Erwachsenen.

Im ersten Lebensjahr bildet sich über den Ausbau der Synapsen ein Grundmuster im Gehirn, das die Grundlage der weiteren Entwicklung darstellt und später nur noch schwer veränderbar ist. Alle weiteren Lern- bzw. Entwicklungsprozesse, bis ins Erwachsenenalter, hängen von diesem neuronalen Grundmuster ab.

Die Hirnforschung geht dabei von kritischen Phasen (oder **sensiblen Phasen, Entwicklungsfenstern**) aus, in deren Zeitraum das Gehirn für bestimmte Erfahrungen und Lernprozesse besonders empfänglich ist. Einzelne Bereiche des Gehirns entwickeln sich somit unterschiedlich. Eine Schlussfolgerung daraus ist, dass die Kinder in unterschiedlichen Phasen unterschiedliche Anregungen benötigen. Verpasst man diese Phasen, können die Folgen schwerwiegend sein, da in späteren Zeiträumen die Synapsen nicht mehr oder nur noch schwer gebildet werden können. Bsp.: Die kritische Phase ca. im zweiten Lebensjahr für den Spracherwerb.

Ab dem dritten Lebensjahr können die Kinder immer besser auf Ihr ▶ Gedächtnis zurückgreifen, die beiden Hirnhälften entwickeln ihr Zusammenspiel immer mehr, was dazu führt, dass die Kinder sich kognitiv und emotional weiterentwickeln können.

Ab ca. dem sechsten Lebensjahr ermöglicht die Reifung der Stirnlappen die Entwicklung weiterer kognitiver Fähigkeiten wie z. B. das logische Denken, Urteilen und Rechnen. Über das Wachsen weiterer Gehirnregionen entwickeln Kinder ihre Sprachfähigkeiten und räumliche Vorstellungsfähigkeiten weiter. Bis zu diesem Zeitraum (bis zum ca. 10. Lebensjahr) fällt die Entwicklung, das Lernen, besonders in den sensiblen Phasen, leicht, vor allem durch die großzügige Synapsenbildung.

Die Entwicklung des Gehirns ist ein weiteres Beispiel für das Zusammenspiel von Anlage- und Umweltfaktoren.

2.7 Intelligenz

Intelligenz (lat. intelligentia = Einsicht, Erkenntnisvermögen) kann als die Anzahl von Fähigkeiten eines Menschen im kognitiven, sozialen und emotionalen Bereich verstanden werden, mit denen er verschiedene Leistungen (sich auf neue Situationen einstellen, Probleme lösen, Zusammenhänge erkennen, Beziehungen gestalten) erbringen kann. Intelligenz ist ein vielschichtiger Begriff in mehreren Fachgebieten z. B. als Begriff der Allgemeinen Psychologie, Defferntiellen Psychologie, Soziologie). Gemeinsam ist allen Definitionen der Bezug zu Verstehen, Denken und Begreifen, also mit Geist, Verstand und Funktion des Gehirns zusammenhängen.

Entwicklungsfördernd für die Intelligenz wirkt sich eine aktive Auseinandersetzung mit der Umwelt und eine Förderung (nicht nur) in der Schule. Hemmend wirken sich Risikofaktoren (Verhalten der Mutter, ihre Einstellung zu Entwicklung, Ängstlichkeit der Mutter, Bildungsniveau, Unterstützung in der Familie, Familiengröße, kritische Lebensereignisse) aus. Emotionale Intelligenz ist die Fähigkeit, sich seiner eigenen Emotionen bewusst zu sein, mit ihnen gut umgehen zu können und sie konstruktiv einsetzen zu können. Gleichzeitig bezeichnet emotionale Intelligenz die Fähigkeit zur ► Empathie und die Fähigkeit, soziale Beziehungen entwickeln und gestalten zu können.

Begabung

Eine Begabung ist die Fähigkeit, eine bestimmte Lernleistung erbringen zu können. Beispiele für **Begabungsarten oder -faktoren**: Rechenfähigkeit, Sprachfähigkeit, Denkfähigkeit, Inhalte behalten können, räumliches Vorstellungsvermögen, emotionale Fähigkeiten, künstlerische Fähigkeiten.

Hochbegabung

Hochbegabung ist die Fähigkeit zur Erbringung von außergewöhnlichen Lernleistungen auf bestimmten Gebieten. Frühere Definitionen von Hochbegabung gingen von einem ► Intelligenzquotient von 130 und mehr in einzelnen Bereichen aus. Aktuelle Sichtweisen überwinden diese eher eindimensionale Sichtweise. Ein Kind ist hochbegabt, wenn es beispielsweise Leistungen deutlich über der Norm erbringt, Begabungen in wichtigen Verhaltensbereichen zeigt, eine hohe Konzentrationsfähigkeit, eine rasche Auffassungsgabe, außergewöhnliche Problemlösungsfähigkeiten sowie Fähigkeiten zum eigenmotovierten Lernen besitzt.

Minderbegabung

Überbegriff für ► Lernbehinderungen und ► geistige Behinderungen.

Intelligenzquotient (IQ)

Nach W. Stern (1912) Maß zur Feststellung der geistigen Leistungsfähigkeit. Der Intelligenzquotient (IQ) ergibt sich aus der Teilung des Intelligenzalters durch das Lebensalter mal 100 (IA/LA x 100). Das **Intelligenzalter** ergibt sich aus einem Leistungstest bzw. Intelligenztest. In diesem wird ein Wert ermittelt, der die erbrachte Leistung (die Anzahl der gelösten Aufgaben) in das Verhältnis zu der durchschnittlichen Testleistung (Anzahl der Aufgaben, die für die Altersgruppe als lösbar gilt) der Altersgruppe setzt. Der Nachteil dieses Verfahrens ist, dass Kinder bzw. deren IQ nicht über Altersstufen verglichen werden können. Heute findet der **Abweichungs-IQ** Anwendung. Beim Abweichungs-IQ wird die Leistung eines Kindes ausgehend von einer bestimmten Norm gemessen. Maßstab ist eine für eine bestimmte Altersgruppe definierte Standardleistung, die mit einem Wert von 100 Punkten, der Altersnorm, angegeben wird. Der Abweichungs-IQ ergibt sich aus der Abweichung eines Testergebnisses nach oben oder unten von der Altersnorm. Faktoren wie die ▶ emotionale Intelligenz werden bei diesem Verfahren nicht berücksichtigt.

Intelligenztest
Ein Intelligenztest ist ein standardisiertes Verfahren zur Messung von einzelnen Intelligenzleistungen. **Entwicklungstests** haben zum Ziel, den Entwicklungstand oder einen Teil des Entwicklungsstands eines Kindes systematisch zu erfassen. Schultests sollen die ▶ Schulfähigkeit eines Kindes bestimmen.

2.8 Kognitive Entwicklung

Die kognitive Entwicklung (lat. cognitio = Kennenlernen, Erkennen) ist die Entwicklung der ▶ Wahrnehmung, des ▶ Denkens, der ▶ Sprache, des ▶ Lernens, des Behaltens (▶ Gedächtnis), des Erinnerns und des Vorstellens.

Denken
Denken als Teil der ▶ Intelligenz umfasst die vier Bereiche:
Begriffsbildung und Kategorisierung
Z. B. das Erkennen von gemeinsamen Eigenschaften von verschiedenen Dingen.
Logisches Schließen
Von einer Situation ausgehend werden logische Schlüsse gezogen. Beim **deduktiven Denken** wird von bestehenden Voraussetzungen aus das Besondere abgeleitet. Bsp.: Beim **induktiven Denken** wird vom Einzelnen auf das Allgemeine geschlossen.
Problemlösung
Auf dem Weg zu einem Ziel werden Hindernisse überwunden.
Urteilen und Entscheiden
Verschiedene Alternativen prüfen und die auswählen, die für die Zielerreichung am besten erscheint.

Entwicklung der Denkfähigkeit

Lange ging man im Bereich der kognitiven Entwicklung von den Erkenntnissen des Schweizer Psychologen Jean Piaget (1896–1980) aus. Die aktuelle Forschung widerlegt einige seiner Aussagen. Das Stufenmodell der
Entwicklung nach Piaget gilt nicht mehr als zeitgemäß.

An seine Stelle ist das Konzept des ► bereichsspezifischen Wissenserwerbs getreten. Dieses Konzept geht davon aus, dass Kinder (Teil-)Kompe-
tenzen in verschiedenen Entwicklungsbereichen schon haben oder erwerben und dass die Entwicklung in den einzelnen Bereichen unterschiedlich
vonstatten gehen kann. Was Piaget mit aktuellen Theorien verbindet, ist
die Grundannahme vom eigenaktiven und konstruierenden Kind.

Heute geht man davon aus, dass schon Säuglinge denken können. Ein
Säugling ist insgesamt ► kompetenter, viele Aufgaben können Kinder früher lösen, als es Piaget angenommen hat. Schon Neugeborene können,
wenn auch mit Mühe, aufmerksam schauen. Sie haben die Fähigkeit zum
Wiedererkennen.

Ab dem 1. Lebensmonat fangen Kinder an, Handlungen nachzuahmen. Bis
zum Alter von 24 Monaten sind die Kinder in der Lage, eine Handlung
nachzuahmen, die sie sich nur vorstellen.

Ab ca. 2 Monaten können sich Säuglinge an Vertrautes bzw. an vertraute
Bezugspersonen erinnern (sie lächeln beim Wiedersehen). Ab ca. dem
4. Monat sind die Kinder immer besser in der Lage, aufmerksam zu sehen
und zu hören. Ca. sechs Monate alte Säuglinge sind in der Lage, sich an
Dinge zu erinnern und deren Eigenschaften zu vergleichen.

Kinder sind früh in der Lage, kausal (auf dem Verhältnis zwischen Ursache
und Wirkung beruhend) zu denken. Schon ca. 6 Monate alte Kinder können ein einfaches Ursache-Wirkungsprinzip erfassen.

Schon Babys können Eigenschaften von Dingen mittels Kategorien zu-
sammenfassen und diese Erfahrungen auf andere Gegenstände übertragen. Dabei reagieren die Kinder auf lebendige Objekte stärker als
auf nichtlebendige. Diese Ergebnisse widerlegen Piagets Annahme,
der Säuglingen diese Kompetenzen nicht zuschrieb.

Durch die Kooperation der Gehirnhälften können die Kinder Informationen verarbeiten und dadurch ordnen und gruppieren.

Ab ca. 8 Monaten können Kinder Handlungen in kleinen Zeitabschnitten
planen.

Sie sind in der Lage zu wissen, dass Objekte weiter existieren, auch wenn
sie diese nicht selbst wahrnehmen (► Objektpermanenz). Viele Forschun-
gen bestätigen diesen Begriff Piagets, einige gehen allerdings davon aus,

dass Säuglinge schon früher in der Lage sind zu begreifen, dass Dinge existieren, auch wenn sie aus ihrem Blickfeld verschwunden sind.

Ab ca. 18 Monaten haben und verstehen Kinder einfache Ziele und setzen diese in geplante Handlungen um. Sie sind grundsätzlich in der Lage, Probleme zu lösen.

Die Aussage Piagets zur **Mengeninvarianz** wurde durch Experimente widerlegt. Kinder mit ca. 4 Jahren können durchaus durch Eigenaktivität, d. h. durch eigenes Umschütten, erkennen, dass die Menge Wasser in einem schmalen, hohen Glas die gleiche Menge Wasser ist wie im breiteren, niedrigen Glas. Von Bedeutung ist dabei die Eigenaktivität der Kinder.

Visuelle Perspektivenübernahme

Kinder sind ab ca. 4 Jahren in der Lage, sich in die Perspektive (räumlich gesehen) anderer zu versetzen.

Experimente haben bewiesen, dass schon Zweijährige verstehen können, was ein anderer aus seiner Perspektive sehen kann. Ab ca. dem 4. Lebensjahr verstehen Kinder, dass Dinge jeweils aus einer unterschiedlichen Perspektive heraus unterschiedlich aussehen.

Kognitive Perspektivenübernahme

Zwischen dem dritten und fünften Lebensjahr lernen die Kinder, die geistige Perspektive eines anderen zu übernehmen. Die Kinder gehen nicht mehr automatisch davon aus, dass ihre Perspektive die einzige ist, sondern sie erkennen, dass andere Menschen auch andere Perspektiven haben können. Die Kinder erkennen, was andere meinen und denken.

Diese Annahmen stehen im Gegensatz zur Theorie von Piaget, der von einer egozentrischen Sichtweise der Kinder bis zum Alter von 7 Jahren ausging.

Ab ca. dem 4. Lebensjahr erleben die Kinder die „magischen Jahre", die geprägt sind von Fantasie- und Rollenspielen. Fantasie und Wirklichkeit scheinen nicht immer klar voneinander getrennt zu sein, wobei jedes Kind dies anders, je nach Situation, erlebt.

Widerlegt sind animistische Deutungen nach Piaget. Die Kinder sind in diesem Alter sehr wohl in der Lage, zwischen Lebewesen und Gegenständen zu unterscheiden. Auch können schon dreijährige Kinder zwischen Traum und Wirklichkeit unterscheiden. Was Kindern hilft, zwischen Lebendigem und Dingen zu unterscheiden, ist ihr ▶ bereichsspezifisches Wissen.

Die Kinder profitieren immer mehr von ihrem selbst erworbenen, konstruierten Wissen. Neue Denkvorgänge sind möglich, das Denken wird abstrakter. Die Kinder denken in Kategorien, benennen und sortieren Dinge, ordnen, vergleichen, entdecken Reihenfolgen. Eine mathematisch-logische Denkweise, die Kinder für einen naturwissenschaftlich-mathematischen Bildungsbereich offen macht, entwickelt sich. Die Kinder entwickeln ein Zeit- und Ursache-Wirkungsverständnis.

Ab ca. dem 6. Lebensjahr sind die Kinder zu immer mehr Denkvorgängen fähig, sie entwickeln ihre mathematisch-logische Denkweise weiter. Sie profitieren immer mehr von ihrem erfahrenen, konstruierten und jetzt schon abstrakten Wissen. Sie können gut benennen, sortieren, ordnen, vergleichen, kategorisieren, Reihenfolgen bilden.

Sie sind immer besser in der Lage, Problemlösungsstrategien zu entwickeln. Die Kinder bauen sich ein Wissen über die Struktur der Sprache auf, das ihnen auch hilft, logische Schlüsse zu ziehen.

Ab ca. dem 6. Lebensjahr verbessert sich die Gedächtniskapazität der Kinder. Gedächtnisstrategien und Gedächtnisspanne entwickeln sich.

Ab ca. dem 11. Lebensjahr verändern sich die kognitiven Fähigkeiten. Die Kinder bzw. sich entwickelnden Jugendlichen erweitern ihre Denkoperationen und können Informationen besser verarbeiten. Sie können abstrakt und vernetzt denken, Komplexität besser wahrnehmen und Metaperspektiven einnehmen.

Heute weiß man, dass Kinder ihre Theorien mit eigenen Experimenten überprüfen. Diese Entwicklungsvorstellung des Denkens hat somit eine hohe Bedeutung für die Arbeit in Kindertageseinrichtungen. Diese müssen es den Kindern ermöglichen, möglichst viel bereichsspezifisches Wissen zu erwerben und zu überprüfen.

Nachfolgend wird aufgrund seiner historischen Bedeutung das Stufenmodell nach Piaget beschrieben. Die Einordnung und Kritik ist im oberen Teil erfolgt.

Piaget beschreibt vier Hauptstadien in der Entwicklung der Denkfähigkeit:

1. *Sensomotorische Entwicklung*

Bis zum ca. 2. Lebensjahr:

- Übung von Reflexen (z. B. Greifreflex, Saugreflex)
- Wiederholung von Handlungen, die zu einem positiven Ergebnis führen (**sensomotorische Schemata**). Der Säugling leistet **Anpassungshandlungen** (**Adaptionen**), in dem er Umwelterfahrungen in sein Handeln assimiliert ▶ Assimilation. Das Kind entwickelt die sog. sensomotorische Intelligenz. Bsp.: Ein Säugling greift zum Schnuller, schaut auf die Rassel im Kinderwagen.

– Der Säugling lernt den Unterschied zwischen sich, der Handlung und dem Ergebnis. Bsp.: Das Kind greift nach einer Rassel und löst das Geräusch aus.
– Verschiedene Schemata werden koordiniert, neue Schemata ausprobiert, z. B.: Ein Kind probiert aus, was es alles mit einem Spielzeug machen kann: danach greifen, in den Mund nehmen, wegwerfen.
– Neue Schemata werden durch Experimentieren herausgefunden.
– Kinder entwickeln eine Vorstellung von etwas. Eine Handlung muss nicht mehr durch Experimentieren bedingt sein. Bsp: Ein Kind sieht einen Stock und holt mit diesem seinen Schnuller unter dem Schrank hervor.
– **Objektpermanenz**: Kinder begreifen ab ca. dem 6. Lebensmonat, dass Objekte auch dann existieren, wenn sie nicht gesehen werden.

2. Prälogisches, anschauliches Denken
Ab ca. dem 2. bis zum ca. 7. Lebensjahr.
– Auftreten der Sprache, Gedankenaustausch und Kommunikation wird möglich.
– Entwicklung von der sensomotorischen Intelligenz zum eigentlichen Denken.
– **Egozentrismus**: Ich-Bezogenheit des Kindes, die Welt wird Ich-bezogen betrachtet (Bsp: Ein Kind geht davon aus, dass es verstanden wird, wenn es was sagt, kann sich nicht in andere hineinversetzen).
– **Antromorphisches Denken**: Dinge werden vermenschlicht. Bsp: Der Bär hat Bauchschmerzen.
– **Animistische Deutungen**: Tendenz, Dinge als lebendig und absichtsvoll aufzufassen.
– **Artifizialismus**: Der Glaube, dass die Dinge von Menschen oder durch eine göttliche Aktivität gemacht sind.
– **Finalistische Erklärungen**: Kinder erklären Dinge, Naturerscheinungen mit einem Zweck. Bsp.: Das Gras ist dazu da, damit die Tiere es essen können.

3. Konkret operatorische Strukturen
Ab ca. dem 6. Lebensjahr bis zum ca. 11. Lebensjahr.
– Konkret-operatorisch heißt, dass Kinder ihre Denkleistungen nur vollbringen können, wenn sie es mit tatsächlich vorhandenen oder vorstellbaren Dingen zu tun haben.
– Beginn des logischen Denkens.
– **Reversibilität** (lat. reversum = Umkehrbarkeit): Kinder erkennen, dass Vorgänge umkehrbar sind.

- Entwicklung der Fähigkeit von Rechenschritten wie Addition, Subtraktion, Multiplizieren, Dividieren.
- Kinder beginnen, in Kategorien zu denken. Bsp: Auf die Frage, was Kirschen sind, antworten Kinder jetzt „Obst".
- Kinder können Dinge differenziert z. B. nach der Größe ordnen.
- ► Egonzentrismus verliert sich.
- Kinder beginnen, sich in andere Menschen hineinzuversetzen.

4. Formal-operatorische Stufe
Ab ca. dem 10. Lebensjahr bis zum ca. 15. Lebensjahr.
- Kinder sind nicht mehr nur auf konkrete Dinge angewiesen, die sie sehen oder sich vorstellen. Jetzt werden in Denkoperationen auch Hypothesen gebildet, weitere Informationen einbezogen und neue Zusammenhänge erkannt. Bsp.: Eine Versuchsanordnung zeigt ein schweres Pendel an einer kurzen Schnur und ein leichtes Pendel an einer langen Schnur. Im konkret-operatorischen Stadium sagen Kinder aus, dass das schwere Pendel an der kurzen Schnur schneller schwingt als das leichte Pendel an der langen Schnur. In der formal-operatorischen Stufe werden Kinder kombinieren, dass es auch noch die Möglichkeit gibt, das schwere Pendel an einer langen Schnur und das leichte Pendel an einer kurzen Schnur schwingen zu lassen.

Begriffe aus der Theorie Piagets

Schemata
Schemata (griech. schema = Gestalt, Figur, Form) sind Denk- und Handlungsleistungen oder -muster eines Kindes. Bsp.: Ein Säugling greift, wirft, greift eine Rassel.

Assimilation
Assimilation (lat. assimilatio = Ähnlichmachung) ist die Fähigkeit, neue Erfahrungen in schon bestehende Denk- und Handlungsstrukturen, sog. ► Schemata zu integrieren. Bsp.: Ein Kind greift (ein bestehendes Schemata) die Milchflasche (Assimilation der Milchflasche in das Greifschema).

Akkomodation
Akkomodation (lat. accomodatio = das Anpassen) ist die Anpassung von Denk- und Handlungsmustern (► Schemata) an die Umwelt bzw. die Realität. Bsp.: Ein Kind greift nach Wasser, merkt, dass dies (die ► Assimilation des Wassers) nicht gelingt und schöpft anschließend das Wasser mit der Handfläche. Das ► Schemata wurde verändert und an die Umwelt angepasst.

Äquilibration

Äquilibration (lat. aequilibrium = Gleichgewicht) bezeichnet den Zustand des inneren Gleichgewichts eines Kindes, der durch das Zusammenwirken von ► Assimilation und ► Akkomodation entsteht. Z. B.: Sieht ein Kind eine Rassel, will es die Rassel greifen. Schafft es dies nicht, so befindet es sich im Ungleichgewicht. Es wird immer wieder versuchen, die Rassel zu greifen, bis es ihm gelingt und somit das Gleichgewicht wieder hergestellt ist.

Invarianz

Invarianz meint Unveränderlichkeit. Wenn sich Anordnung oder Form ändert, bleibt eine Menge gleich bzw. unveränderlich. Kinder urteilen im ► prälogischen Denken nach sichtbaren Veränderungen.

Sensomotorik

Das Zusammenwirken von Bewegung und Sinnesorganen. Z. B..: Ein Kind sieht eine Rassel und greift nach ihr.

Soziale Kognition

Soziale Kognition bedeutet das Wissen über psychische Vorgänge in Menschen, über das Agieren zwischen Menschen und die Kompetenz, dieses Wissen auch umsetzen zu können

Schon Säuglinge besitzen in den ersten Lebensmonaten, wenn auch unvollständig, Kompetenzen im Bereich der sozialen Kognition. Sie können zwischen Dingen und Personen unterscheiden, machen Verhalten nach und reagieren auf Personen mit einem Lächeln oder motorischen Reaktionen. Untersuchungen zeigten, dass Kinder Ursache-Wirkung Muster eher in sozialen Ereignissen erkennen als bei physikalischen Ereignissen.

Eine wichtige Fähigkeit in der Entwicklung der sozialen Kognition ist die Perspektivenübernahme, also die Fähigkeit, die inneren psychischen Zustände (Denken, Fühlen, Wollen) einer anderen Person vor dem Hintergrund der jeweiligen Situation zu verstehen und entsprechende Schlüsse daraus zu ziehen. Ein Kind unterstellt also einem Gegenüber nicht mehr automatisch seinen eigenen Wissensstand, sondern erkennt, dass diese Person aus ihrer Situation heraus eine eigene Sicht der Dinge hat.

Mit Fähigkeit zur ► **kognitiven Perspektivenübernahme** (zwischen dem dritten und fünften Lebensjahr) ist die Erschließung des Denkens anderer gemeint. Die Denkvorgänge anderer werden akzeptiert.

Bei der **emotionalen Perspektivenübernahme** (zwischen dem dritten und sechsten Lebensjahr) werden die Gefühle anderer Personen nicht nachempfunden, sondern erschlossen.

Theory of Mind

Drei- bis vierjährige Kinder meinen, dass, ausgehend von ihrem Wissensstand, andere Personen den gleichen Wissensstand haben wie sie selbst. Sie können damit noch nicht die Perspektive anderer Personen vollständig übernehmen. Erst ab ca. 5 Jahren erkennen Kinder, dass bei anderen Menschen Unterschiede und Fehlannahmen im Vergleich zum eigenen Wissen aufgrund von Informationsdefiziten auftreten können. Sie sind dann in der Lage zu verstehen, dass andere Menschen eigene Überzeugungen haben können. Untersuchungsergebnisse haben aufgezeigt, dass eine gut entwickelte soziale Kognition ein entsprechend kompetentes Sozialverhalten nach sich zieht. Einfluss auf die Entwicklung der sozialen Kognition nehmen die Eltern als Vorbilder sowie der verbale Umgang und die Beziehungen in der Familie.

2.9 Moral

Die Moral (lat. moralis = die Sitten betreffend) ist die Summe von ▶ Normen, ▶ sozialen Werten, Grundsätzen, Ge- und Verboten, die ein Mensch in der Auseinandersetzung mit seiner Umwelt entwickelt und lernt. Die Normen, Werte und Grundsätze sind in der Gesellschaft bzw. von Teilen der Gesellschaft anerkannt und bilden die Grundlage für das Zusammenleben. Die Entwicklung der Moral ermöglicht Menschen die Orientierung in der Gesellschaft, die Einschätzung von eigenem und fremden Handeln, das Empfinden von Recht und Unrecht, die Einschätzung von Richtig und Falsch, von Gut und Böse. Die Moralentwicklung von Kindern beginnt in der ▶ Familie. Später vermitteln auch Gleichaltrigengruppen sowie Vorbilder und Idole Normen und Werte. Moralische Normen sind dabei von konventionellen Normen (Kleidung, Essverhalten, Verhaltensregeln im Kindergarten) zu unterscheiden. Kinder lernen unterschiedliche, moralische Vorstellungen zu übernehmen bzw. zu verinnerlichen. Ist eine Norm übernommen und damit zu einem Teil der Persönlichkeit geworden, ist deren Einhaltung eine Bestätigung der Persönlichkeit. Die Abweichung von der Norm kann zu einer Beschädigung der Persönlichkeit führen.

Normen können durch eine Konditionierung (▶ Klassische Lerntheorien) vermittelt werden. Belohnung oder Strafe werden als positive oder negative Verstärker eingesetzt. Dabei ist die Strafe als problematisches Mittel zu betrachten.

Weiter werden Normen durch Identifikation mit Vorbildern und Beobachtung von anderen Personen vermittelt, wobei mit zunehmendem Alter die Beobachtungen bewertet und abgelehnt werden können.

Eine wesentliche Rolle bei der Entwicklung der Moral spielt die ▶ Familie als ▶ Sozialisationsinstanz. Dabei kommt dem in der Familie herrschenden Erziehungsstil eine wichtige Bedeutung zu. Ein stark Macht ausübender Erziehungsstil verhindert eher die Übernahme von Normen. Diese werden aus Angst vor Strafe ausgeführt, sobald aber eine Sanktion nicht zu befürchten ist, werden sich die Kinder nicht an die Normen halten, da diese nicht verinnerlicht sind.

Ein Erziehungsstil, der Kindern Ge- und Verbote erklärt, diese in Aushandlungsprozesse miteinbezieht und ihnen Handlungsspielräume lässt, bewirkt, dass Kinder Normen akzeptieren und sich mit ihnen identifizieren.

Im Idealfall entwickeln die Kinder sich dahin, dass sie nicht an dem starren Wortlaut der ▶ sozialen Norm festhalten, sondern je nach Situation die Norm unterschiedlich auslegen. Neben der Familie vermitteln Gleichaltrigengruppen Normen und Werte, sowie im Umgang mit der Sexualität, Alkohol und Drogen.

Das moralische Wissen von Kindern ist ca. zwischen dem 4.- und 5.- Lebensjahr komplett. Die Kinder kennen Normen und Werte, was sich weiterentwickelt, ist die **moralische Motivation** (die Motivation, eine Norm einzuhalten).

Untersuchungen haben gezeigt, dass weder die Kenntnis einer Norm noch das Wissen über ihre Begründung die Einhaltung einer Norm sichern.

Gleichzeitig stellte sich heraus, dass teilweise bereits vierjährige Kinder eine moralische Motivation aufbauen können. Mit zunehmendem Alter (bis ins Grundschulalter) entwickeln immer mehr Kinder ihre moralische Motivation. Hilfreich sind dabei die Fähigkeiten von Kindern zur ▶ Perspektivenübernahme (kognitive und emotionale) und ▶ Empathie.

Studien haben weiter aufgezeigt, dass schon vierjährige Kinder ihr Moralverhalten weniger von erwachsenen Autoritätspersonen als von den Auswirkungen für die betroffenen Personen ableiten.

Die Erkenntnis, dass eigene Handlungen negative Auswirkungen auf andere Personen haben kann sowie das Wissen, dass andere einen negativ beurteilen können, hilft weiter bei der Entwicklung moralischen Verhaltens.

Bilderbücher mit Geschichten, in denen es um Ungerechtigkeiten geht, können helfen, das moralische Verhalten eines Kindes zu stärken.

2.10 Motivation

Motivation (lat. movere = bewegen) ist die Summe von Beweggründen für das Verhalten und Handeln einer Person. Es existieren zwei wichtige Motivationsbereiche: Das Interesse (mit dem Neugierverhalten als Basis) und die Leistungsmotivation.

Intrinsische Motivation

Eine Sache um ihrer selbst willen tun, weil es Spaß macht, weil man eine Befriedigung daraus zieht. Bsp.: Eine Erzieherin organisiert ein Fest, weil es ihr Spaß bereitet, zu organisieren.

Extrinsische Motivation

Eine Sache wird wegen einer zu erwartenden Belohnung getan. Bsp.: Eine Erzieherin organisiert ein Fest, weil es dafür einen Tag frei gibt.

Bedürfnis

Ein Motiv – das Verlangen nach etwas. Weitere Bezeichnungen: Trieb, Wunsch, Verlangen.

Primärbedürfnisse

Bedürfnisse nach Luft, Nahrung, Schlaf, Schutz, ► Sexualität.

Flow-Erlebnis

Ein Flow-Erlebnis ist ein motivationaler Zustand (ein Gefühl, dass alles fließt), in dem bei Kindern, Jugendlichen und Erwachsenen Handlung und Bewusstsein verschmelzen. Die Person erlebt intensiv die Handlung, konzentriert sich auf die Tätigkeit, nimmt sich als Person nicht mehr bewusst wahr und geht damit in der Tätigkeit auf. Flow-Erlebnisse treten häufig im Freizeitbereich, beim Spiel und bei der Arbeit auf.

Entwicklung von Neugier und Interesse

Neugier ist eine Tendenz, Neuem oder Fremdartigem eher kurzfristig die Aufmerksamkeit zuzuwenden. Neugier steht in engem Zusammenhang mit dem ► Bindungsverhalten von Kindern. Fühlen sie sich sicher, erkunden sie neugierig die Umwelt. In Untersuchungen (3–6-jährige Kinder) wurde der Zusammenhang zwischen Neugier, Angst und Problemlösen beschrieben. Zum einen zeigte sich, dass ein hohes Neugierverhalten die Problemlösefähigkeit fördert. Hochängstliche Kinder mit einem niedrigen Neugierverhalten konnten schlecht Probleme lösen, hochängstliche Kinder mit einem hohen Neugierverhalten konnten Probleme so gut lösen wie neugierige Kinder mit einem niedrigen Angstverhalten.

Neugierverhalten hat nach Berg und Sternberg zwei Komponenten:
- Motivationale Komponente: Der Antrieb, sich etwas Neuem zuzuwenden.
- Kognitive Komponente: Suche nach neuen Informationen, die aus bekannten Wahrnehmungsinhalten herausgelöst werden.

Neugier entwickelt sich nach Hunt in drei Etappen:
- Beim Säugling führt ein Reizwechsel zur Aufmerksamkeit.
- In einem zweiten Entwicklungsabschnitt sucht ein Kind ihm bekannte Reize und weiß, dass bestimmte Ereignisse eintreten (die Mutter kommt, wenn sie gerufen wird). Wiederkehr des Vertrauten.
- In der dritten Etappe kann sich das Kind, wenn es weiß, dass Ereignisse vorhersehbar sind und wenn es genügend positive Erfahrungen mit Vertrautem gemacht hat, mit Neugier wirklich Neuem zuwenden.

Das Neugierverhalten zeigt sich in einem Explorationsverhalten, in der neugierigen Erkundung der Umwelt.

Im Gegensatz zur Neugier zeigt sich **Interesse** (lat. interest = es bringt Nutzen) in längerfristigen Beziehungen zu einem Thema oder Objekt.
Das Interesse ist ein wesentlicher Prozess, mit dem eine Person in Kontakt und Auseinandersetzung mit der Umwelt treten kann.
Kindergartenkinder zeigen nach einer Untersuchung dann Interesse an Dingen oder Sachverhalten, wenn sie sich länger, nicht nur einmal, damit auseinander setzen können. Dem Gegenstand oder Sachverhalt muss ein Kind Wertschätzung entgegenbringen, da sonst andere Objekte das Interesse wecken können. Mit der Wertschätzung verbunden ist die Beliebtheit, die ein Kind einem Gegenstand entgegenbringt.

Leistungsmotivation

Die Motivation zum Erbringen von Leistungen beginnt im ersten Lebensjahr. Ein Kind führt mit Absicht Effekte herbei und erlebt diese lustvoll. Zur **Freude am Effekt** tritt dann gegen Ende des ersten Lebensjahres das Selbermachenwollen. Das Kind empfindet Freude und Stolz über das eigene Tun. Ab etwa dreieinhalb Jahren zeigen die Kinder Freude und Stolz über Erfolge und Enttäuschung über Misserfolge. Erfolge werden auf die eigene Tüchtigkeit zurückgeführt. Ein Kind kann einen Wettbewerb realisieren und in Gewinner-Verlierer-Kategorien denken und handeln. Die Basis für Leistungshandeln ist damit geschaffen. Ein Kind weiß, dass die eigene Tüchtigkeit die Ursache und das Ergebnis die Wirkung ist.

Ab ca. vier Jahren beginnen Kinder, ein **Anspruchsniveau** zu entwickeln, d.h. sie setzen eigene Kriterien und Maßstäbe für ihr Leistungshandeln. Als Bezugsnorm dient noch die Selbsteinschätzung, während ab ca. 8 Jahren der Vergleich mit anderen Kindern wichtig wird.

Ab ca. 5 Jahren beginnen Kinder ihre Tüchtigkeit und die Schwierigkeiten der Aufgaben zu unterscheiden. Im Vorschulalter können sich schon zwei Persönlichkeitstypen herausbilden. Zum einem Kinder, die sich am Erfolg orientieren und entsprechend positiv an Anforderungen herangehen und zum anderen Kinder, die sich am Misserfolg orientieren und dementsprechend negativ eingestellt Anforderungen begegnen.

Einflussfaktoren auf die Leistungsmotivation
Erziehungsverhalten der Eltern

Altersangemessene Erziehung zur Selbstständigkeit. Viel Lob und wenig Tadel scheint nach Forschungsergebnissen vor allem für jüngere Kinder förderlich zu sein, während ältere Kinder ab 10 bis 12 Jahren unangemessenes Lob als demotivierend empfanden.

Umwelt

Anregungen (Spielzeug, Malgeräte etc.), die in der Umwelt vorhanden sind, fördern die Leistungsmotivation.

▶ *Erzieherinnen*

Das ▶ Bild vom Kind und der ▶ Erziehungsstil wirken sich auf die Leistungsmotivation der Kinder aus.

Gleichaltrige

Wenn die Kinder in Gewinner-Verlierer-Kategorien zu handeln beginnen und ein Anspruchsniveau entwickeln, werden die Leistungen der Gleichaltrigen zum Maßstab und zur Motivation für Leistungen. Eher im Schulbereich spielt es eine Rolle, ob das Erbringen von Leistung eine allgemeingültige Norm ist. Dies zeigt sich in einem Klima, in dem die Kinder sich unterstützen, ein Gefühl der Zugehörigkeit erleben und dementsprechend Leistung erbringen.

2.11 Persönlichkeit

Die Persönlichkeit ist die Gesamtheit aller einzigartigen und individuellen Eigenschaften eines Menschen. Früher wurde der Begriff des Charakters verwendet.

Kinder versuchen früh, eine Vorstellung über sich selbst zu bekommen. Sie entdecken ihr „Ich", entwickeln ein Selbstkonzept bzw. ihre eigene Identität oder Persönlichkeit.

Säuglinge beginnen intuitiv zu erfahren, dass sie getrennt von ihren Bezugspersonen existieren (**existenzielles Selbst**). Dies ist für die Kinder ein erster intuitiver Eindruck von sich selbst, den sie über ihre Interaktionen mit ihren Bezugspersonen erfahren. Erst im zweiten Lebensjahr sieht sich ein Kind als Kind, als Mädchen oder Junge. Die Kinder können sich damit Kategorien zuordnen (**kategoriales Selbst**). Die Kinder entwickeln eine Vorstellung, ein Wissen von sich und verfügen damit über eine Selbstrepräsentation.

Im Alter von ca. 2 Jahren entsteht das Selbstbewusstsein der Kinder. Die Kinder sind sich ihres Tun bewusst und erkennen sich im Spiegel. Am Ende des 2. Lebensjahres können Kinder ihren Vornamen verwenden, ab ca. dem 3. Lebensjahr sprechen sie in der Ich-Form. Die Kinder streben Autonomie und Selbstbestimmung an. Eine wichtige Phase in der Entwicklung des Selbst ist die ▶ Trotzphase. Weiter können die Kinder sich mittels Merkmalen beschreiben („ich habe einen Bruder", „ich habe ein Kleid an"). Zwischen Wunschbild und Realitätsbild kann ein Kind noch nicht trennen. Die Kinder können sich aber schon einer Kategorie zuordnen, z. B. den Männern oder Frauen. Sie suchen nach Belobigungen für Leistungen und wissen, dass sich ihr Verhalten auf das Verhalten anderer Menschen auswirkt. Die Kinder können sich immer besser beschreiben und lernen es, die Merkmale der Selbstbeschreibung zusammenzufassen.

Ab ca. 4–5 Jahren beginnen die Kinder zu wissen, dass andere Personen einen bestimmten Standpunkt einnehmen. Sie wissen nun, dass sie von anderen Personen und deren Standpunkt aus bewertet werden.

Insgesamt zeigten Untersuchungen auf, dass schon Kinder im Vorschulalter ein differenziertes und relativ stabiles Selbstkonzept besitzen, das sich dann vor allem in einem Zeitraum von ca. 3 Jahren immer mehr stabilisiert.

Ab ca. 9 Jahren können die Kinder immer differenzierter ihr Selbst beschreiben. Sie sind in der Lage, sich Eigenschaften zuzuschreiben, die hinter Verhaltensweisen und Fähigkeiten stehen. Ist ein Kind gut in Mathematik, so kann es sich das Persönlichkeitsmerkmal „klug" zuweisen. Gleichzeitig begreifen die Kinder, dass sie in verschiedenen Situationen verschiedene Merkmale zeigen können (zuhause sind sie offen, bei Fremden verschlossen). Die Schule nimmt aufgrund der Notengebung bzw.

über Rückmeldungen von Lehrerinnen einen großen Einfluss auf die Entwicklung des Selbst der Kinder. Gleichzeitig bekommen die Rückmeldungen aus Gleichaltrigengruppen eine hohe Bedeutung für die Entwicklung des Selbstbildes.

Trotz

Trotz ist ein Versuch des Kindes, eine Konfliktsituation zu meistern. Zugrunde liegt einerseits ein Gefühl der Ohnmacht, andererseits der Anspruch des keimenden kindlichen Ichs, selbst über sein Leben bestimmen zu wollen. Jeder Trotzanfall ist auch Ausdruck von Hilflosigkeit, weil das Kind in seiner Entwicklung noch nicht so weit vorangeschritten ist, andere „sozial verträglichere" und kreativere Konfliktlösungen als Brüllen, Strampeln oder Schmollen einzusetzen.

Die **Trotzphase** ist eine wichtige Phase in der Entwicklung der Persönlichkeit:

Mit ca. 2–3 Jahren werden die Kinder immer selbstständiger und entdecken ihr Ich. Sie können bewusst „nein" und „ich will" sagen und setzen ihre Anliegen dementsprechend durch. Dabei sind sie noch sehr stark Ichbezogen. Die Trotzphase ist in unserer Kultur eine Entwicklungsphase eines Kindes und zur Entwicklung eines guten Selbstbewusstseins wichtig. Die Kinder sind erstmals in der Lage, sich Handlungsziele vorzustellen. Dabei sind sie sehr motiviert und emotional engagiert. Erreichen sie ihr Ziel nicht, haben sie keine Handlungsalternativen und ein Zusammenbruch erfolgt. Diese Phase ist für Eltern und Erzieherinnen insgesamt anstrengend. Die Kinder erproben ihren eigenen Willen, ihren „Eigen"sinn und versuchen gegen alle Widerstände, ihren Willen durchzusetzen. Sie erfahren dabei, wann sie sich durchsetzen können und wann sie an Grenzen stoßen. Die Kinder schreien, toben, weinen, lassen sich auf den Boden fallen, halten die Luft an etc. Oft kann eine Erzieherin den Trotzanfall eines Kindes zu spüren bekommen, der zu Hause ausgelöst wurde.

Die Bewältigung der Trotzphase ist auch davon abhängig, ob Kinder ihre Aufmerksamkeit kontrollieren bzw. einem anderen Ziel zuordnen sowie ihre Emotionen kontrollieren können.

Die Trotzphase ist weiter wichtig, weil dadurch Regeln klarer werden und das Kind an Orientierung gewinnen kann. Scheuen Eltern die Auseinandersetzung, so provozieren sie noch mehr Trotzverhalten, so lange, bis ein Kind seinen Spielraum und seine Grenzen kennt. Ein demokratischer Erziehungsstil der Eltern kann am besten auf Trotzverhalten reagieren. Wertschätzung, Respekt, emotionale Zuwendung und Achtung, aber auch klare Forderungen und Grenzsetzungen helfen den Eltern, zusammen mit dem Kind die Trotzphase zu bewältigen.

Von Bedeutung für Eltern und Erzieherinnen ist die Kenntnis, dass die Trotzphase zur Entwicklung gehört. Dieses Wissen kann zu einem gelasseneren Umgang mit dem Kind beitragen.

Persönlichkeitsmerkmale

Beim Versuch, Persönlichkeitsmerkmale zu bestimmen, wird zwischen Temperament und Persönlichkeit unterschieden.

Dabei ist das **Temperament** (im Kind angelegte emotionale, motorische und aufmerksamkeitsbezogene Eigenschaften, die sich auf Reaktionen und die Selbstregulierung auswirken) als eine Basis der Persönlichkeit zu verstehen.

Schon mit ca. 2 Monaten sind bei Säuglingen verschiedene Temperamente festzustellen. Allgemein werden sie in 3 Temperamentfaktoren eingeteilt:

– Positiver Affekt (z. B. Lächeln, Bewegungen) und Annäherung
– Negativer Affekt (z. B. weinen, schreien)
– Aktive Bemühung um Kontrolle

Ein möglicher vierter Faktor: Die soziale Orientierung.

Oerter stellt 5 stabile Persönlichkeitsmerkmale zusammen: Die Big Five, die in mehreren Untersuchungen bestätigt wurden:

– Extraversion: emotional expressiv, redselig-mitteilsam, stellt leicht Kontakte her, nicht gehemmt oder eingeschränkt
– Agreeableness (angenehmes Wesen, gefallend): warm und responsiv, helfend und kooperativ, entwickelt eigene und enge Beziehungen, Neigung zu geben, zu teilen, zu leihen
– Gewissenhaftigkeit: ausdauernd bei Aktivitäten, nicht leicht aufgebend, aufmerksam, Fähigkeit zur Konzentration, planend und vorausdenkend, denkt, bevor sie oder er spricht
– Neurotizismus: furchtsam und ängstlich, gerät unter Stress, wird verwirrt und desorganisiert, hat kein Selbstvertrauen, fühlt sich wertlos und hält sich für schlecht
– Offenheit und Intellektualität: neugierig und explorierend, hohe intellektuelle Fähigkeiten, kreativ im Wahrnehmen, Denken, in der Arbeit oder im Spiel, verfügt über eine lebhafte Fantasie

2.12 Sexualität/Geschlechtsidentität

Sexualität (lat. Sexus = Geschlecht) ist die Gesamtheit der vom Geschlechtstrieb ausgehenden Empfindungen und Verhaltensweisen im Leben eines Menschen. Sexualität meint mehr als Geschlechtsverkehr und Fortpflanzung. Ebenso gehören zur Sexualität alle Formen von Zärtlichkeit, die Selbstbefriedigung sowie Erfahrungen mit dem eigenen oder anderen Geschlecht. Die Sexualität beinhaltet körperlich-biologische (den Sexualtrieb, das Wirken von Hormonen), psychische (die Entwicklung von sexuellen Verhaltensweisen) und sozial-kulturellen Komponenten (Erwartungen, Regeln, Ge- und Verbote).

Lange Zeit wurde Kindern eine eigene Sexualität abgesprochen. Heute geht man davon aus, dass Kinder ab der Geburt eine ihnen eigene Sexualität besitzen, die sich von der der Erwachsenen unterscheidet. Kinder erleben ihren Körper noch ganzheitlich und beschränken ihr sexuelles Erleben, im Gegensatz zu Erwachsenen, nicht auf die Geschlechtsteile. Sie empfinden Lust durch körperliche Reize oder andere Reize, haben das Bedürfnis nach Geborgenheit, Zärtlichkeit, nach Nähe, erkunden lustvoll den eigenen Körper oder den der Spielpartnerin. Die Einstellung der Erwachsenen, Eltern oder Erzieherinnen, ist mit entscheidend, wie Kinder ihre Sexualität entwickeln können.

Geschlechtsidentität

Die Vorstellung eines Menschen von sich als Mann oder Frau. Die Geschlechtsidentität entwickelt sich von Kindheit an und kann sich im Laufe eines Lebens weiterentwickeln. Die Entwicklung einer Geschlechtsidentität ist ein Hauptziel in der ► geschlechtsspezifischen Erziehung.

Entwicklung der Geschlechtsidentität

Die Entwicklung der Geschlechtsidentität hängt von verschiedenen Faktoren ab.

Ab ca. dem 3. Lebensmonat können Säuglinge den Unterschied zwischen einer weiblichen und männlichen Erwachsenenstimme wahrnehmen. Ab dem 9. Lebensmonat sind sie in der Lage, weibliche und männliche Gesichter zu unterscheiden. Aufgrund der Haarlänge und der Kleidung unterschieden in einem Experiment ca. einjährige Kinder Mädchen und Jungen. Die Genitalien spielen dabei aber keine Rolle. Am Ende des zweiten Lebensjahres können Kinder die Geschlechter unterscheiden. Es zeigt sich die Tendenz, dass Mädchen eher mit „mädchentypischen" und Jungen eher mit „jungentypischen" Spielzeugen spielen.

Ab dem 3. Lebensjahr wächst die Bedeutung der Geschlechter, die Kinder lernen die zum Geschlecht dazugehörigen Eigenschaften bzw. Stereotype. Das Geschlecht wird zum Kriterium bei der Auswahl von Spielpartnerinnen. Geschlechtshomogene Gruppen gewinnen an Wichtigkeit. Diese Zuweisungen werden dem Entwicklungsstand entsprechend eher rigide gehandhabt und weichen erst später wieder auf.

Ab ca. dem 7. Lebensjahr entwickeln die Kinder ihre Vorstellungen der Geschlechter weiter. Die bis dahin starren Konzepte werden flexibler gehandhabt.

Es werden Gemeinsamkeiten zwischen den Geschlechtern sowie mögliche Unterschiede zwischen Merkmalen eines Geschlechts festgestellt. Die grundsätzliche Bedeutung des Geschlechtsunterschiedes bleibt aber bestehen bzw. entwickelt sich noch weiter.

In der Adoleszenz (Jugendalter) steht die Entwicklung der Geschlechtsidentität stark im Zusammenhang mit der Entwicklung der eigenen Persönlichkeit. Die Geschlechtsidentität ist ein wesentlicher Teil der Persönlichkeit. Die biologische Reifung (Geschlechtsreifung) lenkt dazu stark die Aufmerksamkeit auf die Entwicklung der Geschlechtsidentität.

Insgesamt bekommt die Entwicklung in der Pubertät eine neue Qualität. Die Pubertierenden müssen sich mit dem sich verändernden Körper auseinander setzen, lernen, ihn zu akzeptieren, eine sexuelle Orientierung entwickeln und sich mit Geschlechtsrollen und damit verbundenen Erwartungen auseinander setzen.

Fächerwahl in der Schule und später die Berufswahl hängen mit Geschlechtsstereotypen zusammen.

In der **Vorpubertät**, zwischen dem ca. 10. –12. Lebensjahr, wächst das Interesse an den kommenden körperlichen Veränderungen. Erste körperliche Veränderungen, verursacht durch hormonelle Umstellungen, erfolgen. In der **Pubertät** (lat. pubertas = Geschlechtsreife) entwickeln sich **primäre und sekundäre Geschlechtsmerkmale**: Es wachsen bei den Mädchen Brüste, die Hüften runden sich, Eierstöcke, Vagina, Gebärmutter und Schamlippen sowie die Schamhaare wachsen. Die **Menarche**, die erste Regelblutung, erfolgt.

Bei den Jungen wachsen Schamhaare, Hoden und Penis, der Stimmbruch erfolgt, der Körper wächst insgesamt stark, der erste Samenerguss (Ejakulation) wird erlebt. Diese **Geschlechtsreifung** zieht nachhaltige Veränderungen in der psychischen Entwicklung nach sich, wenn sich z. B. Mädchen mit den Auswirkungen der ersten Regelblutung oder Jungen mit den Auswirkungen der Samenergüsse auseinander setzen müssen.

Bei Mädchen beginnt die Pubertät ca. 2 Jahre früher als bei Jungen. Bei den Mädchen kommt die geschlechtliche Reifung ca. im 13. Lebensjahr, bei den Jungen ca. im 14. Lebensjahr zur Vollendung. Den Zeitraum zwischen Vorpubertät und Beendigung der geschlechtlichen Reifung wird auch **Transeszens** genannt.

Entwicklung der Geschlechtsidentität – Theorien

Ein früher Versuch, die Entwicklung der Geschlechtsidentität zu erklären, ist die Theorie Sigmund Freuds.

Sozialisationstheoretische Ansätze kritisieren das Modell von Freud und vermissen die Einbeziehung gesellschaftlicher Bedingungen. Heute kann davon ausgegangen werden, dass beispielsweise kulturelle Aspekte, das Mediengeschehen, die Vorstellungen von Eltern und Geschwistern die sexuelle Entwicklung, die Entwicklung der Geschlechtsidentität mit beeinflussen.

Weiter existieren biologische und kognitive Ansätze bzw. Theorien. Alle Ansätze können sich aufgrund ihres Schwerpunktes ergänzen.

Heute kann das Geschlecht sowohl als individuelles Merkmal als auch als soziale Kategorie betrachtet werden.

Biologische Theorien

Diese Theorien beschäftigen sich mit der Bedeutung von Genen, Hormonen und neuronalen Faktoren bei der Entwicklung der Geschlechtsidentität. Weiter spielen evolutionstheoretische Aspekte eine Rolle. Aufgrund verschiedener Fortpflanzungsfunktionen entwickeln Frauen und Männer verschiedene Verhaltensweisen.

Die Kritik an den biologischen Theorien weist darauf hin, dass die biologischen Faktoren nicht nur beeinflussen, sondern auch vom Verhalten eines Menschen beeinflusst werden. Soziale und kulturelle Einflüsse werden ausgeblendet.

Sozialisationstheoretische Theorien

Diese basieren auf der Annahme, dass die Geschlechtsidentität mit ihren Verhaltensweisen, Eigenschaften und Einstellungen von anderen (Eltern, Lehrerinnen, Erzieherinnen, Gleichaltrige) übernommen wird.

Die **Bekräftigungstheorie** geht davon aus, dass das geschlechtstypische Verhalten von Kindern von Erwachsenen oder Gleichaltrigen bekräftigt wird.

Nach der **Imitationstheorie** werden gleichgeschlechtliche Modelle imitiert.

Kognitive Theorien

Bei diesen Theorien steht die kognitive Fähigkeit eines Kindes im Mittelpunkt, Impulse aus der Umwelt, die der Entwicklung der Geschlechtsidentität dienlich sein können, zu verarbeiten. Dabei wird davon ausgegangen, dass die Kinder ein Verständnis für die Geschlechtsrollenausprägung besitzen und dieses Verständnis die Motivation für die Entwicklung der eigenen Geschlechtsidentität ist

Entwicklung der Sexualität aus psychoanalytischer Sicht (S. Freud)

Orale Phase

Im ersten Lebensjahr bildet in der oralen (lat. os = Mund) Phase der Mund das zentrale Organ, das Lust empfindet (nuckelt, lutscht) und Nahrung aufnimmt. Elementare körperliche und sinnliche Bedürfnisse werden befriedigt. Außerdem besteht ein Bedürfnis nach körperlicher Nähe, Zärtlichkeit und Streicheln. Werden diese Bedürfnisse erfüllt, fühlt sich ein Kind angenommen und kann das **Urvertrauen** zur Welt (nach Erikson) entwickeln. Es weiß, dass für seine Bedürfnisse gesorgt wird. Fehlt das Urvertrauen, so entwickelt sich ein **Urmisstrauen**, was dazu führen kann, dass die Umwelt als feindselig erlebt wird und dass man sich darum gegenüber seiner Umwelt verschließt.

Gleichzeitig wird und muss ein Kind die Erfahrung machen, dass nicht alle Bedürfnisse (z. B. beim Abstillen) erfüllt werden können, was ihm später helfen soll, ein gesundes Maß an Vorsicht und ggf. Misstrauen mit in die Welt zu nehmen.

Anale Phase

In der analen (lat. anus = den After betreffend) Phase ab etwa dem zweiten Lebensjahr lernt ein Kind seine Muskeln, und damit auch den After zu beherrschen. Die Analzone wird zur erogenen Zone. Festhalten und Loslassen von Urin und Kot wird als lustvoll erlebt. Die Kinder erleben durch die Fähigkeit, den Schließmuskel zu beherrschen, Autonomie und Macht. Kinder spielen mit Kot und Urin, aber auch mit Matsch, Schlamm oder mit dem Essen. Der Reinlichkeitserziehung und der damit verbundenen Achtung der Bedürfnisse der Kinder durch die Erwachsenen kommt eine hohe Bedeutung zu.

Phallisch-genitale Phase

Ab dem 3. bis zum 5. Lebensjahr entdecken die Kinder in der phallisch (gr. phalls = das erigierte männliche Glied)-genitalen (lat. genitalis, genus = die Geschlechtsteile betreffend) Phase ihre Geschlechtsteile und haben grundsätzlich Interesse an allem Sexuellem. Beobachtet werden die sog. Doktor-Spiele. Geschlechterrollen entwickeln sich und werden bewusst. Jungen erleben den Vater als Konkurrenten (**Ödipuskomplex**), Mädchen die Mutter (**Elektrakomplex**).

Latenzphase

Zwischen ca. dem 6. und 11. Lebensjahr, in der Latenzphase (lat. latere = verborgen sein), wird das Interesse an der Sexualität geringer, sexuelle Impulse werden eher unterdrückt. Das Geschlechtsrollenverständnis wird in den Jungen und Mädchencliquen, die sich zum anderen Geschlecht hin abgrenzen, gefestigt.

Adoleszenz

Freud weist der Adoleszenz wenig Bedeutung zu. In einer ersten Phase ab dem 11. Lebensjahr werden frühkindliche Formen des Lustgewinns wiederbelebt, im zweiten Stadium (14.–20. Lebensjahr) werden heterosexuelle Beziehungen und reife Formen des genitalen Lustgewinns entwickelt.

2.13 Sprache

Die Sprache ist ein Kode, eine verschlüsselte Botschaft vom Sender, an den Empfänger, der die Botschaft entschlüsseln muss. Der Kode besteht aus Lauten, Wörtern, Sätzen, Sprechmelodie und der Betonung.

Der Sprache kommt bei der menschlichen Entwicklung eine grundsätzliche Bedeutung zu. Über die Sprache und das Sprechen kann sich ein Mensch anderen mitteilen, kann Informationen, Gefühle, Wünsche und Bedürfnisse äußern. Über die Sprache werden Beziehungen aufgebaut, gehalten oder auch zerstört. Sprache ist also mehr als die reine Ansammlung von Wörtern, Sätzen, Grammatikregeln.

Über Sprache wird kommuniziert, wenn auch die Sprache keine Voraussetzung für Kommunikation ist (schon Säuglinge kommunizieren über ihre Gesten, ihre Mimik). Sprechen ist eine Form von Sprache. Daneben kann auch über die Körpersprache kommuniziert werden.

Sprachentwicklung

Voraussetzungen für die Sprachentwicklung

- Entwicklung des Zentralnervensystems
- Erbliche Veranlagungen
- Gedächtnisfähigkeiten
- Kognitive Fähigkeiten
- Soziale Fähigkeiten
- Intakte Grob- und Feinmotorik
- Eine „sprechende" Umgebung
- Wahrnehmungsfähigkeiten

- Hörfähigkeit
- Funktionierende Sprechorgane
- Eine anregende Umgebung
- Sprechangebote, sprachliche Interaktion
- Beziehungen und Zuwendung
- Emotionale Zuwendung

Ebenen der Sprachentwicklung

Sprachverständnis, Artikulation, Wortschatz, Grammatik

Vorsprachliche Entwicklung (von Sprachlauten zu Worten)

- Erste Wochen: Die Säuglinge schreien
- 6 bis 8 Wochen: Die Säuglinge gurren
- 2. Monat: Beginn des Lachens, Entwicklung von weiteren Lauten
- 6. Monat: Beginn des Lallstadiums (**kanonisches Lallen**: dada, baba). Das Sprachverarbeitungszentrum im Gehirn ist sehr aktiv und filtert die für die Muttersprache wichtigen lautlichen Merkmale sowie Wörter heraus. Besondere Bedeutung hat die Mutter, die dem Kind über ihre Mimik mit Emotionen verbundene Laute vermittelt. Erst die mit vermittelten Gefühle veranlassen einen Säugling, auf die Sprecherin zu achten. Die emotionale Zuwendung ist damit eine wichtige Voraussetzung für die sprachliche Entwicklung.

Sprachliche Entwicklung

- 10. Monat: Beginn der eigentlichen Sprachentwicklung, erste Wörter, die Kinder besitzen eine breite Palette von Lauten. Begriffsbildungen – erste Begriffe werden mit Inhalten verbunden. Die Kinder beginnen Sprache zu verstehen, bevor sie selbst sprechen können.
- 18 Monate: Einwortsätze, Kinder fragen durch Betonung, der Wortschatz kann 50 Wörter umfassen, neue Wörter können schneller gelernt werden. Die Kinder können Sachverhalte ausdrücken. Bsp.: Sie sagen „weg" oder „fort", wenn der Ball verschwunden ist. Einwortsätze (z. B. durch Betonung: „Ball?"). Benennungsexplosion: Die Kinder lernen schnell Worte für Objekte und Merkmale von Objekten. Es kommt zu ▶ Übergeneralisierungen und zu ▶ Überdiskriminierungen.
- 2 Jahre: Die Kinder lernen einfache Verben und Adjektive, Wortkombinationen werden gebildet, Zwei- oder Dreiwortsätze. **Telegrafische Sprache**: Die Kinder sprechen mit zwei- oder Dreiwortsätzen, lassen aber (wie beim Telegramm) Elemente wie Artikel oder Hilfsverben aus. Bsp.: Puppe Auge auf. Haben Kinder mit 2 Jahren noch nicht die 50-Wort-Grenze erreicht, muss mit einer Störung der Sprachentwicklung gerechnet werden. Etwa die Hälfte dieser Kinder können die Defizite wieder ausgleichen.

- 2 ½ Jahre: Der Wortschatz nimmt deutlich zu, Mehrwortsätze, das Kind sagt seinen Namen, sagt „ich". Weitere Laute kommen hinzu.
- 3 Jahre: Erweiterung des Wortschatzes (durchschnittlich ca. 100 bis 1000 Worte), die Kinder lernen schwierige Lautverbindungen (kn, bl), Fragealter (warum, was). Einfache Sätze, Beginn des Bildens von Nebensätzen. Fürwörter werden benutzt. Dinge werden benannt. Mengen können mit Begriffen wie „viel" oder „wenig" benannt werden. Zeitvorstellungen wie „gestern" und „morgen" werden benutzt.
- Zwischen 4 und 5 Jahren: Bildung erster Vergangenheitsformen. Zusammenhänge können beschrieben werden. Die Kinder beherrschen Satzmuster im Prinzip, wenn auch noch nicht alle grammatischen Regeln beachtet werden. Einzelne Konsonantenverbindungen können noch schwierig sein. Komplexere Sätze werden gebildet.
- 5 Jahre: Laute und Lautverbindungen können richtig gebildet werden. Sätze mit Haupt- und Nebensätzen werden grammatisch richtig gesprochen. Farben, Zahlen werden benannt.
- 6 Jahre: Kinder können sich differenziert ausdrücken, Geschichten können erfunden oder nacherzählt werden. Komplizierte Gedankengänge können gut wiedergegeben werden. Die Grammatik wird weitgehend beherrscht. Oberbegriffe und Kategorien werden gebildet.

Bis zum Ende des 16. Lebensjahrs hat ein Mensch ca. 60.000 Wörter erlernt.

Sprechwerkzeuge
Lippen, Nasenhöhle, Zunge, Gaumen, Gaumensegel, Zähne, Kehlkopf, Atmungsorgane

Semantik
(gr. semantikos = bezeichnend) Die Bedeutung von Wörtern bzw. ein Teilgebiet der Sprachwissenschaft, die sich mit der Bedeutung von Lauten, sprachlichen Zeichen befasst.

Syntax
(gr. syntassein = Zusammenstellen) Die Verbindung von Wörtern zu Sätzen, der Satzbau.

Übergeneralisierung
Ein Kind verwendet einen Begriff für mehrere Objekte, Personen oder Ereignisse, die eigentlich eigene Bezeichnungen haben. Bsp.: Alle Männer heißen Papa oder Onkel.

Überdiskriminierung

Ein Kind verwendet einen Begriff, der einen weiten Bedeutungsumfang hat, nur eingeschränkt. Bsp.: Ein Tier ist nur der Hund. Die Katze, der Esel, die Mücken sind keine Tiere.

Zweisprachigkeit

Bilingualismus

(lat. bi = zwei) Ein Mensch ist in der Lage, zwei Sprachen ohne größere Schwierigkeiten zu sprechen. In der Praxis der Kindertageseinrichtungen sind häufig Kinder anzutreffen, die zweisprachig aufwachsen. Die besser gesprochene Sprache ist die **dominante Sprache** oder **starke Sprache**. Die schlechter gesprochene Sprache ist die **schwache Sprache**. Die Sprachen können gleichzeitig oder nacheinander erlernt werden.

Simultane Zweisprachigkeit

Oder **echte Zweisprachigkeit**: Ein Kind lernt von Geburt an zwei Sprachen gleichzeitig.

Sukzessive Zweisprachigkeit

(lat. successivus = nachfolgend) Ein Kind lernt die Zweitsprache, wenn es die Erstsprache schon einigermaßen gelernt hat (ab ca. dem 3. Lebensjahr).

Bilinguale Erziehung

Ein Kind wird zweisprachig erzogen.

Monolinguale Erziehung

Ein Kind wird einsprachig erzogen.

Muttersprache

Die Sprache, die ein Kind zuerst von der Mutter erwirbt. Wird auch **Erstsprache** genannt. Erwirbt ein Kind zwei Sprachen zugleich, so lernt es zwei Erstsprachen. Die Sprache des Vaters wird als **Vatersprache**, die Sprache der Mutter als **Muttersprache** bezeichnet.

Familiensprache

Die Sprache eines zweisprachigen Kindes, die in der Familie gesprochen wird. Außerhalb der Familie wird die **Umgebungssprache** gesprochen. Bei einer gemischtsprachigen Familie ist die Familiensprache die Sprache, die die Eltern miteinander sprechen.

2.14 Wahrnehmung

Wahrnehmung (oder **Sinneswahrnehmung**) ist der Prozess von Aufnahme und Verarbeitung von Sinneseindrücken, die durch Einwirkungen durch die Umwelt (**Umweltreize**) oder Einwirkungen aus dem Körperinnern wie z. B. Gefühle (**Körperreize**) entstehen. Die Folgen von Wahrnehmung sind Reaktionen von Motorik und Verhalten, die wiederum die Wahrnehmung beeinflussen können. Wahrnehmung bildet die Voraussetzung für die seelische und soziale Entwicklung und hat die Aufgabe, dem Menschen Orientierung in seiner dinglichen und sozialen Umwelt zu geben, damit dieser sich in der Welt zurechtfinden kann. Die Wahrnehmungsfähigkeiten stehen in engem Zusammenhang mit der ▶ kognitiven Entwicklung.

Im Unterschied zur Wahrnehmung ist die ▶ Sinnesempfindung ein grundlegender Prozess, bei dem Reize aufgenommen und registriert, nicht aber weiter interpretiert werden.

Während man früher davon ausging, dass Säuglinge ihre Umgebung fast nicht oder gar nicht wahrnehmen, ist heute bewiesen, dass die Kinder schon nach der Geburt wahrnehmen. Im Bereich des Riechens, Schmeckens und der Hautsinne (die niederen Sinne) kommen die Kinder mit einer Grundausstattung auf die Welt. Sehen können Neugeborene nur unscharf. Innerhalb der ersten sechs Monate können die Säuglinge dann immer schärfer sehen. Mit ca. einem Jahr können die Kinder fast so gut wie Erwachsene sehen.

Entgegen früherer Meinungen sind Säuglinge in der Lage, Formen und Objekte wahrzunehmen. Ein drei Monate alter Säugling erkennt zwei auseinander stehende Gegenstände. Wenn diese sich berühren, erkennt das Kind nur noch einen Gegenstand, auch wenn die zwei Objekte verschiedene Farben haben. Die Kinder erkennen nicht nur die einzelnen Eigenschaften eines Objekts, sondern sie erkennen das Objekt in seiner Ganzheit, als einen Gegenstand. Das Wahrnehmungssystem schafft es, die verschiedenen aufgenommen Reize zu einem Ganzen zu verarbeiten.

Diese Fähigkeiten helfen den Kindern auch, ihre Auge-Hand-Koordination zu entwickeln.

Kreuzmodale Wahrnehmung

Verschiedene Wahrnehmungen kann ein Säugling schon in Beziehung setzen. Sinneswahrnehmungen, z. B. Hören, Sehen, Riechen, werden miteinander koordiniert. Das Kind nimmt die Welt als etwas Ganzes wahr.

Mildeeffekt
Eine Person beurteilt grundsätzlich Verhalten zu milde. Bsp.: Im Elterngespräch zeichnet die Erzieherin ein zu positives Bild der Gesamtsituation des Kindes in der Gruppe. Die Erzieherin beurteilt ihre Praktikantin aus Angst vor einer Konfrontation zu milde.

Perzeption
Ist die sinnvolle Reizverarbeitung im ▶ zentralen Nervensystem.

Primacy-Effekt/Erster Eindruck
Der erste Eindruck eines Menschen beeinflusst die Wahrnehmung einer Person wesentlich, obwohl die Person eigentlich noch unbekannt ist. Der erste Eindruck ist wiederum abhängig vom aktuellen Zustand, von Erfahrungen, Vermutungen.

Projektion
Eigenschaften, Probleme, Bedürfnisse, die wir an uns selbst nicht schätzen, werden auf andere unbewusst übertragen und kritisiert. Bsp.: Eine Erzieherin wird im Umgang mit einem Kind aggressiv. Sie kann und darf sich die eigene Aggression nicht eingestehen und projiziert diese auf das Kind.

Pygmalion-Effekt/Selbsterfüllende Prophezeiung
Aufgrund eines bestimmten Bildes über eine Person erwarten wir eine bestimmte Reaktion, die dann auch eintritt.
Bsp: Eine Erzieherin interveniert in einem Streit zwischen zwei Kindern. Das eine Kind schätzt die Erzieherin als schwierig ein. Dementsprechend ist ihr Ton gegenüber dem Kind abwertend und laut. Das Kind reagiert entsprechend der Erwartung mit Ablehnung und einem aggressiven Ton. Die Erzieherin sieht sich in ihrer Einschätzung des Kindes bestätigt, auch wenn sie durch ihr Verhalten dieses Ergebnis produziert hat.

Reiz
Impuls innerhalb (**Innenreiz**) oder außerhalb (**Außenreiz**) eines Organismus, der die Sinnesorgane erregt. Ein **aversiver Reiz** wird von einem Menschen als unangenehm empfunden. Menschen regieren auf aversive Reize

häufig mit Ausweichen. Bei **sozialen Reizen** handelt es sich um Reize durch Menschen (Stimme, Hautkontakt) und nicht durch Dinge.

Rezeption
Ist die Reizaufnahme durch Sinnesorgane.

Rezeptoren
Die reizaufnehmenden Zellen der Sinnesorgane.

Reizselektion
Aus der Vielzahl von Reizen wird ein wichtiger ausgewählt.

Sensorische Integration
Nach Ayres das Zusammenwirken und Ordnen der Sinne. Die einzelnen Sinne werden zu einem ganzen und komplexen Sinneseindruck verarbeitet. Die sensorische Integration, d. h. die Verarbeitung sinnlicher Wahrnehmung, „bringt alles zusammen", ordnet Empfindungen, um sie anwenden zu können.

Sinnesorgane
Auge, Nase, Haut, Ohr, Mund. Die Sinnesorgane ermitteln Informationen aus der Umwelt oder aus dem Körper an das Gehirn.

Sinnessysteme
Auditives System
Der Hörsinn; der Reiz sind Schallwellen, die das Ohr aufnimmt.
Geruchssystem (olfaktorisches System)
Der Riechsinn; der Reiz sind gasförmige und chemische Verbindungen, die die Nase aufnimmt.
Geschmackssystem (gustatorisches System)
Der Geschmackssinn; der Reiz sind chemische Stoffe, die der Mund und die Zunge aufnehmen.
Kinästhetisches System
Der Bewegungs-, Kraft- und Stellungssinn; Reize sind Muskelkontraktionen und Eigenbewegungen, die über Sehnen, Muskeln und Gelenke wahrgenommen werden.

Taktiles System
Der Tastsinn; Reize sind mechanisch (Berührung), sie werden über die Haut, über Fingerspitzen, den Mund aufgenommen.

Vestibuläres System
Der Gleichgewichtssinn; Reize sind Beschleunigungen, Lageveränderungen und Drehbewegungen, sie werden über den **Vestibularapparat** (lat. Vestibilum = Vorhof, Organ zur Aufrechterhaltung des Gleichgewichts, befindet sich im Innenohr) aufgenommen.

Visuelles System
Der Sehsinn; Reize sind Lichtwellen, die über das Auge aufgenommen werden.

Sinneseindruck

Der einfachste und isolierte Teil einer Sinneserfahrung. Bsp.: Die Farbe des Autos ist rot.

Sinnesempfindung

Die Summe der Sinneseindrücke. Im Unterschied zur Wahrnehmung werden Reize aufgenommen, nicht aber weiter interpretiert.

Synapse

Verbindungsstelle/Kontaktstelle zwischen Nervenzellen. Synapsen müssen regelmäßig benutzt werden. Das bedeutet, dass Kinder in ausreichendem Maß mit Reizen stimuliert werden müssen, sonst entwickeln sich Synapsen nicht weiter.

Soziale Stereotype

Ein soziales Stereotyp ist eine nicht hinterfragte und damit feste Zuschreibung von Merkmalen und Eigenschaften an Personen aufgrund ihrer Zugehörigkeit zu einer bestimmten Gruppe (Nationalitäten, Dünne und Dicke, Politiker, Leitungspersonen etc.). Z. B.: Erzieherinnen reden viel und trinken viel Kaffee, Mädchen bewegen sich nicht gerne, die Kinder aus einem bestimmten Stadtviertel sind aggressiv etc.

Strengeeffekt
Eine Person beurteilt grundsätzlich Verhalten zu streng. Z. B.: Die Leitung beurteilt eine Erzieherin zu kritisch und schreibt ein schlechtes Zeugnis. Eine Erzieherin bewertet das Verhalten eines Kindes zu negativ.

Wahrnehmungsbereiche
Soziale Wahrnehmung
Soziale Wahrnehmung meint die Wahrnehmung im zwischenmenschlichen Bereich. Für Erzieherinnen kommt der sozialen Wahrnehmung eine große Bedeutung hinzu. Erzieherinnen beobachten, müssen aufgrund ihrer Wahrnehmung in Situationen eingreifen oder nicht, beurteilen Kinder in Gesprächen, beurteilen Praktikantinnen, Leitungen beurteilen und schreiben Zeugnisse etc. Ob im Umgang mit Kindern, Kolleginnen, Eltern etc. – das Bild von sich selbst und das Bild von anderen beeinflusst die Arbeit wesentlich.

Eigenwahrnehmung/Selbstwahrnehmung
Eigenwahrnehmung ist das Bild, das eine Person von sich hat und die daraus resultierende Vorstellung, wie man von seiner Umwelt gesehen wird.

Fremdwahrnehmung
Fremdwahrnehmung ist das Bild, wie eine Person von anderen gesehen wird sowie das Bild, das eine Person sich von anderen macht.

Interpretationsfehler
Jeder Mensch interpretiert das Verhalten seines Gegenübers. Die Interpretation ist abhängig vom aktuellen Zustand des Wahrnehmenden, von seinen Erfahrungen, seinen Wertmaßstäben. Ein Verhalten kann an einem Tag, an dem es einem gut geht, völlig anders interpretiert werden, als an einem Tag, an dem es einem schlecht geht. Bsp: Ein Kind haut mit der Faust auf den Tisch, die Erzieherin, eh schon gestresst, interpretiert das Verhalten als aggressiv, dabei hat das Kind die Freude über ein gewonnenes Spiel ausgedrückt.

Wahrnehmung des eigenen Körpers oder Körperbewusstsein
Unterscheidung nach M. Frostig:
Körperimago
Die Vorstellung, das Bild vom eigenen Körper, beeinflusst von Erfahrungen, die mit dem eigenen Körper gemacht wurden.

Körperschema
Mehr oder weniger automatische Anpassung von Teilen des Skelettsystems und die Spannung und Entspannung von Muskeln, die man benötigt, um eine Körperhaltung beizubehalten.

Körperbegriff
Bezieht sich auf die Kenntnis über die Zusammensetzung des Körpers.

Wahrnehmungskonstanz
Die Fähigkeit, trotz unterschiedlicher Entfernung, Lichtverhältnisse oder Perspektiven Personen oder Gegenstände wieder zu erkennen.

Zentrales Nervensystem (ZNS)

Zentrale Schalt- und Steuerstelle des menschlichen Körpers. Das zentrale Nervensystem besteht aus Gehirn und Rückenmark und ordnet, steuert, vergleicht, speichert und sortiert die ankommenden Reize.

3. Bildung und Erziehung

3.1 Bildung

Bildung ist **Selbstbildung** und hat selbstorganisierenden Charakter. Damit ist Folgendes gemeint: Im Mittelpunkt des Bildungsbegriffs steht die Aktivität des Kindes. Kinder sind grundsätzlich unbelehrbar. Ein Mensch wird nicht gebildet, er bildet sich selbst. Es „haftet dem Wort Bildung das Moment der Selbstständigkeit, also des Sich-Bildens der Persönlichkeit hartnäckig an" (von Hentig). Kinder sind seit ihrer Geburt und mit allen Kräften bemüht, sich ein Bild von ihrer Welt zu machen. Kinder bilden sich mit allen Sinnen. Bewegung und Körpererfahrung („begreifen") sind als Wurzeln kindlichen Lernens zu verstehen.

Aufgabe von Erzieherinnen ist es nun, die kindlichen Bildungsprozesse individuell zu erfassen und zu beantworten.

Derzeit wird der Bildungsbegriff von Kindheitsforschern mit unterschiedlicher Schwerpunktsetzung definiert und diskutiert. Gemeinsam ist allen Definitionen die Perspektive auf das eigenaktive Kind.

Bildungsbegriff nach Laewen

Bildung ist **Selbstbildung**. Ein Kind muss nicht gebildet werden, sondern es bildet sich aktiv selbst. Es konstruiert durch Sinneserfahrungen und Handeln ein Bild von sich selbst und der Welt und setzt sich in Verbindung mit ihr. Für Erzieherinnen bedeutet es, dass sie Bildungsprozesse durch Erziehung (nach Laewen Tätigkeiten von Erzieherinnen, um alle Kräfte des Kindes zur Selbstbildung anzuregen) ermöglichen, unterstützen und herausfordern sollen. Wenn Kinder gleichen Alters untereinander agieren, zusammen ihre Erfahrungen mit sich selbst und der Welt verarbeiten, ihre daraus gewonnenen, konstruierten Erkenntnisse den anderen Kindern mitteilen und aus den Rückmeldungen wiederum Erkenntnisse ziehen, spricht Laewen von **Ko-Konstruktion** unter Kindern.

Bildungsbegriff nach Fthenakis

Bildung ist ein Prozess, der in sozialen Situationen und in Interaktion mit Kindern und Erwachsenen stattfindet. Die Lebenssituation der Kinder und Familien werden mitberücksichtigt (z. B. kulturelle Aspekte, Armut, Trennung und Scheidung). Neben der Vermittlung von Kenntnissen steht die Vermittlung von Lernkompetenzen (z. B.: wie man lernt, wie man Wissen organisiert) im Vordergrund (▶ metakognitiver Ansatz). Ein weiterer Schwerpunkt liegt in der Stärkung kindlicher personaler und sozialer Kompetenzen (Bsp.: Selbstwert, Selbstregulationsfähigkeit, sichere Bindungen zu Eltern und Erzieherinnen, Kommunikationsfähigkeit). Nach Fthenakis sind Kinder und Erwachsene **Ko-Konstrukteure** im Bildungsprozess.

Bildungsbegriff nach Schäfer
Bildung ist Eigentätigkeit und damit ▶ **Selbstbildung**. Selbstbildung ist die Tätigkeit, mit der die Kinder ihre Umwelt wahrnehmen und daraus das Bild vom „Ich" und das Bild der Welt konstruieren. Selbstbildung findet in einem Kooperationsprozess mit Kindern, Erwachsenen sowie der sachlichen Umwelt statt. Kinder sind **Ko-Konstrukteure,** Erwachsene agieren mit Kindern auf einer anderen Ebene (die komplementäre [ergänzende] Konstruktion). Lernprozesse werden auf die Kinder ausgerichtet, wenn auch Anforderungen der Gesellschaft berücksichtigt werden. Von zentraler Bedeutung für die Selbstbildungsprozesse ist das kindliche ▶ Spiel, da das kindliche Spiel die Erfahrung der Welt möglich macht.

Bildungsauftrag für Kindertageseinrichtungen

Der Bildungsauftrag für Kindertageseinrichtungen ist gesetzlich im ▶ SGB VIII verankert:

§ 22 (2) Tageseinrichtungen für Kinder und Kindertagespflege sollen
1. die Entwicklung des Kindes zu einer eigenverantwortlichen und gemeinschaftsfähigen Persönlichkeit fördern,
2. die Erziehung und Bildung in der Familie unterstützen und ergänzen,
3. (...)
(3) Der Förderungsauftrag umfasst Erziehung, Bildung und Betreuung des Kindes und bezieht sich auf die soziale, emotionale, körperliche und geistige Entwicklung des Kindes. Er schließt die Vermittlung orientierender Werte und Regeln ein. Die Förderung soll sich am Alter und Entwicklungsstand und den sprachlichen und sonstigen Fähigkeiten, an der Lebenssituation sowie den Interessen und Bedürfnissen des einzelnen Kindes orientieren und seine ethnische Herkunft berücksichtigen.

Gemeinsamer Rahmen der Länder für die frühe Bildung in Kindertageseinrichtungen

Vor allem die ▶ PISA-Studie setzte eine Diskussion und Betriebsamkeit in Gang um die Frage, wie vorschulische Kindertagesbetreuung ihren Bildungsauftrag wahrnehmen kann.

Eine Konsequenz war, auch vor dem Hintergrund neuer Erkenntnisse aus der Hirn-, Kognitions-, Bindungs- und Wahrnehmungsforschung, der gemeinsame Rahmen der Länder für die frühe Bildung in Kindertageseinrichtungen. Dieser wurde 2004 von der Jugendministerkonferenz und von der Kultusministerkonferenz beschlossen. Kindertageseinrichtungen werden als Bildungsinstitutionen mit eigenem Profil definiert. Folgende Bildungsbereiche werden beschrieben:

1. Sprache, Schrift, Kommunikation
2. Personale und soziale Entwicklung, Werteerziehung/religiöse Erziehung
3. Mathematik, Naturwissenschaft, (Informations-)Technik
4. Musische Bildung / Umgang mit Medien
5. Körper, Bewegung, Gesundheit
6. Natur und kulturelle Umwelten

Aufgrund der Kulturhoheit der Länder erarbeiten/erarbeiteten die Bundesländer jeweils auf der Basis des gemeinsamen Rahmens einen eigenständigen länderspezifischen **Bildungsplan** (oder Bildungs- und Erziehungsplan, Bildungsvereinbarung) mit unterschiedlichen Aussagen zum Bildungsverständnis, zu Bildungszielen, zur Förderung von Lernprozessen und zu Bildungsbereichen.

Die Bildungspläne ersetzen mit einer neuen Qualität **Rahmenpläne** für die Kindergärten, die länderspezifisch u. a. Aussagen zu Mindeststandards bei der Personalbemessung, Aussagen zum Auftrag, zu Erziehungs- und Bildungszielen oder Aussagen zur praktischen Umsetzung enthielten.

Bildungskonzepte in Kindertageseinrichtungen

Bis zur Bildungsdebatte nach der ► PISA-Studie existierte im Bereich der Kindertagesbetreuung keine einheitliche Definition des Bildungsbegriffs. Es war letztendlich den Kindertageseinrichtungen bzw. den Trägern überlassen, den Bildungsbegriff, in Abgrenzung zum Erziehungsbegriff, (nicht) zu definieren. Aktuell existieren für den Kindertagesbetreuungsbereich mehrere Definitionen des Begriffes „Bildung", die Gemeinsamkeiten und Unterschiede aufweisen:

Grundlage aktueller Bildungskonzepte ist dabei ein ► Bild vom Kind, das vom einem von Geburt an mit Kompetenzen und Fähigkeiten (welche zum Teil schon im Mutterleib ausgebildet sind) ausgestatteten Kind ausgeht, welches mit Neugier sich selbst und seine Umwelt entdeckt und erforscht, sich dabei selbst bildet und Wissen aneignet.

Grundannahmen aktueller Bildungskonzepte

Grundannahmen aktueller Bildungskonzepte – basierend auf Erkenntnissen der Hirn-, Säuglings-, Kognitions-, Bindungs- und Wahrnehmungsforschung:

- Kinder kommen mit Kompetenzen und Neugier auf die Welt und lernen von Anfang an.
- Kinder sind von Geburt an eigenaktiv, sie nehmen ihre Umwelt wahr, erforschen sie und kommunizieren mit ihr. Die Kinder entwickeln sich in der Auseinandersetzung mit ihrer Umwelt.
- **Wahrnehmungsprozesse** sind von zentraler Bedeutung, da sich ein Kind über diese die Welt erschließt und aneignet. Durch Wahrnehmungsprozesse ist ein Kind in der Lage, die vielfältigen Eindrücke zu sammeln, zu strukturieren und zu differenzieren, um seine Sicht der Welt über Bedeutungszuweisungen zu konstruieren.
- Kein Kind gleicht dem anderen, Entwicklungsverläufe vollziehen sich unterschiedlich. Kritische oder sensible Phasen machen die Kinder für bestimmte Inhalte besonders empfänglich. Entwicklung und Wissensaneignung sowie Lernprozesse sind nicht abhängig von Entwicklungs- und Altersstufen (▶ bereichsspezifischer Wissenserwerb).
- Entwicklung eines neuen Verständnisses von ▶ Lernen: Kinder lernen von Anfang an, sie lernen motiviert und können ein hohes Maß an Wissen aufnehmen. Sie wollen die Welt verstehen und Handlungskompetenzen erwerben. Niemand muss ein Kind dazu motivieren. Deshalb ist Bildung und das damit verbundene Lernen vor allem Selbstbildung des Kindes. Dabei wird das Lernen von der sozialen und emotionalen Umwelt beeinflusst.
- Kinder sind darauf vorbereitet, mit der Umwelt und vor allem mit Bezugspersonen in Dialog zu treten. Ob sie es tun, hängt von den Bezugspersonen und den sich daraus entwickelnden ▶ Bindungen ab. Eine sichere Bindung zu den Eltern oder später auch in der Kindertageseinrichtung zu den Erzieherinnen ist eine wesentliche Grundvoraussetzung für die Erforschung der Umwelt, für Lern- und Selbstbildungsprozesse.
- Kinder sind in ihrem Aneignungsprozess auf Kommunikation und emotionale Beziehungen durch Bezugspersonen angewiesen. Nur über Beziehungen und damit über eine wertschätzende und emotional kompetente Kommunikation nehmen sie Umweltreize auf.
- Im Mittelpunkt von Bildungsprozessen steht damit das sich selbst bildende Kind, das sich vor allem in der frühen Kindheit unbewusst Wissen über die Welt aneignet, sich über Wahrnehmungs-, Bewe-

gungs- und Spielprozesse in Interaktion mit Bezugspersonen seine Sicht der Welt und sein Selbstbild konstruiert.

– Erziehung ist in Abgrenzung zur Bildung die Gestaltung der Umwelt: Die materielle Ausstattung, Raum- und Zeitstrukturen sowie die Interaktion mit den Kindern (nach Laewen: die Zumutung von Themen, das Eingehen auf Themen der Kinder und die Wahl des Dialogs mit den Kindern). Die Kinder benötigen ein anregungsreiches Umfeld mit entsprechenden Materialien. Über- und Unterforderung ist dabei zu vermeiden.

– Der Rolle der Bezugspersonen (Eltern, Erzieherinnen) kommt eine hohe Bedeutung zu: Sie müssen erkennen, wenn sich Kinder in kritischen bzw. sensiblen Phasen befinden, passen ihre Unterstützung an die Fähigkeiten der Kinder an, unterstützen nicht nur beim Lernen, sondern auch Lernstrategien, sind Vorbild und achten darauf, dass sich Kinder wohl fühlen (**Prinzip der Entwicklungsangemessenheit**) ▶ Scaffolding.

– Um aufmerksam auf kindliche Selbstbildungstätigkeiten eingehen zu können, müssen diese beobachtet und dokumentiert werden (Beobachtung und ▶ Dokumentation).

– Die Eltern sind die wichtigsten Bezugspersonen und *die* Experten für ihre Kinder. Dies findet sich in einer entsprechenden Haltung und Wertschätzung von Mitarbeiterinnen in Kindertageseinrichtungen wieder. Deshalb ist eine Zusammenarbeit mit den Eltern im Sinne einer ▶ Erziehungs- und Bildungspartnerschaft anzustreben.

3.2 Erziehung

Erziehung (nach Duden mittelhochdeutsch: erziehen, althochdeutsch: irziohan, eigtl. = herausziehen, beeinflusst von lat. educare) ist die bewusste und zielgerichtete Beeinflussung von Kindern durch Eltern, Erzieherinnen, Lehrerinnen etc.

Im Rahmen der Bildungsdebatte und der Formulierung eines aktuellen Bildungsverständnisses wird der Begriff Erziehung in Abgrenzung zum Begriff Bildung neu bewertet. Aufgabe von Erzieherinnen ist es, die Selbstentfaltung bzw. ▶ Selbstbildung des Kindes anzuregen, Themen zuzumuten und zu beantworten, Wissen, ▶ soziale Normen und ▶ Werte zu vermitteln, um ein Kind damit in die Kultur und Gesellschaft einzugliedern.

Dabei umfasst die Erziehung zwei Ebenen (nach Laewen): Die Verantwortung für die materielle Umwelt, für Räume und für Zeitstrukturen sowie die Ebene der Interaktion mit den Kindern.

Es können in vereinfachter Form zwei Positionen von Erziehung mit einem entsprechenden ▶ Bild vom Kind dargestellt werden:

– Zum einen wird durch die Erziehung ein Kind so beeinflusst, bis es das ist, was sich der Erziehende vorgestellt hat. Das Kind erscheint nur als zu erziehendes Objekt.

– Zum anderen ist Erziehung die Summe aller Tätigkeiten der Erzieherin, die die Selbstentfaltung der Persönlichkeit, die Selbstbildung eines Kindes anregen. Das Kind erscheint als Subjekt, das den Antrieb zur Entwicklung in sich trägt.

Leitziel für die Erziehung in Kindertageseinrichtungen ist entsprechend des gesetzlichen Auftrages die Erziehung der Kinder zu einer eigenverantwortlichen und gemeinschaftsfähigen Persönlichkeit (▶ SGB VIII).

– **Intentionale Erziehung** (absichtsvoll): Zielgeleitete Handlungen, Prozesse, Maßnahmen zwischen Eltern, Pädagoginnen und Kindern, die bewusst erfolgen und auf bestimmten Kenntnissen, Werten, Haltungen und Fertigkeiten der Erziehenden beruhen.

– **Funktionale Erziehung** (ohne Absicht): Ebenso können Kinder im Alltag durch andere Kinder, Erwachsene, durch Medien etc. erzogen werden. Ein bewusstes erzieherisches Handeln einer Person erfolgt nicht.

Elementarerziehung

Elementarerziehung (oder **Früherziehung, Elementarpädagogik**) ist die Bildung und Erziehung von Kindern in einer familienergänzenden und -unterstützenden Kindertageseinrichtung ab dem 3. Lebensjahr bis zur Einschulung auf der Grundlage eines ▶ pädagogischen Konzeptes und auf der Grundlage eines gesetzlichen Bildungsauftrages der Betreuung, Bildung und Erziehung der Kinder.

Mit der Bildungsdebatte nach der ▶ PISA-Studie und im Zusammenhang mit aktuellen Erkenntnissen der Hirn-, Säuglings-, Kognitions-, Bindungs- und Wahrnehmungsforschung fand eine Neuorientierung der inhaltlichen Ausgestaltung der Elementarerziehung statt. Vorrangige Aufgabe der Elementarerziehung ist es aktuell, Kindern Bildungs- und damit Selbstbildungsprozesse zu ermöglichen. Die Kinder sollen damit entsprechend des gesetzlichen Auftrags nach dem ▶ SGB VIII zu eigenverantwortlichen und gemeinschaftsfähigen Menschen gebildet und erzogen werden.

Elementarbereich

Familienergänzende und unterstützende Kindertagesbetreuung für Kinder ab Vollendung des 3. Lebensjahres bis zur Einschulung. Der Kindergarten ist als Bildungseinrichtung anerkannt, ist aber nicht in das Bildungswesen integriert, sondern der Jugendhilfe zugeordnet. Gesetzliche Grundlage dafür bildet das ► SGB VIII.

Erzieherin

Hauptaufgabe von Erzieherinnen ist nach § 1 des ► SGB VIII die Förderung der Entwicklung von Kindern und Jugendlichen sowie deren Erziehung zu einer eigenverantwortlichen und gemeinschaftsfähigen Persönlichkeit. Weiter haben sie die Aufgabe, Eltern zu beraten und zu unterstützen, Kinder und Jugendliche vor Gefahren für ihr Wohl zu schützen und mitzuhelfen, dass positive Lebensbedingungen sowie eine kinder- und familienfreundliche Umwelt erhalten oder geschaffen werden.

Der Beruf der Erzieherin entstand aus drei Berufen: der „Kindergärtnerin", „Hortnerin" und „Heimerzieherin".

Aufgabe von Erzieherinnen in Kindertageseinrichtungen ist nach § 22 des ► SGB VIII die Erziehung, Bildung und Betreuung der Kinder. Vor dem Hintergrund der Bildungsdebatte kommt einer Erzieherin bezüglich kindlicher Selbstbildungsprozesse eine wichtige Rolle zu. Über Erziehungsprozesse beeinflussen und fördern sie die kindlichen Bildungsprozesse und tragen mit dazu bei, wie Kinder ihr Selbstbild entwickeln und ihre Sicht der Welt konstruieren. Als Beziehungs- und Kommunikationspartnerinnen entscheiden sie mittels ihres professionellen Handelns, ob und wie Kinder Zugang zur Welt finden und dabei Wissen und Kompetenzen erwerben. Ein weiterer Schwerpunkt ist die Zusammenarbeit mit den Eltern im Sinne einer ► Erziehungs- und Bildungspartnerschaft.

Voraussetzung für die Zulassung zur Ausbildung ist i. d. R. ein mittlerer Bildungsabschluss (in Schleswig-Holstein Hochschulabschluss), in einigen Bundesländern die Ausbildung zur Sozialassistentin, zur Kinderpflegerin oder der Abschluss eines Berufskollegs. An die zweijährige Fachschulausbildung schließt sich i. d. R. ein einjähriges, von der Schule betreutes Berufspraktikum zur staatlichen Anerkennung an. Einige Bundesländer haben die Schulausbildung und das Berufspraktikum zusammengefasst.

Arbeitsgebiete sind Kindertageseinrichtungen, Einrichtungen der Jugendhilfe (teil- oder vollstationär), Einrichtungen der offenen Kinder- und Jugendarbeit.

Das Altersspektrum reicht von Kindern ab 0 Jahren bis hin zu jungen Erwachsenen.

EU-weit ist Deutschland das einzige Land neben Österreich, das die Erzieherinnenausbildung noch nicht auf Hochschulebene angesiedelt hat. Erste Modelle zur Anhebung der Ausbildung auf Fachhochschulniveau sind in Deutschland mit dem Bachelor und Master-Abschluss gestartet worden.

Die berufliche Praxis stellt ein hohes Maß an Anforderungen, die der Stand der schon reformierten Ausbildung nach Meinung vieler Experten immer noch nicht Rechnung tragen kann:

- Über die klassische Arbeit mit 3–6-jährigen hinaus, auch vor dem Hintergrund neuer gesetzlicher Bestimmungen, öffnen sich immer mehr Einrichtungen unter 3-Jährigen oder auch Schulkindern. Das bedeutet, Erzieherinnen müssen sich auf ein breiteres Altersspektrum einstellen.
- Nach der ▶ PISA-Studie werden neue Bildungskonzepte gefordert oder schon umgesetzt.
- Die Integration behinderter Kinder, die Sprachförderung erfordert vielfältige zusätzliche Fachkenntnisse.
- Der Umgang mit und die Integration auffälliger Kinder erfordert Fachkenntnisse.
- Die Zusammenarbeit mit Eltern, in Entwicklungsgesprächen oder in Problemfällen, erfordert hohe Kompetenzen.
- Die interkulturelle Erziehung, der Kontakt mit Migrantenfamilien, Aussiedlern, Flüchtlingen, stellt Anforderungen.
- Die berechtigte Forderung nach Qualitätskonzepten erfordert einen Zeitaufwand und Fachkenntnisse.

Nach der Rahmenvereinbarung zur Ausbildung und Prüfung von Erziehrinnen aus dem Jahr 2000 (Beschluss der Kultusministerkonferenz) bestehen folgende Anforderungen:

Kinder und Jugendliche zu erziehen, zu bilden und zu betreuen erfordert Fachkräfte,

- *die das Kind und den Jugendlichen in seiner Personalität und Subjektstellung sehen.*
- *die Kompetenzen, Entwicklungsmöglichkeiten und Bedürfnisse der Kinder und Jugendlichen in den verschiedenen Altersgruppen erkennen und entsprechende pädagogische Angebote planen, durchführen, dokumentieren und auswerten können.*
- *die als Personen über ein hohes pädagogisches Ethos, menschliche Inte-*

grität sowie gute soziale und persönliche Kompetenzen und Handlungs-
strategien zur Gestaltung der Gruppensituation verfügen.
- *die im Team kooperationsfähig sind.*
- *die aufgrund didaktisch-methodischer Fähigkeiten die Chancen von ganzheitlichem und an den Lebensrealitäten der Kinder und Jugendlichen orientiertem Lernen erkennen und nutzen können.*
- *die in der Lage sind, sich im Kontakt mit Kindern und Jugendlichen wie auch mit Erwachsenen einzufühlen, sich selbst zu behaupten und Vermittlungs- und Aushandlungsprozesse zu organisieren.*
- *die als Rüstzeug für die Erfüllung der familienergänzenden und -unterstützenden Funktion über entsprechende Kommunikationsfähigkeit verfügen.*
- *die aufgrund ihrer Kenntnisse von sozialen und gesellschaftlichen Zusammenhängen die Lage von Kindern, Jugendlichen und ihren Eltern erfassen und die Unterstützung in Konfliktsituationen leisten können.*
- *die Kooperationsstrukturen mit anderen Einrichtungen im Gemeinwesen entwickeln und aufrechterhalten können.*
- *die in der Lage sind, betriebswirtschaftliche Zusammenhänge zu erkennen sowie den Anforderungen einer zunehmenden Wettbewerbssituation der Einrichtungen und Dienste und einer stärkeren Dienstleistungsorientierung zu entsprechen.*

Lernfeldkonzept

In der Rahmenvereinbarung zur Ausbildung und Prüfung von ► Erzieherinnen und Erziehern der Kultusministerkonferenz (KMK) aus dem Jahr 2000 ist die Ausbildung von Erzieherinnen neu geregelt.

Die Bundesländer setzen die Vorgaben länderspezifisch um. Wesentlicher Punkt der Reform ist die Abschaffung von Schulfächern wie Methodik- und Didaktik, Psychologie etc. Der Unterricht soll sich nicht mehr an den Fächern, sondern an Lernbereichen bzw. Lernsituationen orientieren, in denen wiederum die Inhalte der alten Fächer, dann allerdings sinnvoll vernetzt, Bestandteil sein können.

Im Mittelpunkt steht die Entwicklung der beruflichen Handlungskompetenz der Erzieherinnen, die folgende Bereiche umfasst: 1. Fachkompetenz, 2. Methodenkompetenz, 3. Sozialkompetenz, 4. Personalkompetenz.

Nach der KMK gibt es 5 Ausbildungsbereiche: 1. Kommunikation und Gesellschaft, 2. Sozialpädagogische Theorie und Praxis, 3. Musisch-kreative Gestaltung, 4. Ökologie und Gesundheit, 5. Organisation, Recht und Verwaltung.

In der Praxis gibt es allerdings noch länderspezifisch einzelne Fächer neben den neuen Ausbildungsbereichen, wie z. B. Religion, Deutsch oder Englisch.

Da es bis auf die Ausnahmen keine Fächer mehr gibt, wird das Wissen in **Handlungsfeldern** vermittelt. In den Handlungsfeldern werden praxisorientierte komplexe Aufgabenstellungen zusammengefasst, die dann unter verschiedenen Gesichtspunkten bearbeitet werden. Die Handlungsfelder sind auf Länderebene unterschiedlich definiert, in Baden-Württemberg z. B. wie folgt: 1. Entwicklung beruflicher Identität, 2. Förderung von Entwicklung und Bildung, 3. Gestaltung von Erziehung und Betreuung, 4. Unterstützung in besonderen Lebenssituationen, 5. Zusammenarbeit mit Erwachsenen und Institutionen, 6. Qualitätsmanagement.

Die Handlungsfelder sind in **Lernfelder** unterteilt, die eine thematische Unterrichtseinheit umfassen. Diese Unterrichtseinheit hat konkrete Situationen aus dem Alltag von Kindertageseinrichtungen als Ausgangspunkt, so genannte **Lernsituationen**, über die vielfältig zusammenhängende Aufgabenstellungen bearbeitet werden sollen. Ziel ist, dass alle oben beschriebenen beruflichen Handlungskompetenzen über die Bearbeitung der sich aus der Lernsituation ergebenden Fragestellungen weiterentwickelt werden.

Grundlage des Konzeptes ist das didaktische Prinzip der Handlungsorientierung. Über die praktische Erarbeitung von Fragestellungen in Gruppen, über die Präsentation von Ergebnissen sollen sich die Auszubildenden ihr Wissen praktisch durch eigenständige Lernprozesse aneignen.

Erziehungswissenschaft/Pädagogik

Pädagogik wird gleichgesetzt mit der **Erziehungswissenschaft**. Allerdings gibt es auch Unterscheidungen, so bildet nach Böhm Pädagogik den Oberbegriff für 1. das erzieherische Handeln und 2. für die Theorie der Erziehung, die Erziehungswissenschaft. Die Pädagogik als Wissenschaft beschäftigt sich mit Erziehung und Bildung.

Ein Pädagoge (gr.) ist ein Erzieher oder Lehrer und befasst sich mit Theorie und Praxis der Pädagogik.

Aufgaben der Pädagogik:
– Beschreibung von Erziehungs-, Unterrichts- und Ausbildungsprozessen.
– Interpretation von Erziehungstheorien
– Erklärung von Erziehungsprozessen und der beobachtbaren Wirkung von Erziehung
– Klärung pädagogischer Grundbegriffe

Bereiche der Pädagogik nach Alter untergliedert: Kleinkindpädagogik, Vorschulpädagogik, Schulkindpädagogik, Schulpädagogik, Berufspädagogik, Erwachsenenbildung, Altenpädagogik.
Bereiche der Pädagogik nach Arbeitsfeldern untergliedert: Sozialpädagogik, Behindertenpädagogik bzw. Heilpädagogik, Freizeitpädagogik.

Anthropologie

Anthropologie (grch.) bedeutet die Lehre vom Menschen und befasst sich mit Theorien, die sich aus unterschiedlichen Perspektionen mit der Entwicklung der Menschheit befassen. Es gibt die naturwissenschaftliche, die kulturwissenschaftliche, die philosophische und die pädagogischen Anthropologie. Die pädagogische Anthropologie befasst sich mit dem Menschen als ein auf Erziehung angewiesenes (**Erziehungsbedürftigkeit**) und erziehbares (**Erziehungsfähigkeit**) Wesen. Die Nähe zur Erziehungswissenschaft ist unverkennbar, wenn auch das genaue Verhältnis zur Erziehungswissenschaft in der Fachliteratur unterschiedlich gesehen wird.

Erziehungsziele

Aussagen, was als Ergebnis im Erziehungsprozess erreicht werden soll. Erziehungsziele sind von geschichtlichen, kulturellen und gesellschaftlichen Bedingungen und Werten abhängig und stehen immer in Verbindung zu Einstellungen, Denk- und Sichtweisen der Erziehenden.
Mündigkeit (Fähigkeit zur selbstständigen Urteilsbildung und zu selbstverantwortlichem Handeln vgl. auch das Kompetenzmodell nach Roth) wird in der Pädagogik gegenwärtig als oberstes Erziehungsziel angestrebt.
Allgemeines Erziehungsziel in Kindertageseinrichtungen ist nach dem ▶ SGB VIII die Erziehung des Kindes zu einer eigenverantwortlichen und gemeinschaftsfähigen Persönlichkeit. Daran müssen sich alle Aktivitäten in einer Einrichtung messen lassen. Umgesetzt werden Erziehungsziele in der ▶ Projektarbeit, bei ▶ Angeboten, ▶ Aktivitäten, in der Bewältigung von Alltagssituationen sowie bei der Erarbeitung von Entwicklungszielen für einzelne Kinder.

Erziehungsmittel

Erziehungsmittel oder Erziehungsmaßnahmen sind alle bewussten Handlungen, die Erziehende einsetzen, um auf die zu Erziehenden einzuwirken.
– **Unterstützende Erziehungsmittel**: Lob, Belohnung, Beratung, Ermutigung.
– **Gegenwirkende Erziehungsmittel**: Erinnerung, Grenzen setzen, logische Folge, Ermahnung, Drohung, Strafe.

Grenzen
Die Festsetzung von Grenzen ist in Verbindung mit Regeln zu sehen. Zu enge Grenzen fördern ▶ Aggressionen, zu wenig oder zu weit gesteckte Grenzen können Unsicherheit und austestendes Verhalten bei den Kindern auslösen. Je klarer Regeln und Konsequenzen bei Regelverletzungen sind, umso besser halten Kinder die Regeln bzw. Grenzen ein. Sinnvoll ist es, Regeln mit den Kindern zusammen zu erarbeiten.

Logische und natürliche Folge
Im Gegensatz zur natürlichen Folge, bei der die Folge von selbst auftritt (das Kind berührt die heiße Herdplatte und verbrennt sich), kommt die logische Folge beim Fehlverhalten eines Kindes vom Erziehenden, mit dem Ziel, eine Verhaltensänderung herbeizuführen. Merkmale der logischen Folge: Sie ist mit dem Fehlverhalten verknüpft, enthält kein moralisches Urteil, zielt auf das Fehlverhalten und nicht auf die Person.

Strafe
Die Strafe ist eine negative Konsequenz für ein Fehlverhalten. Ein Zusammenhang zwischen Konsequenz und Fehlverhalten besteht nicht zwingend. Die Strafe als Erziehungsmaßnahme ist kritisch zu betrachten: Strafe unterdrückt Verhalten, ändert es aber nicht. Strafe löst Fluchtverhalten aus. Da die Strafe nicht mit dem Fehlverhalten zusammenhängt, trifft sie die ganze Person, was wiederum zu Angst und Minderwertigkeitsgefühlen führen kann.

Erziehungsstil(e)

Ein Erziehungsstil ist ein ausgeprägtes, immer wiederkehrendes Verhaltensmuster mit einer zugrunde liegenden Haltung von Erziehenden gegenüber Kindern, auf der Basis eines bestimmten ▶ Bildes vom Kind.
Der Erziehungsstilforscher Elder fasste 1962 sieben Erziehungsstile zusammen:

1. Autokratischer Erziehungsstil
Ausgangsbasis ist die Annahme, dass Autorität gegenüber Kindern notwenig ist. Kinder werden als Objekt gesehen, deren Meinung und Eigeninitiative nicht zählt.

2. Autoritärer Erziehungsstil
Es wird eine starke Kontrolle, ähnlich wie beim autokrativen Erziehungsstil, ausgeübt. Die Meinung von Kindern wird zwar wahrgenommen, letztendlich bestimmen aber die Eltern.

3. Demokratischer Erziehungsstil
Kinder werden als Partner ernst genommen. Mit zunehmendem Alter sol-

len die Kinder selbstständiger und eigenverantwortlicher handeln. Den Kindern wird ein Gefühl der Sicherheit und Erwünschtheit vermittelt.

4. Egalitärer Erziehungsstil

Kinder und Eltern stehen auf einer Ebene und haben die gleichen Rechte und Pflichten. Bei Entscheidungen zählt die Meinung der Kinder genauso wie die der Eltern.

5. Permissiver Erziehungsstil

Die Eltern halten sich zurück, sind nachgiebig und lassen die Kinder gewähren. Wenn es um Entscheidungen geht, müssen die Kinder oft selbst die Initiative ergreifen.

6. Laisser-faire Erziehungsstil

Es sind keine Regeln vorhanden, jeder ist sich selbst überlassen. Kinder sind oft aktiver als Eltern, wenn es um persönliche Entscheidungen geht.

7. Negierender Erziehungsstil

Die Eltern negieren das Kind, sie beeinflussen es nicht. Die Eltern haben kein Interesse am Kind.

Autoritativer Erziehungsstil

Derzeit spielt der autoritative Erziehungsstil in der Fachdiskussion eine wichtige Rolle. Die Grundlagen gehen zurück auf die amerikanische Psychologin Diana Baumrind (authoritative parenting).

Dieser Stil legt sich nicht eindimensional auf eine Art von Erziehung fest, sondern lässt Eltern flexibel reagieren.

Autoritative Eltern zeigen gegenüber ihren Kindern Aufmerksamkeit, Zuwendung und emotionale Nähe. Gleichzeitig sind Normen, Regeln, Grenzen und Anforderungen klar, sodass die Kinder einen klaren Handlungsspielraum haben. Die Kinder werden mit Grenz- und Regelverletzungen konfrontiert, eigene Werte und Normen werden verdeutlicht. Die Eltern fordern ihre Kinder, ohne diese zu überfordern. Autorative Eltern zeigen ein richtiges und altergerechtes Maß an Grenzen und Freiheit und setzen sich mit Meinungen ihrer Kinder auseinander.

Tausch/Tausch konstruierten **Dimensionen des Erziehungsverhaltens**, mit denen Erziehungsstile eingeordnet werden können – die Kriterien können auf Skalen bewertet werden:

Emotionale Dimension

Wertschätzung, emotionale Wärme und Zuneigung gegen Geringschätzung, emotionale Kälte und Abneigung.

Lenkungsdimension
Maximale starke Lenkung gegen minimale Lenkung.

Die Dimensionen wurden später noch erweitert:
- Achtung, Wärme, Rücksichtnahme – Missachtung, Kälte, Härte
- Einfühlendes, nicht wertendes Verstehen – Nichteinfühlendes, wertendes Verstehen
- Echtheit, Aufrichtigkeit – Unechtheit und Fassadenhaftigkeit
- Fördernde, nicht dirigierende Tätigkeiten – keine fördernden nicht dirigierende Angebote
- Starke Lenkung – keine Lenkung

Pädagogischer Bezug
Der Begriff wurde geprägt vom deutschen Pädagogen Hermann Nohl (1879–1960) und bezieht sich auf das Verhältnis zwischen Erziehenden und Zu-Erziehenden. Nohl sprach von einem „leidenschaftlichen Verhältnis". Aus heutiger Sicht wird eine professionelle Beziehung zwischen Erziehenden und Zu-Erziehenden anders definiert. Grundlagen dafür sind ▶ Bilder vom Kind und der ▶ Erziehungsstil.

Autorität
Der Begriff der Autorität (lat. Auctoritas: Urheberschaft, Ansehen) ist seit der Studentenbewegung Ende der 1960er Jahre in der damaligen BRD und der in diesem Zusammenhang entstandenen ▶ antiautoritären Erziehung immer noch eher negativ belegt. Im eigentlichen Sinn ist er positiv zu sehen. Autorität bedeutet, dass ein Mensch aufgrund von Erfahrungen, aufgrund von sozialen und fachlichen Kompetenzen, durch Vorbild sein, andere Personen führen, beraten oder anleiten kann. Dabei wird vorausgesetzt, dass die Person mit Autorität die zu führenden Personen respektiert und ihnen Freiraum zur Selbstbestimmung lässt. Personen, die Autorität besitzen, haben Macht und setzen diese hoffentlich verantwortungsbewusst ein.
Autoritäres Verhalten bedeutet hingegen, dass Personen zu einem bestimmten Verhalten oder Handeln mit Gewalt gezwungen werden.

Erziehungskompetenzen
Erziehungskompetenzen (lat. competes = geeignet) sind Wertvorstellungen, Wissen, Verhaltensweisen und die Fähigkeiten von Eltern, Erzieherinnen oder Lehrerinnen im Bereich der Erziehung. Im Gegensatz zum

Erziehungswissen umfasst der Begriff der Erziehungskompetenzen die Fähigkeit, das Wissen auch kompetent in Erziehungshandlungen umzusetzen.

Erziehungskompetenz kann bedeuten: Werte haben und danach handeln, sich über Erziehungsziele im Klaren sein und diese umsetzen, die Bedürfnisse von Kindern erkennen, eine wertschätzende Haltung gegenüber Kindern haben, Interesse für Kinder haben, Verantwortung übernehmen, Ich-Stärke zeigen, sich durchsetzen können, Position beziehen, über Wissen verfügen (Alltags- und Erziehungswissen), handlungsfähig sein, gegenüber Kindern situationsangemessen reagieren, Kindern Freiräume schaffen, Grenzen festlegen und für deren Einhaltung sorgen, konstruktiv kommunizieren, Vorbild sein, sich andere Meinungen einholen, Netzwerke aufbauen etc.

Partizipation von Kindern

Der Begriff der Partizipation (lat. particeps = teilhabend) bezeichnet grundsätzlich verschiedene Formen von Beteiligung, Teilhabe bzw. Mitbestimmung. Partizipation in Kindertageseinrichtungen ist die ernst gemeinte, altersgemäße Beteiligung der Kinder am Einrichtungsleben im Rahmen ihrer Erziehung und Bildung. Die Kinder bringen in einem von Wertschätzung geprägten Dialog sich und ihre Ideen, Meinungen, Empfindungen und Sichtweisen ein und beeinflussen aktiv ihren Alltag. Entsprechend § 9 ▶ SGB VIII ist *„die wachsende Fähigkeit und das wachsende Bedürfnis des Kindes oder des Jugendlichen zu selbstständigem, verantwortungsbewusstem Handeln (…) zu berücksichtigen."*

Grundvoraussetzung für eine gelingende Partizipation ist eine positive Grundhaltung der Erzieherinnen. Die Kinder müssen als Gesprächspartner wahr- und ernst genommen werden, ohne dass die Grenzen zwischen Erwachsenen und Kindern verwischt werden. Partizipation sollte auch über die Einrichtungsleitung im Team der Kindertageseinrichtung praktiziert werden. Partizipation kann über ▶ Kinderkonferenzen genauso gelebt werden wie über die Beteiligung von Kindern bei der Entwicklung von ▶ Projekten. In Gruppen mit Schulkindern können Gruppensprecher gewählt und Kindervertretungen gebildet werden.

Im Bereich der ▶ Zusammenarbeit mit Eltern kann Partizipation ebenso, z. B. über den ▶Elternbeirat, praktiziert werden.

Kinderkonferenz

Eine Kinderkonferenz (oder Kinderversammlung, Kinderplenum) ist eine Art, Kinder am Einrichtungsleben zu beteiligen. Kinder können in eine Kinderkonferenz ihre Themen, Fragen, Ideen, Sorgen und Nöte einbringen. Die Gruppe kann die Themen aufgreifen, diskutieren und daraus Neues entwickeln. Auf jeden Fall ist eine Kinderkonferenz mehr als das Mitteilen von Informationen an die Kinder. Je nach Alter der Kinder übernimmt eine Erzieherin oder ein Kind die Moderation. In der außerschulischen Betreuung ist es z. B. denkbar, dass Kinder ein Protokoll schreiben. Symbole und Rituale können den Ablauf einer Kinderkonferenz erleichtern.

3.3 Zusammenarbeit mit Eltern

Die Zusammenarbeit mit den Eltern baut auf der Grundhaltung auf, dass Eltern als Erziehende von den Mitarbeiterinnen in Kindertageseinrichtungen respektiert und wertgeschätzt werden. Die Eltern sind die wichtigsten Bezugspersonen für ihre Kinder. Sowohl Eltern als auch Erzieherinnen treffen als Expertinnen aus ihrer jeweiligen Perspektive heraus aufeinander, mit dem Ziel, zum Wohle des Kindes zusammenzuarbeiten.

Dabei ist davon auszugehen, dass die Zeit von Eltern, die sie in der Kindertageseinrichtung verbringen können, aufgrund einer immer flexibler werdenden Arbeitswelt eher weniger wird, was zur Folge hat, dass die Formen der Zusammenarbeit entsprechend zielorientiert und effektiv gestaltet werden müssen.

Wenn von „den" Eltern gesprochen wird, ist dies eigentlich ein Widerspruch, denn auch wenn sich in Einrichtungen Tendenzen bei der Zusammensetzung der Elternschaft ergeben können, so handelt es sich in der Regel um eine heterogen zusammengesetzte Gruppe mit unterschiedlichen Bedürfnissen und Erwartungen, die es gilt, in einem gemeinsamen Prozess auszutauschen.

Vor dem Hintergrund der Bildungsdebatte prägen folgende Schwerpunkte die Zusammenarbeit mit Eltern:

Erziehungs- und Bildungspartnerschaft

Im Rahmen der Erziehungspartnerschaft arbeiten Eltern und Erzieherinnen zum Wohl der Kinder zusammen, was eine wesentliche Grundvoraussetzung für die Entwicklung des Kindes darstellt. Geprägt ist das Verhältnis von gegenseitiger Offenheit und von Verständnis und dem Wissen, dass man als Eltern und als Erzieherin für die Erziehung des Kindes verantwortlich ist. Im Rahmen der Erziehungspartnerschaft kommt regelmäßigen Gesprächen bzw. ▶ Entwicklungsgesprächen über das Kind eine wesentliche Bedeutung zu, da sie den Rahmen bieten, in dem Erzieherinnen und Eltern ihre Beobachtungen, Wahrnehmungen, Deutungen und Sichtweisen austauschen können.

Im Kontext der Bildungsdebatte wurde der Begriff der Erziehungspartnerschaft zum Begriff der Bildungspartnerschaft erweitert. Dies erscheint sehr nachvollziehbar, wenn man davon ausgeht, dass die Kinder über ihre Selbstbildungstätigkeit ein Bild von sich und ihrer Umwelt konstruieren und die Erziehung dabei unterstützend wirkt. Beispielsweise formuliert der bayerische Erziehungs- und Bildungsplan, dass die Bildung der Kinder wie die Erziehung zu einer gemeinsamen Aufgabe von Erzieherinnen und Eltern werden soll. Wenn sich Eltern in die Kindertageseinrichtung mit ihrem Interesse, ihren Sichtweisen und ihren Kompetenzen einbringen, wenn sie Lerninhalte zu Hause aufgreifen, so stellt dies eine Erweiterung des Bildungsangebotes der Einrichtung dar.

In einigen Bundesländern werden Erziehungs- und Bildungsverträge ohne rechtliche Bindung zwischen Eltern und Einrichtung geschlossen, mit der Intention, dass Verantwortlichkeiten im Erziehungsprozess, Ziele von Bildung und Erziehung, Regeln und weitere Vereinbarungen deutlich gemacht und festgehalten werden.

Elternbildung/Familienbildung

Die früheren Mütterschulen haben sich aufgrund eines gewandelten Bildungsverständnisses zu Familienbildungsstätten weiterentwickelt. Familienbildung ist im ▶ SGB VIII in § 16 geregelt und steht zwischen Jugendhilfe und Erwachsenenbildung.

Die Angebote scheinen weiter notwendig, da in unserer pluralen Gesellschaft mit ihren individuellen Lebensentwürfen eine Verunsicherung in Fragen der Erziehung festzustellen ist. Familienbildung will Eltern in Fragen der Erziehung unterstützen und begleiten. Die Angebote können vielfältig gestaltet werden. Wichtiger Teil der Familienbildung sind Veranstaltungen zu bestimmten Fragen der Erziehung, die durch Erzieherinnen oder externe Fachkräfte moderiert werden, und zwar mir Eltern als Experten und in Form eines Austausches. Der Vernetzung mit sozialen Diensten und weiteren sozialen Einrichtung kommt eine große Bedeutung zu.

Elternkurse

Elternkurse oder Erziehungsprogramme wollen Eltern Unterstützung in Fragen der Erziehung ihrer Kinder geben.

Kess

Kess (**K**ommunikativ **e**rmutigend **s**ozial **s**ituationsorientiert) erziehen ist ein Erziehungskurs bzw. Elternkurs oder Erziehungsprogramm, das sich an Eltern mit Kindern ab zwei Jahren richtet. Kess wurde im Rahmen eines Projektes der Arbeitsgemeinschaft für Katholische Familienbildung in Bonn und dem Seelsorgereferat im Erz. Seelsorgeamt in Freiburg entwickelt. Der Kurs umfasst fünf Einheiten (mit je drei Unterrichtsstunden): 1. Das Kind sehen – soziale Grundbedürfnisse achten, 2. Verhaltensweisen verstehen – angemessen reagieren, 3. Kinder ermutigen – die Folgen des eigenen Handelns zumuten, 4. Konflikte entschärfen – Probleme lösen, 5. Selbstständigkeit fördern – Kooperation entwickeln.

Starke Eltern – starke Kinder

Der Kurs wurde vom Deutschen Kinderschutzbund entwickelt und zielt auf die Stärkung der elterlichen Erziehungskompetenz und damit auf die Verhinderung von ▶ Gewalt gegenüber Kindern. Das Selbstvertrauen der Eltern soll gestärkt und ihre Kommunikationsfähigkeit verbessert werden, damit sich weniger Konflikte ergeben. Den Kindern soll es ermöglicht werden, sich am Familienleben zu beteiligen.

Triple P

Triple P (**P**ositive **P**arenting **P**rogramm, Positives Erziehungsprogramm) ist ein in Australien entwickeltes verhaltenstherapeutisch orientiertes Erziehungsprogramm, das eher eingesetzt wird, wenn es schon zu Schwierigkeiten in der Erziehung gekommen ist. Triple P bietet für Eltern Angebote auf verschiedenen Ebenen an, ebenso wendet sich Triple P an Fachleute.

Familienbegegnung

Eine wichtige Funktion erfüllen Kindertageseinrichtungen, indem sie Begegnungsräume für Eltern schaffen. Eltern können sich kennen lernen, Kontakte knüpfen und pflegen. Eltern nehmen wahr, dass sie mit Fragen zur Erziehung nicht alleine sind und können sich mit anderen Eltern austauschen. Mit bekannten Angeboten wie ▶ Elterncafés, Elterntreffs, Elternräumen können Orte der Begegnung zwischen Eltern geschaffen werden. Mit Unterstützung der Einrichtung können Netzwerke zur Elternselbsthilfe aufgebaut werden, über die Eltern Unterstützung geben und finden können.

Elternpartizipation

Nach § 22a ▶ SGB VIII (2) sollen Fachkräfte die Erziehungsberechtigten an den Entscheidungen in wesentlichen Angelegenheiten der Erziehung, Bildung und Betreuung beteiligen.

Legt man diese gesetzliche Grundlage entsprechend aus, müssen Eltern mit ihren Kompetenzen noch mehr an wichtigen Bildungs- und Erziehungsprozessen beteiligt werden. Die Beteiligung von Eltern an Festen, Feiern oder an der Umgestaltung von Räumen ist zwar wichtig, steht aber nicht im Mittelpunkt dieses Verständnisses von Elternpartizipation. Die Beteiligung von Eltern kann über die Mitarbeit an konzeptionellen Prozessen erfolgen. Bezüglich der Bildung und Erziehung des einzelnen Kindes werden Eltern im Sinne der ► Erziehungs- und Bildungspartnerschaft aktiv über Entwicklungsgespräche beteiligt.

Rechtliche Grundlagen der Zusammenarbeit mit Eltern: ► SGB VIII:
§ 22 SGB VIII (2) Tageseinrichtungen für Kinder und Kindertagespflege sollen
1. die Entwicklung des Kindes zu einer eigenverantwortlichen und gemeinschaftsfähigen Persönlichkeit fördern,
2. die Erziehung und Bildung in der Familie unterstützen und ergänzen,
3. den Eltern dabei helfen, Erwerbstätigkeit und Kindererziehung besser miteinander vereinbaren zu können.
§ 22a SGB VIII (2) Die Träger der öffentlichen Jugendhilfe sollen sicherstellen, dass die Fachkräfte in ihren Einrichtungen zusammenarbeiten
1. mit den Erziehungsberechtigten und Tagespflegepersonen zum Wohl der Kinder und zur Sicherung der Kontinuität des Erziehungsprozesses (...)
Die Erziehungsberechtigten sind an den Entscheidungen in wesentlichen Angelegenheiten der Erziehung, Bildung und Betreuung zu beteiligen.
(3) Das Angebot soll sich pädagogisch und organisatorisch an den Bedürfnissen der Kinder und ihrer Familien orientieren (...)

Formen der Elternarbeit
Vormerkgespräch/Anmeldegespräch
Die Eltern melden ihr Kind in der Kindertageseinrichtung an. Dabei werden sie über die Einrichtung und ihre pädagogische Konzeption informiert und können darüber hinaus Fragen stellen. Ein Rundgang durch die Einrichtung sollte das Gespräch abschließen. Das Gespräch können Leitungen oder Erzieherinnen führen.
Aufnahmegespräch
Gespräch nach der Platzzusage mit dem Ziel, die Grundlage für eine gute und partnerschaftliche Zusammenarbeit zu schaffen. Inhalte können sein: Vorstellung der ► Konzeption, Austausch gegenseitiger Erwartungen, Informationen über das Kind, Austausch über Rechte und Pflichten von Eltern und Einrichtung, Formalitäten, Information, was das Kind alles

in der Einrichtung benötigt. Wer das Aufnahmegespräch führt, wird in der Praxis unterschiedlich gehandhabt. Auf jeden Fall muss die verantwortliche Erzieherin dabei sein.

Elterngespräche
Überbegriff für verschiedene Formen von Gesprächen zwischen den Eltern und den Mitarbeiterinnen einer Kindestageseinrichtung.

Entwicklungsgespräch
Elterngespräch, das in regelmäßigen Abständen geführt wird, mit dem Ziel, sich über die Entwicklung des Kindes auszutauschen. Weitere Inhalte können sein: Festlegung von Entwicklungszielen, Reflexion der Zusammenarbeit zwischen Eltern und Erzieherinnen, Wünsche und Kritik seitens der Eltern. Grundlage von Entwicklungsgesprächen können ► Beobachtungsbögen und Dokumentationsverfahren sein, die sowohl von Erzieherinnen als auch von Eltern (Beobachtung der Kinder zu Hause) ausgefüllt werden.

Runder Tisch/Konferenz
Ein Zusammentreffen von Eltern und Erzieherinnen mit weiteren Fachkräften (Lehrerinnen, Therapeutinnen, Sozialarbeiterinnen, etc.) mit dem Ziel, für verhaltensauffällige Kinder und Kinder mit Förderbedarf in der Entwicklung zielgerichtete Hilfsmaßnahmen zu erörtern und festzulegen.

Hausbesuch
Über einen Hausbesuch, bei dem die Eltern einen „Heimvorteil" genießen und sich sicherer als in der Einrichtung fühlen können, können die Beziehungen zwischen Erzieherinnen und Eltern aufgebaut und vertieft werden.

Hospitationen
Eltern haben die Möglichkeit (mit oder ohne Kind), in einem bestimmten Zeitraum am Einrichtungsalltag teilzunehmen. Ziel ist das Kennen lernen der Einrichtung und die Entwicklung eines Verständnisses für die pädagogische Arbeit.

Tür- und Angelgespräch
Findet statt beim Bringen und beim Abholen und dient dem informellen Austausch und der Beziehungspflege. Tiefergehende Themen können und sollten wegen der eingeschränkten Rahmenbedingungen nicht behandelt werden. Dann ist es ratsam, ein Elterngespräch zu vereinbaren.

Elternabend
Überbegriff für von der Einrichtung organisierte Veranstaltungen für Eltern nach Betreuungsende zu spezifischen Themen (z. B. thematischer Elternabend zum Thema „Einschulung"). Je nach Uhrzeit sollte Kinderbe-

treuung angeboten werden. Kann auch mit externen Fachkräften durchgeführt werden.

Elterncafé

Treff- und Kommunikationsangebot für Eltern, wird oft verbunden mit Bastel- und Kreativangeboten.

Elternbeirat

Offizielles Gremium, das die Belange der Eltern in der Einrichtung vertritt. Die rechtliche Grundlage findet sich i.d.R. in Landesgesetzen. Die Eltern haben Beteilungs- und Mitwirkungsrechte und sind bei wichtigen pädagogischen und organisatorischen Fragestellungen zu hören.

Eltern-Kind-Wochenende

Über die Einrichtung wird ein Wochenende für Eltern und Kinder organisiert, mit dem Ziel, dass Eltern sich kennen lernen und Kontakte gepflegt und ausgebaut werden können. Weiter können Anregungen zur Freizeitgestaltung gegeben und ein Austausch zu Fragen der Erziehung angeregt werden.

Weitere Formen der Elternarbeit: Besuchsnachmittage, gemeinsame Arbeiten wie Streichen, Renovieren, Feste, Feiern, Spiel- und Bastelnachmittage, Kurse, Familiengottesdienste, Familienausflüge, Familienfreizeiten, Abendessen mit Familien, Einbeziehung von Kompetenzen und Fertigkeiten von Eltern, Einrichtungszeitschriften, Aushänge etc.

3.4 Lernen

Im Alltag wird Lernen als der Erwerb von Wissen und Fähigkeiten verstanden. Die Psychologie betrachtet Lernen als einen Prozess, in dem eine Person aufgrund von Umwelteinflüssen, z.B. die ► Erziehung, ihr Erleben und Verhalten ändert. Voraussetzung für Lernprozesse ist die Wahrnehmung der Umwelteinflüsse. Das Lernen sowie die Fähigkeit, das Lernen zu lernen, stellt eine Grundvoraussetzung für kindliche Bildungs- bzw. Selbstbildungsprozesse dar und ist auch im Zusammenhang mit der Entwicklung der ► Motivation, der ► Neugier und des ► Interesses, der ► Emotionen und des kindlichen ► Spiels zu betrachten.

Ein aktuelles Verständnis von Lernen wird im Zusammenhang mit Erkenntnissen aus der Hirnforschung gesehen. Gelernt wird durch die subjektive Auslegung und Konstruktion der Inhalte, das Lernen selbst ist ein aktiver und selbstgesteuerter Prozess im Zusammenspiel mit den Bezugspersonen.

Beschreibung von Lernprozessen

Das ► Gehirn nimmt unter Einbeziehung des ► Gedächtnisses eine Vielzahl an Wahrnehmungen und Eindrücken auf und verarbeitet diese. Bei jeder Interaktion zwischen Kind und Umwelt reagieren Nervenzellen. Sind es immer wiederkehrende Eindrücke, folgen diese Eindrücke immer dem gleichen Weg, der über Signale in den ► Synapsen markiert ist.

Das Gehirn sortiert die Wahrnehmungen und Eindrücke nach Wichtigem und Unwichtigem, bildet Kategorien und stellt Bezüge zwischen Inhalten her. Informationen werden dabei umso besser wahrgenommen und verarbeitet, wenn sie mit Emotionen verbunden sind.

Im Rahmen dieser Prozesse können sich bestimmte Gehirnstrukturen herausbilden, wenn Kinder häufig Ähnliches wahrnehmen. Neuronale Verbindungen, die weniger oder nicht mehr genutzt werden, verlieren an Bedeutung. So wird das Gehirn im Laufe der Entwicklung organisiert, abhängig auch von der Art und Weise, wie Kinder Lernprozesse und -inhalte erleben. Kinder lernen in den ca. ersten 10 Jahren am meisten, danach fällt ihnen das Lernen immer schwerer.

In kritischen Phasen oder sensiblen Phasen ist das Gehirn dabei besonders für bestimmte Lernerfahrungen empfänglich.

Lernprozesse und Bindungsverhalten

Umwelterfahrungen spielen eine wesentliche Rolle beim Lernen, von grundlegender Bedeutung ist dabei die Eltern-Kind Beziehung. ► Sichergebundene Kinder können neugierig sein, ihre Umwelt erforschen und vielfältige Lernerfahrungen machen. Später, in der Kindertageseinrichtung, kommt der Erzieherin-Kind–Bindung eine wichtige Rolle zu. Wenden sich die Bezugspersonen dem Kind stimulierend, warmherzig und empathisch zu und schaffen sie eine anregungsreiche Umgebung, so finden Kinder positive Lernvoraussetzungen vor. Sie lernen, können mit Unterstützung der Bezugspersonen das Lernen lernen und können ihr Wissen an Geschwisterkinder oder in der Tageseinrichtung an Jüngere weitergeben.

Unterschiede beim ► Lernen wurde beim Blick auf die Geschlechter festgestellt. Mädchen lernen das Sprechen schneller und zeigen sich insgesamt sprachbegabter als Jungen, da sie bei diesen Tätigkeiten beide Gehirnhälften nutzen. Jungen scheinen im naturwissenschaftlich-technischen Bereich begabter, wobei insgesamt die Unterschiede zwischen den Geschlechtern auch nicht allzu groß sind.

In Kindertageseinrichtungen soll das Verständnis von Lernen weiter entwickelt werden. Im Mittelpunkt steht dabei „das Lernen des Lernens", vor dem Hintergrund, dass wegen einer immer größer werdenden Wissensflut lebenslanges Lernen immer mehr an Bedeutung gewinnt.

Das Forum Bildung hat zum „Lernen des Lernens" unter anderem folgende drei Aspekte beschrieben:

- Institutionalisierte Lernfelder sind für Kinder weiter unverzichtbar. Dabei sollte der Erwerb von ► lernmethodischen Kompetenzen Berücksichtigung finden.
- Das „Lernen des Lernens" und das „Lernen der Inhalte" sind miteinander verbunden. Nur über konkrete Inhalte lernen Kinder auch Lernstrategien ► metakognitiver Ansatz.
- Dem vorschulischen Bereich kommt im Bereich „Lernen des Lernens" eine große Bedeutung zu. Gleichzeitig werden in Kindergärten Defizite bei der Umsetzung des „Lernen Lernens" festgestellt.

Scaffolding

In einem Unterstützungsprozess gehen Erwachsene aufmerksam auf die (Lern-) Fähigkeiten und Bedürfnisse eines Kindes ein, ohne es zu über- oder unterfordern. Die Erwachsenen unterstützen dabei das Kind durch modellhaftes oder kooperatives Vorgehen, nicht nur beim Lösen von Aufgaben, sondern regen es auch an, Lösungsstrategien zu entwickeln, die es auf andere Aufgaben übertragen kann.

Metakognitiver Ansatz

Der Begriff der Metakognition stammt aus dem Bereich der Kognitionspsychologie.

Kinder sollen nicht nur Wissen erwerben, nicht nur Inhalte lernen, sondern auch lernen, wie gelernt wird. Untersuchungen haben gezeigt, dass Kinder bewusster und effektiver lernen, wenn ihnen der Sinn von Lernprozessen deutlich geworden ist. Sie wissen, warum sie was und vor allem auch *wie* sie lernen. Dementsprechend kommt metakognitiven Kompetenzen eine große Bedeutung zu.

Metakognitionen (das Denken über das Denken) sind bewusste Kenntnisse über eigene Denkvorgänge und deren Regulation.

Kinder ab ca. dem 4. Lebensjahr sind in der Lage, metakognitive Fähigkeiten zu entwickeln.

Praktisch sollen Kinder über den metakognitiven Ansatz in der Lage sein, Zusammenhänge zu erkennen. Innerhalb von Lernprozessen werden sinngebende Gesamtzusammenhänge deutlich gemacht, wird gezielt reflektiert, wie gelernt wird und was Kinder denken, wie sie lernen.

Die Kinder sollen erkennen, dass sie nicht nur etwas gebastelt haben, sondern dass sie darüber hinaus über das Basteln auch Wissen erworben haben, das sie wiederum in anderen Bereichen anwenden können (vom Besonderen auf das Allgemeine schließen). Die Kinder erkennen, dass sie lernen und wie sie lernen und erwerben dadurch **lernmethodische Kompetenzen**.

Nach Gisbert müssen sich Erzieherinnen bei der Durchführung eines Projektes auf drei Aspekte einrichten: 1. den Inhalt, 2. die Struktur des Inhalts (die Erzieherin macht den Kindern den Zusammenhang und damit den Sinn der einzelnen Projektaktivitäten deutlich, es werden inhaltliche Zusammenhänge, die eine tiefere Bedeutung zeigen, erklärt. Bsp.: Kindern wird im Projekt „Zeit" deutlich, dass sich Menschen mittels Zeitmessung über eine Dauer oder auf einen Zeitpunkt verständigen können) und 3. auf den damit verbundenen Lernprozess (die Erzieherin spricht mit den Kindern über ihre Ideen, Vorgehensweisen und was sie wie getan haben, möglich ist auch, dass die Kinder die Ergebnisse ihres Projekts anderen Kindern zeigen und erklären).

Aspekte zum Lernen von Kindern in Kindertageseinrichtungen

– Die Entwicklung von Synapsen im Gehirn hängt mit der Eigenaktivität des Kindes zusammen. Kinder lernen, wenn sie etwas selbst bzw. eigenaktiv tun können. Dazu brauchen sie den Austausch mit ihrer Umwelt.
– Bedeutung der Wahrnehmungsfunktionen: Über Wahrnehmungsprozesse werden stimulierende Reize aufgenommen und verarbeitet. Mehrere Sinne sollten beim Lernen angesprochen werden. Je mehr Sinne angesprochen werden, desto besser wird gelernt.
– Die Kinder benötigen ein anregungsreiches Umfeld mit entsprechenden Materialien. Über- und Unterforderung ist dabei zu vermeiden.
– Kinder lernen, ohne dass sie es sich bewusst sind. Beeinflusst wird das Lernen von der sozialen und emotionalen Umwelt.
– Das Lernen von Inhalten und das Lernen des Lernens sind wichtig.
– Das Spiel ist für das Lernen von hoher Bedeutung. Kinder lernen dabei unbewusst bzw. nebenher.
– Kinder lernen besser, wenn ihnen Lernprozesse bewusst sind.
– Die Bildungs- und Lernziele müssen klar formuliert sein.
– Kinder benötigen Zeit zum Wiederholen von Inhalten sowie Vorgänge, die sich wiederholen, damit sie Gelerntes verinnerlichen können.
– Gruppenprozesse und positive Beziehungen zu Gleichaltrigen fördern das Lernen.

- Über geeignete Programme kann die Arbeit mit dem Computer das Lernen unterstützen.
- Bewegung ist wichtig, Kinder lernen durch Bewegung und be-greifen.
- Dem Bindungsverhalten und der Kommunikation zwischen Bezugspersonen und Kind kommt eine wichtige Bedeutung zu. Diese Faktoren beeinflussen die Gehirnentwicklung und das Lernen positiv. Entsprechend sind die Kinder, wenn sie in Kindertageseinrichtungen eintreten, schon vom familiären Umfeld geprägt.
- Die Beziehung zwischen Kind und Erzieherin, die Ausgestaltung des Erziehungsverhaltens, ist bedeutsam. Kinder weisen Reizen, die in Zusammenhang mit Beziehungen stehen, eine Relevanz zu. Lob und Anerkennung fördern das Lernen ebenso wie klare Ziele und Leistungsanforderungen durch die Erzieherinnen. ▶ Scaffolding als eine besondere Art, Kinder beim Lernen zu unterstützen.
- Kein Kind gleicht dem anderen, die Kinder haben ihren individuellen Entwicklungsplan, sodass die Erzieherinnen über eine genaue ▶ Beobachtung und Dokumentation herausfinden müssen, wann sich welches Kind in einer kritischen Phase befindet und welche Lern- und Anregungsmöglichkeiten es braucht.

(Klassische) Lerntheorien
Lerntheorien sind Erklärungsversuche, wie Lernen bzw. Lernprozesse funktionieren.

Verhaltensorientierte oder behavioristische Lerntheorien

Klassische Konditionierung
Pawlow (1849–1936) begründete die Theorie der klassischen Konditionierung bzw. des **Signallernens**. Er erklärte Lernen als Reiz-Reaktionsmuster. Seine Experimente führte er mit Hunden durch.
Er erreichte es, dass bei einem Hund nach einem Glockenton Speichelfluss einsetzte, ohne dass die Situation etwas mit Futter zu tun hatte. Pawlow hatte allerdings vorher beim Erklingen des Glockentons Futter gereicht.
Konditionieren nach Pawlow heißt dementsprechend, dass eine Reaktion auf einen Reiz (Futter) an einen anderen Reiz (Glocke) gebunden wird.
Unkonditionierter Reiz: Das Futter.
Unkondionierte Reaktion: Der Speichelfluss
Neutraler Reiz: Der Glockenton
Nach dem Zusammenbringen von Glocke und Futter:

Konditionierter Reiz: Glockenton
Konditionierte Reaktion: Der Speichelfluss

Reizgeneralisierung

Reize, die einem konditionierten Reiz ähnlich sind, können gleiche konditionierte Reaktionen auslösen. Bsp.: Ein Kind, das sich bei einem Bewegungsspiel verletzt hat, überträgt seine Angst auf andere Spiele und meidet diese.

Gegenkonditionierung

Eine Konditionierung soll wieder gelöscht werden, indem ein unkonditionierter Reiz durch einen neuen ersetzt wird. Bsp.: Eine Erzieherin will zu Beginn der Hausaufgabenbetreuung erreichen, dass es schnell ruhig wird. Statt wie bisher „bitte Ruhe" zu rufen (um damit eher laute Reaktionen der Kinder zu erreichen), schlägt sie dreimal auf eine Triangel und erreicht, dass die Kinder mit Ruhe reagieren.

Lernen durch Verstärkung (Operante Konditionierung)

Diese Theorie geht auf den Psychologen Skinner (1904–1990) zurück. **Verstärkung** meint die Förderung eines gewünschten Verhaltens durch die Folge, die dieses Verhalten nach sich zieht.

Bei der **positiven Verstärkung** folgen auf das gewünschte Verhalten **positive Verstärker**, d. h. Reize wie z. B. Lob oder Anerkennung. Bsp.: Michael hat einem anderen Kind geholfen. Die Erzieherin lobt Michael, gibt ihm in der Gruppe Anerkennung und erreicht damit, dass das Verhalten von Michael verstärkt wird und er weiterhin den anderen Kindern hilft.

Bei der **negativen Verstärkung** führt das gewünschte Verhalten zum Ausbleiben oder zur Abmilderung von Reizen **(negativen Verstärkern)** wie z. B. Schimpfen oder ein unangenehmer Zustand. Bsp.: Eine Kindergruppe hat nach einem Spiel nicht aufgeräumt. Die Erzieherin gibt den Kindern zu verstehen, dass sie trotz des schönen Wetters im Raum bleiben müssen, bis aufgeräumt ist. Durch das Aufräumen (das gewünschte Verhalten) entgehen die Kinder dem unangenehmen Reiz, bei schönem Wetter im Haus bleiben zu müssen.

Werden positive Verstärker nicht eingesetzt, sondern entzogen (was einen Verlust bedeutet), und negative Verstärker nicht abgemildert oder unterlassen, sondern angewendet, so handelt es sich um Bestrafung.

Modelllernen

(oder **Beobachtungslernen, Imitationslernen, Nachahmungslernen, Identifikationslernen**). Es ist unmöglich, alle Lernerfahrungen selbst zu machen. Daher wird am Modell gelernt, d. h. Kinder beobachten eine Person und erwerben dadurch neue Verhaltensweisen. Das Modelllernen erspart viele aufwändige Lernprozesse mit möglicherweise vielen Irrtümern und Fehlern. Gute Vorbilder sind Personen, die einen höheren Status haben oder Personen, die eine gute Beziehung zum Lernenden haben.

Diese Tatsache hebt die Bedeutung des Erzieherinnenverhaltens hervor.

Stellvertretende Verstärkung: Beim ► Modelllernen beobachtet ein Kind, wie ein Vorbild belohnt wird. Dadurch wird es das Verhalten wahrscheinlich nachahmen.

Regellernen: Um ein gewünschtes Verhalten zu zeigen, müssen Kinder sich Wissen aneignen, um die Zusammenhänge zu verstehen. Bsp.: Ein Kind lernt, dass es nach dem Mittagessen das Besteck in einen Eimer und die Essenreste in einen anderen Eimer entsorgen soll. Es weiß, dass die Küchenhilfe darauf angewiesen ist, um schnell spülen zu können. Mit dem Wissen, was die Aufteilung bewirkt, lernt das Kind das Aufräumen.

Lernen durch Einsicht: Das Lernen erfolgt durch das Kombinieren von bekannten Denk- und Lösungsmustern. Es werden Zusammenhänge zwischen den Elementen einer Problemsituation erkannt, ohne dass Aktivitäten über Versuch und Irrtum notwenig sind. Bsp.: Einem Kind ist ein Puzzleteil unter einen Schrank gerutscht. Mit der Hand kommt es gerade so heran, schiebt es aber zu weit nach hinten. Danach kombiniert das Kind, dass es mit einem Stock an das Teil kommt und dieses von einer anderen Schrankseite so unter dem Schrank herausstoßen kann, dass es an der anderen Seite wieder herauskommt.

Soziales Lernen: Kinder lernen Einstellungen, Verhaltensweisen im Umgang mit anderen Menschen. Oberstes Ziel beim sozialen Lernen ist der Erwerb von sozialer Kompetenz. Bsp.: In einer Projektgruppe erfahren die Kinder, dass sie nur ihr Ziel erreichen, wenn sie miteinander reden, kooperieren und füreinander Verständnis zeigen.

Sozial-kognitive Lerntheorie: Die sozial-kognitive Lerntheorie geht auf den Amerikaner Bandura zurück. Er zeigte die Bedeutung von Modelllernen auf und wies auf die Wichtigkeit von Wahrnehmungsprozessen (ein Kind lernt über Sehen, Hören) beim Lernen hin.

3.5 Spiel

Das Spiel ist die elementare eigenaktive Ausdrucksform des Kindes, über die sich Lebensbewältigung und ► Selbstbildung vollzieht. Der Zweck liegt nur im Spiel selbst. Das Spiel im engeren Sinn ist die zentrale Betätigung eines Kindes, mit der es Kontakt zu seiner Umwelt aufnimmt. Das Kind erhält durch die Reaktionen der Spielpartner ein Wissen über eigene Fähigkeiten, Schwächen, Gefühle und Wünsche. Auf diese Weise kann sich das Kind ein Bild von sich entwickeln und daran weiterbauen. Es ist eine spontane Aktivität, ausgehend vom Kind. Die ganzheitlichen Erfahrungen, die Kinder im Spiel sammeln sind überwiegend Selbsterfahrungen, in denen sich das Kind seines „Selbst" bewusst wird. Das Spiel des Kindes hat auch symbolische Bedeutung. Durch das Spiel teilt es seiner Umwelt eigene Freuden, Sorgen, Hoffnungen und Ängste mit.

Spielmerkmale
– Selbstzweck (Spielen um des Spielens willen),
– ein Wechsel der Realität (Spielwirklichkeit ist echte Wirklichkeit),
– Wiederholungen und Rituale,
– Spielfreude des Kindes,
– die Freiwilligkeit des Spiels,
– die Aktivität des Kindes sowie
– die Spontaneität (das Spiel beginnt und entwickelt sich spontan).

Dem Spiel kommt in Kindertagseinrichtungen eine grundsätzliche Bedeutung zu.
Über das Spielen entwickeln sich Kinder, sammeln Erfahrungen, verarbeiten Eindrücke und Erlebnisse und erwerben nebenher unbewusst eine Menge an Wissen und sozialen Fähigkeiten. In Kindertageseinrichtungen spielen Kinder i. d. R. in Gruppen, was die soziale Komponente betont. Über Spielaktionen innerhalb einer Geschichte oder anderen Rahmenhandlungen können Kinder viele positive Erfahrungen machen, da es nicht in erster Linie um das Gewinnen oder Verlieren geht, sondern um soziale Fähigkeiten wie z. B. Toleranz und Rücksichtnahme.

Vorstrukturiertes Spiel
Der Schwerpunkt liegt auf Vorgaben der Erzieherinnen, Spontaneität, Zweckfreiheit sind nachrangig. Bsp.: die Erzieherin schlägt ein Regelspiel oder ein Bewegungsspiel im Hof vor.

Freies Spiel
Alle Spiele, bei denen Inhalt, Objekt, Ziel, Mitspielerinnen frei gewählt werden. Tätigkeits- und Funktionsspiel, Konstruktionsspiel und Rollenspiel können dem freien Spiel untergeordnet werden:

Freispiel

In der Kindertageseinrichtung können die Kinder im Freispiel Spielort, Spielpartner, Spielmaterial und Spielverlauf frei wählen. Das Freispiel ist durch die Rahmenbedingungen der Einrichtung beeinflusst. Aufgaben der Erzieherinnen als **Freispielführung**, die dadurch das Freispiel direkt oder indirekt beeinflussen:

- Anregungsreiches Material beschaffen, ggf. einführen.
- Freispielprozesse beobachten, ggf. eingreifen, Impulse geben (z. B. bei neuen Kindern), Themen der Kinder wahrnehmen und ggf. aufgreifen.
- Vorbild sein: selbst spielen und dadurch Kinder motivieren.
- Raum- und Außenbereich so strukturieren, dass sich Kinder ungestörter in Kleingruppen zusammenfinden können (Raumteiler, zweite Ebene etc.).

Spieltheorien

Hierbei handelt es sich um wissenschaftliche Erklärungsversuche zur Bedeutung des Spiels.

Biologie

Spiel ist das Lernen von Verhaltensmustern, die zur Lebensfähigkeit benötigt werden. Sinn und Zweck des Spiels ist auf die Zukunft bezogen (Gross). Das Kind ist allein durch die Lust am Spiel (**Funktionslust**) motiviert (Bühler).

Entwicklungspsychologie

Über das Spiel entwickelt sich das Kind. Es setzt sich über das Spiel mit seiner Umwelt auseinander und entwickelt sich kognitiv, emotional und motorisch (Piaget).

Kultur-anthropologisch

Im Spiel liegt der Beginn der Kultur. In ihm liegen die Möglichkeiten zu künstlerischen und kulturschaffenden Tätigkeiten (Huizinga, Bally).

Lern- und Motivationspsychologie

Betont die motivationale Seite des Spiels. Neugier und Spannungssuche lösen das Spiel aus (Heckhausen). Überraschung, Spannung und Ideenreichtum sind wichtige Spielmomente. Das Spiel verläuft in Bewegung, offen und ohne Ziel (Buytendijk).

Psychoanalyse

Im Spiel werden negative Erfahrungen verarbeitet. Es werden Wünsche befriedigt, die im realen Leben nicht erfüllt werden – Spielen als Ersatzbefriedigung (Freud). Ausgleich der eigenen Minderwertigkeit (Adler).

Sozialisationstheorie

Nachweis, dass je nach Milieu verschieden gespielt wird, Identitätsfindung und Entwicklung sozialer Kompetenz über das Spiel.

Entwicklung des Spiels und Spielformen

Sensumotorisches Spiel

Im ersten und zweiten Lebensjahr zeigen Kinder Freude an eigenen Körperbewegungen, danach an Bewegungen von Gegenständen. Sie wiederholen diese Spieltätigkeiten oft lange (Das sensomotorische Spiel wurde früher auch als **Funktionsspiel** bezeichnet).

Informationsspiel

Die Kinder experimentieren mit Gegenständen und wollen herausfinden, was man mit diesen anstellen kann.

Konstruktionsspiel oder werkschaffendes Spiel

Ab ca. dem zweiten Lebensjahr. Mittels Materialien (Bauklötze, Knete etc.) stellen Kinder Gegenstände her, z. B. Häuser, Fahrzeuge, Figuren etc.

Symbol- oder Fiktionsspiel

Ab ca. dem zweiten Lebensjahr. Kinder haben nun die Welt der Vorstellungen entdeckt. Sie denken einen Spielgegenstand nach eigenen Wünschen und phantasievollen Vorstellungen. Handlungen orientieren sich am sozialen Umfeld des Kindes: z. B. der Teddy wird zum Kind, Blätter zu Speisen.

Sozialspiel

Spielen zwei oder mehrerer Kinder zusammen, handelt es sich um ein Sozialspiel. Kennzeichen des Sozialspiels ist, dass für die teilnehmenden Kinder ein objektives Spielthema und/oder ein objektiver Spielgegenstand existiert. Alle Kinder müssen fähig sein, sich auf die gemeinsame Komponente des Spiels zu beziehen. Ein weitere Aspekt beim Sozialspiel ist die Kommunikation über das Spiel („Was spielen wir?"). Ein Vorläufer des Sozialspiels ist das **Parallelspiel**, bei dem zwei oder mehrere Kinder nebeneinander spielen, oft mit dem gleichen Spielzeug, und sich dabei auch beobachten. Zum Sozialspiel gehören **Rollen- und Regelspiele**.

Offenes, freies Rollenspiel

Ab ca. dem Ende des 2. Lebensjahrs. Hier agieren die Kinder unter sich und verarbeiten Erlebtes. Übernommene Rollen werden eigenständig gestaltet. Gegenstände werden symbolisch umgedeutet (ein Stuhl wird zum Zug). Eigenes Verhalten wird auf Spielzeug übertragen (die Puppe ist müde). Im **gelenkten (geschlossenen, angeleiteten) Rollenspiel** sind die Rollen durch Erziehende festgelegt mit dem Ziel, soziale Kompetenzen zu erweitern.

Regelspiel

Ab ca. dem fünften Lebensjahr sind Kinder in der Lage, Regeln zu behalten, zu begreifen und diese im Spiel umzusetzen. Regelspiele gibt es im Sport, als Gesellschaftsspiele etc.

Weitere Spielformen:

Interaktionsspiel
Fördern den Kontakt zwischen Spielenden: Z. B. kennen lernen, sich in andere hineinversetzen.

Lernspiele
Mit Lernspielen werden bestimmte Fähigkeiten (z. B. Lesen, Schreiben, Malen) eines Kindes spielerisch gefördert.

Kooperative Spiele
Kooperative Spiele sind frei von Konkurrenz und frei vom Ausgeschlossenwerden. Es geht um die gemeinsame Erreichung eines Spielziels.

3.6 Gruppen

Eine Gruppe hat ein gemeinsames Ziel, gemeinsame Interessen, ein Zusammengehörigkeitsgefühl, gemeinsame ▶ soziale Normen und regelmäßige Interaktionen zwischen den Gruppenmitgliedern. Innerhalb der Gruppe existiert ein System von ▶ Rollen, die die Gruppenmitglieder innehaben. Diese Definition spiegelt sowohl eine soziologische als auch (gruppen-) psychologische Sichtweise wider.

Gruppenpädagogik
Arbeitsmethode in Kindertageseinrichtungen, ausgerichtet auf die Arbeit mit kleineren und damit arbeitsfähigen Gruppen (mit höchstens 8–10 Kindern) im Gegensatz zur Großgruppe mit bis zu 28 (oder mehr) Kindern. Die Prozesse in der Gruppe sollen sich auf das einzelne Kind, auf seine Entwicklung, positiv auswirken. Gleichzeitig bringt sich das Kind in den Gruppenprozess ein und beeinflusst so die Gruppenentwicklung aktiv mit, sodass sich im Idealfall ein wechselwirkender Prozess ergibt.
Aufgabe der Erzieherin ist es, vom jeweiligen Gruppenstand aus den Gruppenprozess zu gestalten und zu steuern.

Gruppenarten
Formelle Gruppe
Eine formal organisierte Gruppe mit Regeln, die einen bestimmten Zweck erfüllt. Eine Schulklasse, eine Arbeitsgruppe oder eine Gruppe in einer Kindertagseinrichtung.

Informelle Gruppe
Eine Gruppe, in der die Beziehungen und Normen nicht formal geregelt sind. Informelle Gruppen entstehen oft spontan und freiwillig.

Primärgruppen
Ermöglichen enge persönliche, emotionale Beziehungen zwischen den Mitgliedern. Familie, Freundeskreis, Nachbarschaft. Alle anderen Gruppen bezeichnet man als *Sekundärgruppen* (mit einem formellen Charakter).

– **Homogene Gruppe**: Eine gleichartig nach verschiedenen Kriterien zusammengesetzte Gruppe, nach Alter, Geschlecht, Entwicklungsstand, etc. Findet sich eher als Projektgruppen in Kindertageseinrichtungen, z. B. die Gruppe der zukünftigen Schulkinder, die Mädchen und Jungengruppen im Rahmen der ▶ geschlechtsspezifischen Erziehung.
– **Heterogene Gruppe**: Eine nicht gleichartig, sondern gemischt zusammengesetzte Gruppe, z. B. eine alters- und geschlechtsgemischte Gruppe in der Kindertageseinrichtung.

Gruppendruck
Einflüsse, die Gruppenmitglieder dazu veranlasst, sich konform zu verhalten. Eine Form der sozialen Kontrolle.

Gruppennorm
Regeln, die in einer Gruppe gültig sind. Möglich sind auch sog. heimliche Gruppennormen, die zwar befolgt, aber nicht offengelegt werden.

Erfassung und Beschreibung von Gruppenprozessen
Soziometrie
Bezeichnung für Verfahren, die Gruppenprozesse erfassen und beschreiben. Geprägt wurde der Begriff und die Methode durch den amerikanischen Soziologen J. L. Moreno (1892–1974).
Soziogramm
Ein Soziogramm ist eine grafische Darstellung der Beziehungen bzw. sozialen Verhältnisse in einer Gruppe. Über verschiedene Symbole kann die Qualität einzelner Beziehungen in der Gruppe sowie eine Rangordnungen aufgezeigt werden.

Rollen
Die Rolle ist ein zentraler Begriff aus der Soziologie. Eine Rolle ist die Summe der Erwartungen an eine Person in einer bestimmten sozialen ▶ Position. Z. B.: Es besteht die Erwartung an die Leitung, dass sie gerecht ist.
Primärrollen
Verhaltenserwartungen, die sich auf Merkmale einer Person beziehen, die sie nicht ändern kann: Das Alter, das Geschlecht, Familie.

Sekundärrollen

Verhaltenserwartungen, die sich auf Merkmale beziehen, für die sich eine Person selbst entschieden hat, z. B. Berufsrollen.

Fundamentale Rollen

Rollen, die eine Person notwendigerweise erfüllen muss, z. B. Familien-, Berufs- oder Geschlechtrollen.

Periphere Rollen

Verhaltenserwartungen, die auf freiwilliger Basis angenommen werden, z. B. die Rolle als Musiker in der Freizeit.

Dysfunktionale Rolle

Ein Gruppenmitglied hat die Rolle eines Störers, eines Clowns etc. inne und beeinflusst die Gruppenentwicklung negativ.

- **Rollendistanz**: Die Fähigkeit eines Rolleninhabers, sich von den Erwartungen zu distanzieren oder ihnen nicht zu entsprechen.
- **Intra-Rollenkonflikt**: Ein Konflikt innerhalb einer Person, die eine bestimmte Rolle innehat. Bsp.: Eine Leiterin muss verständnisvoll und gleichzeitig konsequent sein.
- **Inter-Rollenkonflikt**: Konflikt in einer Person, die mehrere Rollen vereint. Bsp.: Eine Erzieherin ist stellvertretende Leitung. Sie ist gleichzeitig Kollegin und Vorgesetzte.
- **Status**: Grad der Wertschätzung, die eine Person aufgrund ihrer sozialen Position genießt.
- **Position**: Die bestimmte Stellung einer Person, die sie in einer Gruppe einnimmt. Man kann zwischen zugeschriebenen Positionen (als Frau, Mann) oder erworbenen Positionen (als Angestellter, Leiter) unterscheiden.
- **Rituale**: Rituale sind regelmäßig wiederkehrende Handlungen in einer ▶ Gruppe. In unbekannten Situationen geben sie Halt und Sicherheit. Rituale strukturieren die Zeit und Abläufe im Tagesgeschehen. Im Kindergarten sind häufig vorkommende Rituale der Stuhlkreis oder in christlichen Einrichtungen das gemeinsame Tischgebet. Geburtstagsfeiern bieten vielfältige Anlässe für Rituale z. B. das Singen eines Geburtstagsliedes oder das Aufsetzen einer Geburtstagskrone für das Geburtstagskind.

3.7 Beobachtung und Dokumentation

Beobachtung ist ein strukturierter und zielorientierter Wahrnehmungs-prozess, durch den Erzieherinnen gezielt und reflektiert feststellen können, wie sich Kinder entwickeln, was sie tun und womit sie sich beschäftigen. Daneben können Beobachtungen auch ungeplant und spontan durchgeführt werden.

Die **Dokumentation** ist die systematische Zusammenstellung der Beobachtungen, ohne die die Erkenntnisse wieder vergessen oder durcheinander gebracht werden können. Dokumentiert werden sowohl Erkenntnisse aus systematischen als auch aus ungeplanten Beobachtungen. Eine systematische Beobachtung und die Dokumentation der Beobachtungen ist eine Grundlage professionellen erzieherischen Handelns. Aus den Beobachtungsergebnissen werden Handlungsschritte für die pädagogische Arbeit und die Zusammenarbeit mit den Eltern abgeleitet.

In einem Beobachtungsprozess ist es wichtig zu wissen, welche Erkenntnisse sich daraus ergeben sollen. Je nach Beobachtungsziel bieten sich dabei verschiedene Verfahren an. Beobachtet werden können der Entwicklungsstand der Kinder oder einzelne Bereiche daraus, wie z.B. die sprachliche Entwicklung. Es ist festzulegen, ob einzelne Kinder oder Gruppenstrukturen beobachtet werden sollen.

Soll eine strukturierte Beobachtung durchgeführt werden, sind dafür bestimmte Voraussetzungen zu beachten:

- Die Akzeptanz im Team muss vorhanden sein, da gegebenenfalls die beobachtende Erzieherin von anderen Tätigkeiten freigestellt werden muss.
- Es muss deutlich sein, worin der Nutzen liegt und welcher Aufwand hinter dem Beobachtungs- und Dokumentationsverfahren steht.
- Das Material über das Beobachtungs- und Dokumentationsverfahren muss in der Einrichtung komplett zur Verfügung stehen.
- Das Konzept des Verfahrens mit seinem theoretischen Hintergrund muss bekannt sein.
- Der zeitliche Umfang des Verfahrens muss berücksichtigt werden.
- Die Rahmenbedingungen für die Beobachtung und Auswertung müssen klar sein.

Die Grenzen der Beobachtung liegen darin, dass die beobachtende Erzieherin mehr oder weniger stark durch ihre Beobachtungstätigkeit selbst das Geschehen beeinflusst.

Ein Beobachtungsvorgang setzt sich grundsätzlich aus verschiedenen Stufen zusammen:

1. Beschreibung und Dokumentation von Verhalten
2. Interpretation des Verhaltens
3. Bewertung des Verhaltens
4. Erarbeitung von Handlungsschritten

Beobachtungsformen

Introspektion

Selbstbeobachtung, „innere Wahrnehmung" oder „innere Beobachtung". Am Beispiel ► Empathie wird Introspektion deutlich. Empathie ist die Fähigkeit, sich auf andere Menschen einzustellen, Grundlage dieser Fähigkeit ist die Selbstwahrnehmung.

Fremdbeobachtung

Eine Person beobachtet eine andere.

Naive Beobachtung

Alltägliche, nicht geplante Beobachtung, die oft Beschreibung und Bewertung nicht unterscheidet. Kann aber Anlass für eine systematische Beobachtung sein.

Strukturierte Beobachtung

Eine detailliert geplante Beobachtung, durch die der Beobachter sehr gebunden ist. Festgelegt können sein: Zeitintervalle, wer beobachtet wird, was beobachtet wird.

Teilnehmende Beobachtung/aktive Beobachtung

Die Erzieherin ist aktiver Teil des zu beobachtenden Geschehens.

Nicht-teilnehmende Beobachtung/passive Beobachtung

Der Beobachter nimmt nicht aktiv am zu beobachtenden Geschehen teil.

Offene Beobachtung

Die Kinder wissen, dass sie beobachtet werden.

Verdeckte Beobachtung

Die Kinder wissen nicht, dass sie beobachtet werden.

Operationalisierung

Ein bestimmtes Verhalten, das beobachtet werden soll, wird genau beschrieben. Z. B.: Schüchternheit: a.) das Kind reagiert nicht auf Aufforderungen anderer Kinder, b.) das Kind meidet Gruppensituationen, c.) das Kind meldet sich nicht freiwillig in Gruppengesprächen.

Beobachtungseinheiten

Es wird genau geklärt, wer, wann, wie lange in welcher Situation beobachtet werden soll.

Schätzskalen

Mit Schätzskalen kann die Stärke oder Schwäche eines bestimmten Verhaltens eingeschätzt werden. Z. B.: Das Kind meidet Gruppensituationen – Stark 5 4 3 2 1 Schwach.

Beobachtungsbogen

Ein Kategoriensystem zum systematischen und schriftlichen Erfassen von Beobachtungen. Verwendet werden in Einrichtungen nicht-standardisierte und standardisierte Bögen.

Beobachtungsfehler

Fehler in der ▶ sozialen Wahrnehmung. Um Beobachtungsfehler auszuschließen, stehen einer Erzieherin verschiedene Möglichkeiten zur Verfügung:
– **Kollegialer Austausch:** Eine Erzieherin bespricht eine Beobachtung mit einer Kollegin oder mehreren Kolleginnen und erhält eine Rückmeldung zu ihren Eindrücken.
– **Supervision:** (lat. Super = darüber, visio = sehen) Praxisberatung oder -anleitung durch eine i. d. R. ausgebildete, von der Organisation unabhängigen Fachkraft mit dem Ziel, Arbeitsinhalte und Arbeitsbeziehungen zu reflektieren, um damit die Qualität der Arbeit zu sichern und weiter zu entwickeln. Inhalte können sein: Der Umgang mit schwierigen bzw. auffälligen Kindern, der Umgang mit Eltern, Konflikte im Team, Rollenklärung im Team etc. Die Teilnahme an einer Supervision sollte möglichst freiwillig erfolgen. Supervision kann als Instrument in einer Krisensituation eingesetzt werden, sollte aber als Instrument zur Qualitätssicherung Standard in Kindertageseinrichtungen sein. Supervisionsformen: Einzelsupervision, Teamsupervision, Gruppensupervision, Leitungssupervision.
– **Fallbesprechung:** In einer Fallbesprechung wird zielgerichtet die Situation von einem auffälligen Kind in einer Kindertageseinrichtung reflektiert. Die Fallbesprechung kann von einem Teammitglied oder von einer externen Fachkraft moderiert werden.
  Ziele in einer Fallbesprechung:
  – Einholen von verschiedenen Sichtweisen
  – Erarbeitung von Hypothesen zum auffälligen Verhalten
  – Erarbeitung von Lösungen

Beobachtungsverfahren

Es gibt eine Vielzahl von Beobachtungsverfahren. Bei allen Verfahren geht es nach Viernickel/Völkel (2005) darum, regelmäßig und zielgerichtet zu beobachten, womit sich Kinder beschäftigen und wie Kinder Entwicklungsschritte vollziehen. Der folgende Überblick von Viernickel/Völkel (2005) zu den Beobachtungsverfahren geht davon aus, dass das Kind seine Entwicklung aktiv gestaltet und sich Wissen durch Eigenaktivität aneignet.

Kuno Bellers Entwicklungstabelle

Die Entwicklungstabelle wurde von Dr. E. K. Beller entwickelt und dient der Einschätzung der Entwicklung von null bis sechsjährigen Kindern in den Bereichen Körperpflege, Umgebungsbewusstsein, sozial-emotionale Entwicklung, Spieltätigkeit, Sprache, Kognition, Grob- und Feinmotorik. Die Ergebnisse werden nicht mit Altersnormen verglichen, sondern es steht das jeweilige Kind mit seinem Entwicklungsverlauf im Mittelpunkt.

Grenzsteine der Entwicklung

Grenzsteine der Entwicklung ist ein Konzept, durch das Risiken im Entwicklungsverlauf von Kindern im Alter bis zu sechs Jahren festgestellt werden sollen. Laewen entwickelte das Konzept angelehnt an das an der Tübinger Universitätsklinik entwickelte Modell „Meilensteine der Entwicklung". Die Grenzsteine bezeichnen Entwicklungsziele in den Bereichen Körpermotorik, Hand- und Fingermotorik, Sprachentwicklung, kognitive Entwicklung, soziale Kompetenz und emotionale Kompetenz. Die Entwicklungsziele sollen bis zu einem bestimmten Alter erreicht sein. Beobachtet werden einzelne Kinder, und zwar zu festgelegten Zeiten (im ersten Lebensjahr z. B. im Alter von drei, sechs, neun und zwölf Monaten). Ziel des Verfahrens ist es, Entwicklungsrückschritte festzustellen.

Sieben Intelligenzen

Die sieben Intelligenzen von Laewen und Andres bauen auf Arbeiten des amerikanischen Psychologen Howard Gardner auf. Es wird die Frage gestellt, was Kinder besonders gut können, und zwar in den sieben Intelligenzbereichen: sprachliche Intelligenz, logisch-mathematische Intelligenz, Bewegungsintelligenz, musikalische Intelligenz, soziale Intelligenz, praktische Intelligenz und wissenschaftliche Intelligenz. Insgesamt 76 Fragen sind zu beantworten. Die Antworten werden in einen Profilbogen übertragen. Das Ergebnis ist ein Profil der Kinder, über das Kompetenzen, bevorzugte Bildungsbereiche, Engagement und Interesse eines Kindes deutlich werden.

Baum der Erkenntnis

„Der Baum der Erkenntnis" ist ein Verfahren aus Schweden, mit dem die Entwicklung von Kindern und Jugendlichen vom ersten bis zum 16. Lebensjahr beobachtet und dokumentiert werden kann. Mittlerweile gibt es auch einen deutschsprachigen „Baum der Erkenntnis". Über das Bild des Baumes werden Kompetenzen und Lernziele dargestellt, die die Kinder und Jugendlichen in bestimmten Entwicklungsabschnitten erreichen sollen.

In den Wurzeln werden Kompetenzen beschrieben, die Kinder in der Vorschulzeit entwickeln sollen. Im Stamm finden sich Entwicklungs- und Lernziele für die Vorschulzeit bis zum Eintritt in die erste Klasse. In der Baumkrone werden Grundschulfächer mit ihren Lernzielen benannt.

Sismik (Sprachverhalten und Interesse an Sprache bei Migrantenkindern in Kindertageseinrichtungen)

Sismik ist ein im Staatsinstitut für Frühpädagogik von Toni Mayr und Michaela Ulich entwickelter Beobachtungsbogen, mit dem Erzieherinnen feststellen können, wie die sprachliche Entwicklung von Migrantenkindern (Kinder, deren Familien aus einem anderen Sprach- und Kulturkreis nach Deutschland gekommen sind und in denen ein Kind mindestens noch eine andere Sprache spricht) verläuft. Es soll kein reiner Sprachstand, sondern auch die Motivation der Kinder zur Kommunikation ermittelt werden. Der Bogen ist gedacht für Kinder im Alter von drei Jahren bis zum Schuleintritt. Sismik ist kein Mittel zur Diagnostik von ▶ Sprachstörungen, wenn auch ungünstige Entwicklungsverläufe festgestellt werden können.

Leuvener Engagiertheits-Skala für Kinder (LES-K)

Die Leuvener Engagiertheits-Skala für Kinder ist auch bekannt als „Leuvener Modell". Sie ist die deutsche Fassung der Leuven Involment Scale for Young Children, entwickelt an der Universität Leuven in Belgien. Die Skala ist ein Beobachtungssystem, mit dem sich Erzieherinnen bewusst in die Perspektive des Kindes hineinversetzen sollen. Im Mittelpunkt steht dabei die Frage, wo ein Kind in bestimmten Entwicklungsbereichen steht. Grundlage ist das **Modell der Engagiertheit**. Das Modell stellt sehr stark die Kinder in den Mittelpunkt. Schlüsselbegriffe sind Engagiertheit und Wohlbefinden. Mit diesen zwei Begriffen wird die Qualität von Erziehung definiert. Engagiertheit ist u. a. die besondere Qualität menschlicher Aktivität, erkennbar in Konzentration und Dauer, Motivation, Begeisterung, Faszination.

Wohlbefinden wird u. a. beschrieben als glücklich sein, bei sich selbst sein. D. h., es wird untersucht, ob Kinder sich wohlfühlen und ob sie etwas engagiert tun. Ist dies nicht der Fall, muss etwas unternommen werden.

Mit dem Beobachtungssystem wird, mittels Beobachtungsbögen, zum einen festgestellt, ob alle Kinder in einer Gruppe oder nur einzelne mit den Angeboten erreicht werden. Zum anderen werden Kinder individuell beobachtet, d. h. Kinder, die bei der Einschätzung der gesamten Gruppe geringe Werte beim Wohlbefinden und/oder in der Engagiertheit zeigen, werden weiter beobachtet.

Beobachtung und fachlicher Diskurs zu den Themen der Kinder

Dieses Verfahren besteht aus einem offen gehaltenen Beobachtungsbogen, der von Laewen und Andres entwickelt wurde. Die Beobachtungen sollen sich nicht auf bestimmte Verhaltensweisen oder Fertigkeiten festlegen. Ziel ist es, durch die Beobachtungen die Themen und Interessen der Kinder festzustellen. Die Erzieherinnen sollen als erstes genau beschreiben, was die Kinder tun oder sagen. Danach werden sie angehalten, ihre Gefühle und Ideen zur Situation zu notieren. In einem dritten Schritt sollen die Erzieherinnen einen Perspektivenwechsel vornehmen und zwischen ihrer und der Perspektive der Kinder unterscheiden, damit sie die Kinder besser verstehen.

Dokumentationsformen

Beobachtungen müssen dokumentiert werden. Ohne Dokumentation gehen Erkenntnisse und Informationen verloren oder es besteht die Gefahr, dass diese untereinander vertauscht werden. In den oben vorgestellten ▶ Beobachtungsverfahren werden die Erkenntnisse auf verschiedene Bögen schriftlich festgehalten. Aber auch Beobachtungen, die auf eine andere Art und Weise zustande kommen, sollten dokumentiert werden. Der folgende Überblick von Viernickel/Völkel (2005) veranschaulicht verschiedene Dokumentationsformen.

Dokumentation spontaner Beobachtungen

Neben der systematischen Beobachtung, deren Erkenntnisse mit Beobachtungsbögen festgehalten werden können, ergeben sich im Alltag genügend Situationen, die wichtig genug sind, um dokumentiert zu werden. Eine Erzieherin nimmt an einem Gespräch mit Kindern teil oder beobachtet im Freispiel einen Konflikt zwischen Kindern. Oder Beobachtungen werden mit Foto- oder Videokamera festgehalten. Auch diese Beobachtungen müssen schriftlich festgehalten werden, damit sie gezielt weiter verwendet werden können. Die Situation (mit den Themen der Kinder, den festgestellten Kompetenzen, Fähigkeiten) sollte genau beschrieben werden.

Dokumentation und Analyse von Fotos und Videoaufnahmen

Auch das Filmen und Fotografieren ist eine wichtige Dokumentationsform. Es besteht allerdings die Gefahr, dass über die Aufnahmen nur ein Teil der ganzen Situation wiedergeben wird. Die Aufnahmen sollten ebenfalls schriftlich dokumentiert werden, um die damit verbundenen Geschichten, Hintergründe und Themen vollständig erfassen zu können.

Portfolio-Dokumentationen

Ein Portfolio beinhaltet die Bildungsbiographie eines Kindes bzw. macht diese nachvollziehbar. Alle relevanten Dokumente, die Aussagen zu Bildungs- und Entwicklungsprozessen von Kindern betreffen, werden in einem Portfolio strukturiert gesammelt. Portfolios können in Ordnern oder Mappen gesammelt werden. Im Unterschied zu bloßen Sammelmappen kommt den Portfolioinhalten eine bestimmte Bedeutung innerhalb des Bildungs- und Entwicklungsprozesses der Kinder zu. Den vielfältigen Materialien des Kindes (Bilder, Zeichnungen, gebastelte Werke) werden kurze Reflexionen beigefügt, die z.B. Aussagen der Kinder über ihre Werke beinhalten.

3.8 Schulfähigkeit

Als „schulfähig" bezeichnet man ein Kind, das in der Lage ist, den Bildungsgang einer Schule mit all seinen inhaltlichen und sozialen Anforderungen zu bewältigen. Der Begriff der Schulfähigkeit hat den Begriff der **Schulreife** ersetzt. Beim Begriff der Schulreife ging man davon aus, dass die Voraussetzungen für den Schulbesuch bei einem Kind von selbst reifen. Heute weiß man, dass die sozialen Erfahrungen und Anregungen in den ersten 6 Lebensjahren eine wichtige Rolle für die Ausbildung der Schulfähigkeit spielen. Schulfähigkeit ist das Ergebnis eines langen Entwicklungsprozesses, an dem die Familie und Kindertageseinrichtungen mit beteiligt sind. Die Schulfähigkeit kann somit nicht einseitig auf ein Kind und seine Fähigkeiten bezogen werden.

Grundschulfähigkeit

Wichtige Bereiche, die bei der Grundschulfähigkeit eine Rolle spielen: Sozialverhalten, körperliche Entwicklung, psychische Entwicklung, emotionale Entwicklung, sprachliche Entwicklung, kognitive Entwicklung, die Bereitschaft des Kindes für die Schule, Selbstständigkeit, Selbstvertrauen, Bereitschaft und Fähigkeit zur Übernahme von Aufgaben.

Werden Kinder anhand dieser Bereiche beurteilt, ergibt sich ein einigermaßen umfassendes Bild von den Fähigkeiten eines Kindes. Daneben können aber noch weitere, tiefergehende Schwerpunkte bei der Beurteilung der Schulfähigkeit in den Blick genommen werden, die ▶ sog. Vorläuferfähigkeiten.

Sonderschulfähigkeit
Bei der Sonderschulfähigkeit wird davon ausgegangen, dass ein Kind den Bildungsgang einer Förderschule bewältigen kann.

Inwieweit ein Kind schulfähig sein muss oder ob die Institution sich nicht auf die Kinder einstellen muss, also mehr „kindfähig" werden muss, kann an dieser Stelle nicht vertieft werden. Aufgabe von Erzieherinnen ist es, mit den Eltern die Schulfähigkeit eines Kindes zu klären. Schulpflichtige Kinder, die nicht schulfähig sind, können auf Antrag „zurückgestellt" werden. Der Antrag auf Rückstellung kann bei der Schulleitung gestellt werden Alternativen sind die Grundschulförderklasse oder ein Schulkindergarten.

Einschulungstests, **Schulfähigkeitstests** oder **Schuleignungstests** sind Verfahren, die Aussagen über die Schulfähigkeit eines Kindes geben sollen.

Vorläuferfähigkeiten

Kinder benötigen Lernkompetenzen und grundlegende Fähigkeiten, wenn es um das Lernen von Lesen, Schreiben und Rechnen geht. Die Voraussetzungen werden vor Beginn der Schule geschaffen und Vorläuferfähigkeiten genannt.

Für den Bereich des Lesen- und Schreibenlernens ist als Vorläuferfähigkeit die phonologische Bewusstheit von Bedeutung, in der Mathematik das mengen- und zahlenbezogene Vorwissen. Dabei geht es für Kindertageseinrichtungen nicht um das isolierte Fördern dieser Fähigkeiten, sondern darum, für diese Bereiche bei den Kindern ein grundlegendes Interesse zu wecken, z. B. über ▶ sprachliche Bildung – Literacy.

– **Phonologische Bewusstheit**: Kinder wenden ihre Aufmerksamkeit der formalen Struktur der Sprache zu. Wörter können in Silben gegliedert, Reime können erkannt und Laute können herausgehört werden. Über diese Fähigkeiten können Rechtschreib- und Leseleistungen vorhergesagt werden. Zur Erfassung dieser Fähigkeiten können Testverfahren herangezogen werden.

– **Mengen- und zahlenbezogenes Wissen**: Kinder bilden Serien (ordnen z. B. nach Größen), vergleichen Mengen und Längen, können zählen und einfache Aufgaben rechnen. Diese Fähigkeiten können ebenso über Testverfahren erfasst werden.

Transition und Resilienz

► Schulfähigkeit ist auch in Zusammenhang mit der Bewältigung des Übergangs von der Kindertageseinrichtung in die Schule zu sehen. Die Kinder müssen im Zusammenspiel mit Eltern, Erzieherinnen und Lehrerinnen den Übergang bewältigen (► Transition) und benötigen dafür Kompetenzen und eine psychische Widerstandsfähigkeit (► Resilienz), die helfen können, mit der Übergangssituation positiv umzugehen.

4. Pädagogischer Rahmen – Konzepte und Pläne – Einrichtungen für Kinder

4.1 Pädagogische Ansätze und Handlungskonzepte

Pädagogische Ansätze und Handlungskonzepte formulieren ihre jeweilige Sichtweise vom ► Bild des Kindes, welche Betreuung dafür erforderlich ist, was ► Erziehung leisten kann und soll und dementsprechend, welche ► Bildungsangebote für Kinder wichtig sind. Diese Aspekte sind in der Kindertageseinrichtung aufeinander abgestimmt und verpflichtend in einer schriftlichen ► Konzeption festgehalten.

Pädagogische Handlungskonzepte

Bewegungskindergarten

Das Konzept des Bewegungskindergartens (Zimmer 2001) geht von einer ganzheitlichen Sichtweise des Kindes aus. Denken, Fühlen, Handeln und Sich-Bewegen gehören eng zusammen. Der Bewegung und den Körpererfahrungen kommt bei der Entwicklung der Kinder eine besondere Rolle zu. Sie stellen die Basis der kindlichen Entwicklung dar. Ausgangspunkt ist ein ► Bild vom Kind, das vom eigenaktiven und selbsttätigen Kind ausgeht.

Über Bewegung kommen Kinder mit sich und mit der Umwelt in Kontakt, sind aktiv und können Dinge herstellen, erfahren Gefühle über den Körper und können Gefühle ausdrücken, erkunden ihre Umwelt und erfahren Grenzen. Im pädagogischen Alltag kommt dementsprechend der Bewegung und dem Spiel eine wesentliche Rolle zu. Über die Selbsttätigkeit entwickeln sich die Kinder, machen Lernerfahrungen. Die Erzieherinnen haben u. a. die Aufgabe, die entsprechende Umgebung zu schaffen.

Freinet-Pädagogik

Die Freinet-Pädagogik wurde in den 20er Jahren von Célestin Freinet (1896–1966) in Frankreich als Gegenmodell zur traditionellen Schule entwickelt. In den 1970er Jahren der damaligen BRD fand ein Übertrag in die Kindergartenarbeit statt (Klein 2002). Das ► Bild vom Kind geht davon aus, dass das Kind ein sich aktiv in die Umwelt entwickelndes, forschendes Wesen ist. Kinder lernen eigenaktiv über das Forschen, Experimentieren – nicht in strukturierten Lernsituationen, sondern in Alltagsbereichen. Aufgabe der Erziehenden ist es, zum einen eine Grundhaltung zum Kind zu entwickeln, die geprägt ist von Vertrauen in die Entwicklungskompetenz des Kindes. Das Kind, nicht die Erziehenden stehen im Mittelpunkt, was bedeutet, dass Macht abgegeben und Beteiligung der Kinder gefördert werden muss.

Die Gestaltung einer entwicklungsfördernden Umgebung ist eine weitere Aufgabe der Erziehenden: Die Kinder dürfen im offenen Haus Ort und Material frei wählen, müssen aber gleichzeitig dafür Verantwortung übernehmen. Entwicklungs- und Lernfelder sind Werkstätten, die Küche und viele Alltagsverrichtungen

Montessori-Pädagogik

Maria Montessori (1870–1952) entwickelte ihr Konzept aus der Arbeit mit Kindern in einem italienischen Elendsviertel. Im Mittelpunkt steht bei der Montessori-Pädagogik (Steenberg 2002) die Entwicklung des Kindes, die einem in jedem Kind angelegten inneren Bauplan folgt. Montessoris Bild vom Kind ist geprägt von der Auffassung, dass jedes Kind „Baumeister seiner selbst" ist. Sie sah eine Gefahr darin, dass dieser innere Bauplan durch das unsachgemäße Handeln von Erwachsenen beeinträchtigt wird.

Nach Montessori gibt es sensible Phasen in der Entwicklung, in denen bestimmte Fähigkeiten erworben werden können

- 0–3 Jahre. Gesteigerte Aufnahmebereitschaft und -fähigkeit für Umwelteinflüsse und Sinneserfahrungen. Sensibilität für Bewegung.
- 18 Monate–3 Jahre: Sensibilität für Sprache
- 18 Monate bis 4 Jahre: Sensibilität für Bewegung, Entwicklung der Muskulatur, Interesse an Gegenständen
- 2–4 Jahre: Entwicklung von Vorstellungen über Raum und Zeit, Verfeinerung von Bewegungen, Thema Wahrheit und Wirklichkeit
- $2\frac{1}{2}$ bis 6 Jahre: Verfeinerung der Wahrnehmungen
- 3–6 Jahre: Empfänglichkeit für Einflüsse der Erwachsenen
- $3\frac{1}{2}$–$4\frac{1}{2}$ Jahre: Schreiben und Zeichnen
- 4–$4\frac{1}{2}$ Jahre: Entwicklung des Tastsinns
- $4\frac{1}{2}$–$5\frac{1}{2}$ Jahre: Entwicklung des Lesens

Anliegen der Montessori-Pädagogik ist es, dem Kind entsprechend seiner vorhandenen Anlagen zu einer normalen Entwicklung zu verhelfen. Maria Montessori entwickelte didaktische Arbeitsmaterialien mit dem Ziel, die Selbstständigkeit und Selbsttätigkeit des Kindes zu fördern. Die ► Sinneswahrnehmung als Voraussetzung für die begriffliche Wahrnehmung spielt dabei eine zentrale Rolle. Das Material soll die komplexe Realität reduzieren (es gibt Materialien für verschiedene Sinnesbereiche, für Übungen des täglichen Lebens, Sprache, Mathematik und kosmische Erziehung) und bestimmte Lernaktivitäten fördern. Von Bedeutung ist die Rolle der Erzieherin: Die nach Montessori „neue Lehrerin" steht neben dem Kind, nicht darüber. Sie ist Beobachterin, um im richtigen Moment dem Kind z. B. Materialien anzubieten. Durch eine vorbereitete, d. h. eine gepflegte, stille, geordnete Umgebung, ruhige Arbeitsplätze, Raum zum Bewegen, bereitgestelltes Montessori-Material, soll die Kreativität des Kindes geweckt und damit die Entwicklung gefördert werden. – „Hilf mir, es selbst zu tun" – die Erzieherin nimmt sich dabei zurück und hilft dem Kind, sich selbst zu entwickeln. Montessori-Erzieherinnen benötigen eine Zusatzausbildung mit Diplom.

Offene Arbeit bzw. offener Kindergarten

Das Konzept der offenen Arbeit bzw. des offenen Kindergartens wurde in den 1970er Jahren in der damaligen BRD aus der Praxis heraus entwickelt (Regel/Kühne 2001). Grund war die Unzufriedenheit mit bestehenden Verhältnissen in der Kindergartenarbeit. Traditionelle Gruppenstrukturen und Raumkonzepte werden in der offenen Arbeit unterschiedlich weit aufgelöst. Funktionsräume und/oder Bewegungsbaustellen wurden statt geschlossener Gruppenräume entwickelt. Ziel ist es, den Kindern mehr Bewegungs- und Entdeckungsraum zugeben. Ein weiterer Aspekt ist die Öffnung nach außen in den Stadtteil. Regel/Kühne beschreiben das ▶ Bild vom Kind in der offenen Arbeit wie folgt: Das Kind ist ein autonom handelndes Subjekt, das seine Identität durch seine Wirklichkeitskonstruktion entwickelt. Dabei ist es Akteur seiner Entwicklung. Aufgabe der Erzieherinnen ist, eine verstehende und einfühlende Haltung zu entwickeln, um damit die Kinder beim eigenverantwortlichen Handeln zu begleiten und zu ermutigen. Die Kinder können sich eigenverantwortlich für oder gegen Spielorte, Spielpartner und Aktivitäten entscheiden. Eine weitere Aufgabe ist die Organisation und Planung des offenen Arbeitens.

Reggio-Pädagogik

Die Reggio-Pädagogik entwickelte sich seit 1945 in der norditalienischen Stadt Reggio Emilia durch eine einmalige Zusammenarbeit von Bürgerinnen und Bürgern mit Pädagoginnen, Politikerinnen und Politikern und vielen anderen mehr. Basis ist ein gemeinsames Verständnis von Erziehung als Aufgabe aller Bürgerinnen und Bürger (Ullrich/Brockschnieder 2001). Grundanliegen der Reggio-Pädagogik ist die Entwicklung des Kindes in einem gemeinsam gestalteten Kommunikationsprozess zwischen Kind, Eltern und Erziehenden. Loris Malaguzzi (1920–1994) hatte wesentlichen Anteil an der theoretischen Fundierung der Reggio-Pädagogik. Er ging davon aus, dass Kinder hundert Sprachen haben, von denen ihnen 99 geraubt werden.

Ausgangspunkt ist das folgende► Bild vom Kind: Das Kind wird als vollwertiges soziales Wesen gesehen, das danach strebt, sich zu entwickeln. Es forscht und entdeckt und konstruiert aktiv sein Wissen. Dementsprechend versteht sich die Reggio-Kindertagesstätte als Lern- und Bildungsort, an dem die Kinder fragen, forschen, überprüfen können. ► Lernen wird als aktiver Prozess verstanden, der von den Erziehenden begleitet wird. Die Haltung der Erziehenden: Freudig, engagiert, verstehend, wertschätzend und neugierig soll den Kindern begegnet werden. In den Kindertagesstätten wird in altershomogenen Gruppen gearbeitet. Weniger freies Spiel, sondern mehr thematische Angebote und Projekte bestimmen den pädagogischen Tageslauf. ► Dokumentationen spielen in der Reggio-Pädagogik eine wichtige Rolle. In einer Dokumentationsmappe wird die Lern- und Entwicklungsgeschichte eines Kindes festgehalten.

Situationsansatz

Der Situationsansatz als eigenständiges sozialpädagogisches Konzept für den Kindergarten wurde in den 70er Jahren vom Deutschen Jugendinstitut (DJI) in Zusammenarbeit mit Modelleinrichtungen entwickelt. Auslöser war die Kritik an traditionellen Kindergartenkonzepten und die Auseinandersetzung mit antiautoritären ► Kinderläden. Der Situationsansatz ist nicht mit dem situativen Arbeiten und dem ► Situationsorientierten Ansatz nach Armin Krenz zu verwechseln.

Durch den Situationsansatz sollen die Kinder befähigt werden, Lebenssituationen autonom (selbstbestimmt und eigenständig), solidarisch (gemeinschaftsfähig) und kompetent (mit Wissen) zu bewältigen.

Ausgangspunkt sind dabei für die Kinder bedeutsame Situationen, aus denen die Lerninhalte abgeleitet werden. Seine Kompetenzen soll das Kind dabei in realen Situationen und Erfahrungszusammenhängen und nicht in künstlichen Lernarrangements (z. B. Sprachförderkurse) erwerben.

Prinzipien des Situationsansatzes sind: offene Planung, Altersmischung, Öffnung nach innen, Öffnung nach außen, Verbindung von Einrichtung und Gemeinwesen, Partizipation, Mitwirkung von Eltern, ► Interkulturelles Lernen. Das ► Bild vom Kind im Situationsansatz: Die Kinder haben Kompetenzen, ihre Umwelt zu beeinflussen und zu gestalten und sind somit in der Lage, ihre Entwicklung aktiv zu steuern.

Aufgabe der Erzieherinnen ist es, die für die Kinder bedeutsamen Situationen herauszuarbeiten und die herausgearbeiteten Lernziele planerisch (1. Situationsanalyse mit Auswahl einer bedeutsamen Situation, 2. Zielerarbeitung, 3. Umsetzung, 4. Auswertung) und methodisch umzusetzen. ► Projekte, ► Angebote, die Materialauswahl und die Raumgestaltung spielen hierbei eine wichtige Rolle. Die Erzieherinnen sind begleitend und unterstützend tätig und sorgen dafür, dass die Kinder selbstbestimmt und eigenaktiv lernen und forschen können.

Situatives Arbeiten wird oft mit dem Situationsansatz oder situationsorientierten Ansatz verwechselt. Situatives Arbeiten hat kein pädagogisches Konzept als Grundlage, sondern ist im Grund eine logische und spontane Reaktion auf Bedürfnisse und Wünsche der Kinder. Beispiel: Die Erzieherin geht mit den Kindern in den Hof, um dem Müllauto bei der Entsorgung des Mülls zuzuschauen.

Situationsorientierter Ansatz (SOA)

Der SOA nach Armin Krenz sieht sich als eigenständiger Ansatz (Krenz 2004). Ziel des SOA ist, dass Kinder Lebensereignisse und erlebte Situationen nacherleben, verstehen und aufarbeiten können, um ihr gegenwärtiges Leben verstehen und praktische Situationen bewältigen können. Im Mittelpunkt stehen die Erfahrungen und Erlebnisse der Kinder. Die Kinder sollen lebenspraktische Kompetenzen aufbauen und erweitern, Erfahrungshorizonte vergrößern, ihre Selbstständigkeit weiterentwickeln und sich als ein Teil ihrer Umwelt verstehen.

In der praktischen Arbeit soll sich der SOA in einer sog. Schrittfolge vollziehen:

1. Vergegenwärtigung der Lebensbereiche der Kinder und ihres Umfeldes
2. Sammlung von Situationen
3. Analyse der Situationen und ihrer Zusammenhänge
4. Auswahl von Situationen
5. Planung eines Projekts mit Kindern
6. Gemeinsame Durchführung des Projekts
7. Auswertung des Projekts

Das Lernen der Kinder soll handlungs- und erfahrungsbezogen stattfinden, und zwar indem die Situationen mit den Lebensbereichen (z. B. Familie, Technik, Natur, Religion) vernetzt werden.

Das ▶ Bild vom Kind: Das Kind ist ein kompetentes Wesen, das die Fähigkeit zur Entwicklung in sich trägt und sich in der Auseinandersetzung mit der Umwelt entwickelt.

Aufgabe der Erzieherin: Entwicklungsbegleitung der Kinder, erarbeitet mit Kindern Ideen, schafft Handlungsfreiräume, ist neugierig, hat eine positive Grundhaltung, hat den Blick in das Gemeinwesen.

Waldkindergarten

Das Konzept der Waldkindergarten wurde in Dänemark entwickelt und wird seit den 90er Jahren in Deutschland umgesetzt (Schede 2000). In der Regel sind es Elterninitiativen, die eine Alternative zu den ihrer Meinung nach zu naturfernen Kindergärten suchen. Lern- und Lebensort ist der Wald, als Anlaufstelle kann ein Holzhaus oder ein Bauwagen dienen. Im Waldkindergarten soll ein natürlicher Bezug zur Natur hergestellt werden. Von dieser Grundannahme aus entwickelten sich viele Waldkindergärten mit unterschiedlichen Schwerpunkten: ► Sinneswahrnehmung, ► motorische Entwicklung und soziales Lernen können als übergreifende Schwerpunkte gelten. Kritik: Durch Festlegung auf Bereiche Wald, Natur findet ein Ausschluss von wichtigen Themen wie z. B. ► Medienbildung statt.

Waldorfpädagogik

Die Waldorfpädagogik wurde von Rudolf Steiner (1861–1925) in Deutschland entwickelt. Ursprünglich als Schulkonzept entstanden, wurde es in den 20er Jahren auf Kindergärten übertragen (Saßmannshausen 2003). Die Waldorfeinrichtungen befinden sich in der Regel in der Trägerschaft von Vereinen. Das ► Bild vom Kind geht davon aus, dass der Mensch eine unverwechselbare und einmalige Individualität ist. Die körperliche und seelische Entwicklung des Kindes vollzieht sich dabei Gesetzmäßigkeiten folgen. Zentral ist die Bedeutung des Spiels in der Waldorfpädagogik. Im Spiel offenbart das Kind sein Wesen, seine Persönlichkeit und es verbindet sich im sinnlichen Tun mit der Welt. Dabei benötigt das Kind eine Umgebung, die ihm Ordnung und Sicherheit gibt. Materialien müssen möglichst einfach und ohne bestimmte Funktion sein. So sind einfache Holzklötze einem aufziehbaren Spielzeugauto vorzuziehen. Von Bedeutung ist weiterhin die Gestaltung der Zeit. Der Tages-, Monats- und Jahreslauf gliedert sich in eine Sicherheit gebende Grundordnung, in einen bestimmten Rhythmus. Die Verrichtung von Alltagstätigkeiten ist ein weiterer Schwerpunkt. Aufgabe der Erzieherinnen ist zum einen die Vorbildfunktion, um die Kinder zur Nachahmung anzuregen. Weiter sorgen sie für eine räumliche Umgebung, in der die Kinder im Spiel sinnliche Lernerfahrungen machen können.

Weitere Ansätze der Erziehung – pädagogische Richtungen

Antiautoritäre Erziehung

Die antiautoritäre Erziehung entstand Ende der 60er Jahre in der damaligen BRD aus der Studentenbewegung, die gegen bestehende Gesellschafts- und Machtverhältnisse rebellierte. Die antiautoritäre Erziehung war die Antwort auf die damaligen Erziehungsstile, denen vorgeworfen wurde, dass sie die Persönlichkeit des Kindes unterdrücken und damit zu den kritisierten Gesellschafts- und Machtverhältnissen beitragen. Dementsprechend lauteten die Ziele der antiautoritären Erziehung: Entwicklung einer gesellschaftskritischen und freien Persönlichkeit, Förderung der psychischen Unabhängigkeit einer Person, Konflikt- und Kritikfähigkeit. Zentrales Element in der antiautoritären Erziehung war die möglichst weitgehende Bedürfnisbefriedigung und Selbstverwirklichung der Kinder, ohne den Druck durch die Erwachsenen. Aus dieser Bewegung gingen in der damaligen Kindergartenlandschaft die ► Kinderläden, aber auch Elterninitiativen hervor.

Antipädagogik

Die Antipädagogik entstand in den 1970er Jahren als wissenschaftliche Theorie und als ein praktischer Handlungsansatz im Umgang zwischen Eltern und Kindern. Nicht zu verwechseln ist die Antipädagogik mit der antiautoritären Erziehung. Die damals gängigen Erziehungsvorstellungen wurden von der Antipädagogik radikal kritisiert. Ziel war es, einen Gegenpol zu den damaligen Erziehungsmodellen zu entwickeln. Sie wandte sich gegen alle Regeln und Zielvorstellungen der damaligen Pädagogik, weil sie ihr unterstellte, die Kinder nur beherrschen und manipulieren zu wollen. Die Antipädagogik wollte aus den hierarchischen Strukturen der herkömmlichen Pädagogik ausbrechen, trat dagegen für die Selbstbestimmung und damit für die Emanzipation der Kinder ein. Ausgangsbasis war die These, dass Kinder grundsätzlich gut sind (Alexander S. Neill) und sie einen Anspruch darauf haben, für sich Verantwortung zu übernehmen. Daraus folgte der Grundsatz des gleichberechtigten, demokratischen Umgangs zwischen Kindern und Eltern.

Erlebnispädagogik

Als Begründer der Erlebnispädagogik gilt Kurt Hahn (1886–1974). Er entwickelte ein Konzept der „Erlebnistheorie" für unterprivilegierte Jugendliche. In den 1980er Jahren wurde die Idee der Erlebnispädagogik neu aufgegriffen. Konzepte der Erlebnispädagogik sind ursprünglich nicht für die Kindertagesbetreuung entwickelt worden. Erziehungshilfe und die Jugendarbeit sind klassische erlebnispädagogische Bereiche.

Ziele der Erlebnispädagogik:
– Entwicklung von Selbstvertrauen und Eigeninitiative
– Förderung der Wahrnehmungsfähigkeit
– Selbsterfahrung
– Soziales Lernen

Erlebnispädagogische Aktivitäten sind z. B.: Klettern, Kanu-Fahren, Segeln. Erlebnispädagogische Elemente können auf Kindertageseinrichtungen übertragen werden. Dabei geht es um die Schaffung von herausfordernden, nicht aber überfordernden Erlebnis- und Erfahrungsräumen in und außerhalb der Kindertageseinrichtung. Dies können anregend und auch herausfordernd gestaltete Außenbereiche (mit Sträuchern, Mulden, Materialien etc. sein), Ausflüge in den Wald mit Hindernisparcours oder der Besuch einer Kletteranlage sein.

Geschlechtsspezifische Erziehung

Geschlechtsspezifische Erziehung, in unklarer Abgrenzung zur ▶ Sexualerziehung, ist ein wichtiger Aspekt der Arbeit in Kindertageseinrichtungen, verankert im ▶ Kinder- und Jugendhilfegesetz (KJHG), §9 (3). Eindeutig ergibt sich der Auftrag, unterschiedliche Lebenslagen von Mädchen und Jungen zu berücksichtigen und die Gleichberechtigung von Mädchen und Jungen zu fördern. Eine Konsequenz: Die konzeptionelle Verankerung von Mädchen- und Jungenarbeit im gemischtgeschlechtlichen Alltag in den Einrichtungen. Dies setzt voraus, dass sich Erzieherinnen und Erzieher ihrer eigenen ▶ Geschlechtsidentität bewusst sind und ihr eigenes Geschlechtsrollenverhalten reflektieren. Geschlechtsspezifische Erziehung soll den positiven und verantwortungsvollen Umgang mit dem eigenen und anderen Geschlecht ermöglichen. Dazu gehört die Vermittlung von Sachinformationen sowie die die Ermöglichung von Rollen überschreiten den Erfahrungen. Grundsatzziel ist die Stärkung des Selbstwertgefühls von Mädchen und Jungen über die Entwicklung einer ▶ Geschlechtsidentität.

Ziele in der geschlechtsspezifischen Erziehung, die altersgerecht differenziert werden müssen: Gefühle zeigen und beschreiben, Grenzen setzen und Nein-Sagen lernen, sich in andere einfühlen können, Risiken von Sexualität kennen, Wissen vermitteln, Verhütungsmethoden aufzeigen, geschlechtsbezogene Verhaltenmuster aufzeigen und hinterfragen, Schönheitsideale hinterfragen.

Sexualerziehung

Sexualerziehung wird in der Literatur uneinheitlich definiert. Zum einen findet man Ansätze einer Sexualerziehung im engeren Sinn, die vor allem die körperliche Komponente in den Mittelpunkt stellt. Dazu gehört die Aufklärung über körperliche Funktionen, über Zeugung und Geburt. Sexualerziehung im weiteren Sinne bezieht über die reine Aufklärung soziale und emotionale Komponenten mit ein. Ziele einer Sexualerziehung im weiteren Sinn sind u. a. die Kenntnis über Körperfunktionen, die Entwicklung eines positiven Körpergefühls, die Bejahung der eigenen Sexualität, eigene Grenzen in der Sexualität erkennen, die Auseinandersetzung mit Gefühlen, das Wissen über Risiken der Sexualität, die Reflexion des Umgangs mit Sexualität in der Gesellschaft bis hin zur Auseinandersetzung

mit Geschlechtsrollen. Spätestens hier sind die Grenzen zur ▶ geschlechtsspezifischen Erziehung verschwommen.

Intergenerative Pädagogik

Die intergenerative (= generationenübergreifende) Pädagogik ist ein
neuer Bereich in der Arbeit von Kindertageseinrichtungen mit dem Anliegen, die Begegnung zwischen Kindern und Senioren zu fördern. Koopera-
tionspartner sind i. d. R. Senioreneinrichtungen. Ziel der intergenerativen
Pädagogik ist ein gegenseitiges Verständnis zwischen den Generationen.
Von Bedeutung ist die Herstellung einer dauerhaften Beziehung zwischen
Kindern und alten Menschen. Aktivitäten von Senioren für Kinder (Vorlesen, Erzählen), gemeinsame Aktivitäten (Ausflüge, Backen) oder Aktivitäten von Kindern für Senioren (z. B. Vorsingen, Vorspielen) können je nach
konkreter Zielsetzung Schwerpunkte in der praktischen Arbeit sein.

Interkulturelle Erziehung

Grundsätzliches Ziel der interkulturellen Erziehung (oder multikulturellen
Erziehung) ist die Integration von Kindern mit verschiedenen kulturellen
Hintergründen, nicht die bedingungslose Eingliederung in die Gesellschaft
unter Aufgabe der eigenen sozialen und kulturellen Identität. Deutsche und
nichtdeutsche Kinder werden gemeinsam erzogen mit dem Ziel, dass die soziale und kulturelle Eigenständigkeit der nichtdeutschen Kinder erhalten
bleibt bzw. gefördert wird. Im Besonderen geht es darum, einen Umgang
mit Fremdheit im gemeinsamen, interkulturellen Lernen zu finden.

Ausgangspunkt dieser Zielsetzung ist die **Kulturkontaktthese,** die besagt,
dass das Zusammenleben von Menschen aus unterschiedlichen Kulturen
einen Lernprozess bei allen Mitgliedern dieser neu zusammengesetzten
Gesellschaft auslöst. Dabei sind alle Kulturen gleichberechtigt.

Interkulturelle Erziehung unterscheidet sich wesentlich von kompensato-
rischen (ausgleichenden) Ansätzen, die ausländische Kinder an die deutsche Gesellschaft anpassen wollen. Die Kinder und ihre Familien werden
hierbei nur defizitär gesehen.

Ziele der interkulturellen Erziehung:

– Begegnungsformen zwischen den Kulturen entwickeln und anbieten
– Verständnis wecken für die unterschiedlichen Perspektiven aus den
  Kulturen heraus
– Wertschätzung und Respekt für die Kulturen und Menschen entwickeln
– Konflikte, die sich aus der Verschiedenheit ergeben, konstruktiv und
  friedlich lösen
– Respekt vor allen Menschen, egal aus welcher Kultur sie kommen, wel-
  che Hautfarbe sie haben etc.

– Widersprüche im Zusammenleben der Kulturen aushalten
– Vorurteile abbauen

Pädagogischer Ansatz nach Friedrich Fröbel

Friedrich Fröbel (1782–1852) als Begründer des Kindergartens ist mit seiner Pädagogik nicht im Blickfeld einer weiten Fachöffentlichkeit. Der Begriff Kinder-„Garten" war bewusst von Fröbel gewählt, da er die Kinder mit der gleichen Sorgfalt erziehen wollte, wie ein guter Gärtner im Einklang mit der Natur seine Pflanzen pflegt. Seine Ideen wurden, wenn überhaupt, nur selten oder vereinfacht in Konzepte aufgenommen. Es gibt bis heute keine Übertragung seiner Inhalte in ein aktuelles pädagogisches Gesamtkonzept. Dabei würde deutlich werden, wie aktuell die Grundannahmen Fröbels sind (Ebert 2003). Fröbel beschrieb eine ganzheitliche Pädagogik, die als Ziel den freien, denkenden und selbsttätigen Menschen hat. Fröbel sah ein Kind nicht als leeres Gefäß, sondern er wollte freie und selbsttätige Menschen bilden. Ihre Erfahrungen sollten die Kinder aus dem selbsttätigen Tun in verschiedenen Bereichen gewinnen. Musik, Bewegung, Sprache, Natur, ► Sinneswahrnehmung und Malen sind Erfahrungsbereiche. Zentral ist seine Beschreibung des freien und selbsttätigen ► Spiels als Selbstbildungstätigkeit, die einen Rahmen durch die Erziehenden erhält. Parallelen zur aktuellen Bildungsdebatte sind unverkennbar. Fröbel entwickelte Spielgaben, ein Lernmaterial, das systematisch aufeinander aufbaut. Das Konzept Fröbels bezieht die Eltern, die Öffentlichkeit und das Umfeld mit ein.

Spielzeugfreier Kindergarten

Die Idee des spielzeugfreien Kindergartens entstand aus einem Projekt zur Suchtprävention. Der spielzeugfreie Kindergarten wendet sich nicht generell gegen Spielzeug. In einem bestimmten Zeitraum (z. B. drei Monate) wird das Spielzeug entfernt und auf strukturierte Angebote der Erzieherinnen verzichtet. Materialien und Werkzeug sind vorhanden. Ziel ist es, den Kindern in der Projektphase Freiräume zu ermöglichen, in denen sie ihre eigenen Bedürfnisse entdecken und umsetzen können. Dies ist wiederum die Grundlage für eine gelingende Persönlichkeitsentwicklung und für die Herausbildung eines Selbstwertgefühls.

Umwelterziehung

Umwelterziehung oder auch Umweltbildung. Der Auftrag zur Umwelterziehung ist verankert im ► SGB VIII § 1 (3): *Jugendhilfe soll (…) 3. dazu beitragen (…) eine kinderfreundliche Umwelt zu erhalten und zu schaffen.* Umwelt ist zu definieren als natürliche Umwelt und als die von Menschen geschaffene und gestaltete Umwelt (Technik, Stadt, Verkehr). Ziele: Entdeckung, Verstehen und damit verantwortungsvolles Handeln mit und in der Umwelt. Umwelterziehung versteht sich als ganzheitliche Erziehung, die alle Sinne des Kindes ansprechen soll. Aspekte der Umwelterziehung in der Praxis: Umweltfreundliche Betriebsführung (z.B. Energiesparen, umweltfreundliche Materialien), Naturerlebnisse ermöglichen (Spaziergänge, Walderkundung, Spiele in der Natur), Marktbesuch, Gestaltung des Außenbereiches, Wissen um Zusammenhänge vermitteln, Erforschen (z. B. der Stadt, Wasserwerk besuchen), Experimentierbereich in der Kindertageseinrichtung, Museumsbesuch.

Vorurteilsbewusste Erziehung

Vorurteile sind ohne die tiefgehende Prüfung von Fakten gefasste Meinungen. Sie sind einem Menschen oft nicht bewusst, wirken sich aber trotzdem auf das Denken und Handeln aus. Vorurteile zeigen sich in Eigenschaftszuschreibungen für Personen, Geschlechter oder ganze Personen- oder Bevölkerungsgruppen. Das Konzept der vorurteilsbewussten Erziehung wurde an der Freien Universität Berlin entwickelt und wird unter dem Namen „Kinderwelten" in Berlin in die Praxis umgesetzt (Preissing). Die vorurteilsbewusste Erziehung will der Ausgrenzung und der Stigmatisierung von Menschen aufgrund von Vorurteilen entgegenwirken. Kinder sollen sich auf der Basis eines tiefgehenden Wissens fundierte Urteile über Situationen und Menschen bilden können. Toleranz, Akzeptanz und Wertschätzung gegenüber anderen Menschen und Kulturen soll damit gefördert werden.

Den Kindertageseinrichtungen kommt dabei eine wichtige Rolle zu, da zum einen schon Kinder Vorurteile übernehmen und gleichzeitig durch das Aufeinandertreffen von Kindern und Eltern aus verschiedenen Kulturen Vorurteile entstehen und aufeinandertreffen können. Vorurteilsbewusste Erziehung ist somit auch im Zusammenhang mit der ▶ interkulturellen Erziehung zu sehen. Gleichzeitig bietet eine Kindertageseinrichtung vielfältige Möglichkeiten, sich Vorurteile bewusst zu machen.

Ausgangsbasis für eine vorurteilsbewusste Erziehung ist die Reflexion der Erzieherinnen über ihre eigenen Vorurteile, über die Art und Weise, wie sie selbst zu Urteilen über ihre Umwelt kommen und wie ihre eigenen Vorurteile die pädagogische Arbeit beeinflussen.

In der pädagogischen Arbeit geht es dann darum, dass sich Erzieherinnen und Eltern bewusst begegnen, kennen- und verstehen lernen und sich über ihre Erziehungsziele austauschen. Eltern können an der Gestaltung des Alltags beteiligt werden, bringen sich und ihre Kultur mit ein und zeigen den Kindern oder auch anderen Eltern die Vielfalt der Kulturen, was wiederum zum gegenseitigen Verstehen und Respektieren beitragen kann. In der täglichen Arbeit mit den Kindern reflektieren die Erzieherinnen mit den Kindern die Gemeinsamkeiten und Unterschiede zwischen den Kulturen, Geschlechtern, Gruppen etc., zeigen kindgerecht Hintergründe auf und reagieren auf von Kindern geäußerte Vorurteile.

4.2 Bildungsberichte

Nationale Bildungsberichte
Bildungsbericht für Deutschland
Der Bildungsbericht für Deutschland wurde von einem unabhängigen Konsortium erstellt, unter Federführung des Deutschen Instituts für Internationale Pädagogische Forschung (DIPF). Der Auftrag kam von der Kultusministerkonferenz (KMK). Untersucht werden sollte das allgemein bildende Schulwesen. Der Bericht bereitet Daten auf, geht auf Untersuchungen wie ▶ PISA und ▶ TIMSS ein und gibt Empfehlungen zur Weiterentwicklung des Bildungssystems.

Delphi-Studien/Delphi-Methode
Die Delphi-Methode ist eine Prognosemethode, basierend auf Expertenbefragungen, mit der zukünftige Entwicklungen in den unterschiedlichsten gesellschaftlichen Bereichen abgeschätzt werden können. Für die Delphi-Studie I (durchgeführt im Auftrag des Bundesministeriums für Bildung und Forschung), dem sog. **Wissens-Delphi**, wurden rund 500 Wissenschaftler aus den verschiedensten Fachgebieten befragt, wie sich ihrer Meinung nach etwa 800 Wissensgebiete zukünftig entwickeln werden. In der Delphi-Studie II, dem sog. **Bildungs-Delphi**, wurden die Expertinnen aufgefordert einzuschätzen, welche wichtigen Veränderungen in den unterschiedlichen Bildungsbereichen erfolgen müssen, damit den Anforderungen der Wissensgesellschaft entsprochen werden kann. Herausgehoben wurde dabei unter anderem die Wichtigkeit von neuen, selbst gesteuerten und selbstverantwortlichen Lernansätzen und die Bedeutung der Lernmotivation des Lernenden. Die Expertinnen legten folgende Kernkompetenzen dar, die im Jahr 2020 von hoher Bedeutung sein werden: Interkulturelle Kompetenz, psycho-soziale (humane) Kompetenz, Fremdsprachenkompetenz, lerntechnische/lernmethodische Kompetenz, Medienkompetenz, spezifische Fachkompetenz.

DJI-Kinderpanel
Das DJI-Kinderpanel ist eine im Jahr 2002 begonnene dreijährige Studie des Deutschen Jugendinstitutes (DJI), die sich mit dem Aufwachsen von

Kindern in der Gesellschaft beschäftigt. Über die drei Jahre sollen Entwicklungsverläufe nachgezeichnet werden, indem Kinder und Eltern befragt werden. Die Studie beschreibt Lebenslagen von Kindern und untersucht, wie unterschiedliche Lebenslagen Einfluss auf die Entwicklung von Kindern nehmen. Im Einzelnen wird gefragt, unter welchen Voraussetzungen Kinder Fähigkeiten entwickeln, Beziehungen aufbauen, Probleme lösen, Konflikte bewältigen und soziale Unterstützung geben oder nutzen. Gleichzeitig wird nach Risikofaktoren gefragt, die ein Problemverhalten bedingen könnten. Besondere Aufmerksamkeit richtet die Studie auf die Übergänge vom Kindergarten in die Grundschule und von der Grundschule in die Sekundarstufe.

Familienbericht

Die Familienberichte sollen dem Bundestag helfen, notwendige familienpolitische Entscheidungen vorzubereiten. Darüber hinaus gibt der Bericht der Praxis, auch Kindertageseinrichtungen, wichtige Anregungen. Der Bericht wird von einer Sachverständigenkommission erstellt. Die Berichte können sich auf Teilbereiche beschränken, jedoch soll jeder dritte Bericht die Situation der Familien umfassend darstellen.

Kinder- und Jugendbericht

Die Bundesregierung hat nach § 84 des ► SGB VIII in jeder Legislaturperiode dem Bundestag und dem Bundesrat einen Bericht über die Lage junger Menschen vorzulegen. Die Berichte setzen dabei unterschiedliche Schwerpunkte. Jeder dritte Bericht muss umfassend auf die Gesamtsituation der Jugendhilfe eingehen. Der Bericht muss von einer unabhängigen Sachverständigenkommision ausgearbeitet werden, der bis zu sieben Mitglieder angehören.

Nationaler Bildungsbericht

Das Deutsche Jugendinstitut (DJI) hat im Jahr 2004 im Auftrag des Bundesministeriums für Bildung und Forschung eine Konzeption für einen nationalen Bildungsbericht zur Bildung von Kindern und Jugendlichen vor und neben der Schule erarbeitet. In der Schrift „Konzeptionelle Grundlagen für einen Nationalen Bildungsbericht – Non-formale und informelle Bildung im Kindes- und Jugendalter", herausgegeben vom Bundesministerium für Bildung und Forschung, werden die konzeptionellen Grundlagen im Einzelnen beschrieben. Nach den Ergebnissen der ► PISA-Studie wird in Deutschland an einer nationalen Bildungsberichterstattung gearbeitet. Neben diesem Bildungsbericht gibt es einen weiteren Bildungsbericht zum Schwerpunkt Schule. Ebenso ist eine Konzeption zu einem Bildungsbericht zum Thema berufliche Bildung und Weiterbildung/Lebenslanges Lernen in Auftrag gegeben worden.

Internationale Studien/ Bildungsberichte

IGLU Studie

Die IGLU (Internationale Grundschule Lese Untersuchung) Studie vergleicht international (35 Länder) das Leseverständnis von Schülerinnen und Schülern der 4. Jahrgangsstufe. **IGLU/E** ist eine nationale Erweiterung der Studie. In zwölf Bundesländern werden Kompetenzen von Schülerinnen und Schülern im mathematisch-naturwissenschaftlichen Bereich erfasst.

IGLU ist eine Studie der International Association for the Evaluation of Educational Achievement (IEA).

Im Gegensatz zur PISA-Studie ergaben sich für Deutschland gute Ergebnisse. Die Kinder verfügen nach der Studie über vergleichbar hohe Lesekompetenzen.

PISA-Studie

Die PISA-Studie (**P**rogram for **I**nternational **S**tudent **A**ssessment) ist eine Leistungsmessung von 15-jährigen Schülerinnen und Schülern. Die Studie wird von der Organisation für wirtschaftliche Zusammenarbeit (OECD) durchgeführt mit dem Ziel, Daten zur Ressourcenausstattung, Funktions- und Leistungsfähigkeit der einzelnen Bildungssysteme der 32 Teilnehmerländer zu erhalten. Erfasst werden die Bereiche Lesekompetenz (Reading Literacy), mathematische Grundbildung (Mathematical Literacy), naturwissenschaftliche Grundbildung (Scientific Literacy) sowie fächerübergreifende Kompetenzen(Cross-Curricular-Competencies).

Die erste Erhebung (PISA 2000) fand im Jahr 2000 statt. Danach erfolgen weitere Erhebungen alle drei Jahre. In jeder Erhebung wird ein Bereich gründlicher untersucht. 2000 war der Hauptbereich die Lesekompetenz, 2003 die mathematische Grundbildung und 2006 wird die naturwissenschaftliche Grundbildung in den Mittelpunkt gestellt. Nach der Veröffentlichung der ersten Ergebnisse, die den deutschen Schülerinnen und Schülern im Vergleich zu anderen Ländern schlechte Kompetenzen beschied, wurde eine Bildungsdebatte in Deutschland ausgelöst, die das gesamte Bildungssystem bis in den Bereich der Kindertageseinrichtungen hinterfragte.

Starting strong

1998 beschlossen die Bildungsminister der Organisation für wirtschaftliche Zusammenarbeit und Entwicklung (**OECD**) eine Untersuchung zur Politik der frühkindlichen Betreuung, Bildung und Erziehung.

Die Studie „Starting strong I" wurde daraufhin im Jahr 2001 veröffentlicht und geht auf den Stand der Vorschulerziehung in zwölf Ländern (Australien, Belgien, Großbritannien, Dänemark, Finnland, Italien, Niederlande,

Norwegen, Portugal, Schweden, Tschechische Republik, USA) ein. Im Jahr 2004 beteiligten sich Deutschland und Österreich an der Studie „Starting strong II", in der das deutsche System der vorschulischen Kinderbetreuung international verglichen wird. Die Themen Qualitätsentwicklung und ein verbesserter Zugang zu Bildungs-, Erziehungs- und Betreuungsmöglichkeiten im Vorschulbereich sind Schwerpunkte in der Studie „Starting strong I". Es wird die Bedeutung der frühen Kindheit im Zusammenhang mit lebenslangem Lernen hervorgehoben. Des Weiteren wird auf innovative Modelle und Entwicklungen in einzelnen Ländern eingegangen.

Im Bereich von „Starting strong II" geht der Länderbericht Deutschland auf den Bereich der frühkindlichen Bildung, Erziehung und Betreuung ein. Der Länderbericht verknüpft die Erkenntnisse aus einem Besuch der OECD in Deutschland mit den Ergebnissen aus einem nationalen Hintergrundbericht. Der nationale Hintergrundbericht wurde vom Deutschen Jugendinstitut (DJI) im Auftrag des Bundesministeriums für Familien, Senioren, Frauen und Jugend erstellt. Inhalte des Berichtes sind u. a. Aussagen zur Kinderbetreuung in Deutschland, zu ihrer Geschichte, Konzepten, rechtlichen Grundlagen, zur Qualität, zum Personal und zur Finanzierung.

Timss

Timss (**T**hird **I**nternational **M**athematics and **S**cience **S**tudy – Dritte Internationale Mathematik- und Naturwissenschaftsstudie) ist eine Bildungsstudie, die auf internationaler Ebene in 46 Ländern Schulleistungen im mathematischen und naturwissenschaftlichen Bereich untersucht und vergleicht. Innerhalb von **Timss** wurden drei Altersgruppen untersucht: Grundschule (Timss/Population I), Sekundarstufe (Timss/Population II) sowie die Sekundarstufe II (Timss/Population III). Deutschland beteiligte sich an den Studien Timss II und Timss III.

4.3 Bildungsbereiche

Ästhetische Bildung

Ästhetische (griech. aisthesis = sinnliche Wahrnehmung) Bildung ist die Entwicklung und Differenzierung der ▶ Wahrnehmung und damit mehr als die Beschäftigung mit dem Schönen und der Kunst. In der ästhetischen Bildung geht es um die Ausbildung von Wahrnehmungsfähigkeiten und damit um die Arbeit mit den Sinnen, mit dem Ziel, den Kindern die aktive Aneignung und Verarbeitung ihrer Umwelt zu ermöglichen. Sinnliche Erfahrungen werden verarbeitet und gehen nach Schäfer in ein „Denken" dieser Wahrnehmungserfahrungen über, mit Hilfe von Vorstellungen, Bildern und Fantasien. Durch das Spiel und die Gestaltung sammeln und machen die Kinder ästhetische Erfahrungen. Jeder Sinnesbereich hat dabei seine eigenen Spiel- und Gestaltungsformen.

Ästhetische Bildung ist in enger Verbindung zu entwicklungspsychologischen Konzepten zu sehen, die davon ausgehen, dass sich Kinder aktiv, mit Kompetenzen ausgestattet, in ihre Umwelt entwickeln. Durch die ästhetische Bildung „begreifen" die Kinder die Welt. Für die Praxis hat dies z.B. Auswirkungen auf die Materialauswahl (Vielfältigkeit, Zugangsmöglichkeiten zu Medien, Werkzeugen, Materialien), Raumkonzept (Bereiche zum Malen, Experimentieren, Bereiche zum Ausstellen). Aufgabe der Erzieherinnen ist es, den Kindern Räume/Bereiche zum Gestalten und Experimentieren zur Verfügung zu stellen. Die Erstellung von vorzeigbaren Kunstprodukten ist nicht Ziel der ästhetischen Bildung. Aspekte der ästhetischen Bildung finden sich in anderen Bildungsbereichen, z.B. in den Bereichen ▶ Bewegung, musikalische Bildung wieder.

Bewegung/Bewegungserziehung

Die Bewegungserziehung ist ein zentraler Bereich der Arbeit in Kindertageseinrichtungen. Es besteht eine enge Verbindung zum Bereich ▶ Wahrnehmung/Sinneswahrnehmung. Bewegungserziehung findet in freien und angeleiteten Situationen statt. Die Ziele beschreibt Zimmer folgendermaßen:

- Körpererfahrungen (Belastbarkeit, Grenzen, Schwitzen etc.),
- materielle Erfahrungen (mit Bällen, Räumen, Schaukeln etc.),
- Selbsterfahrungen (ein Kind klettert zum ersten Mal auf einen Baum, erkennt die eigene Fähigkeit und entwickelt Selbstvertrauen),
- soziale Erfahrungen (Regeln aushandeln und einhalten beim Ballspiel, Konflikte austragen beim Bewegungsspiel).

Didaktische Prinzipien in der Bewegungserziehung

Zimmer beschreibt Prinzipien, die nicht nur im Bereich der Bewegungserziehung Gültigkeit haben:

- Kindgemäßheit (Orientierung an den Bedürfnissen der Kinder),
- Offenheit (trotz Planung offen sein für Einfälle der Kinder),
- Freiwilligkeit (den Kindern sollte die Teilnahme an Bewegungsangeboten freigestellt sein),
- Erlebnisorientiertheit/Sinnhaftigkeit (Einbettung von Bewegungsspielen in eine Spielhandlung),
- Entscheidungsfreiheit (in Verbindung zur Freiwilligkeit – Kinder haben

die Möglichkeit, Entscheidung zu treffen, ob und wie sie am Bewegungsspiel teilnehmen möchten),
- Selbsttätigkeit (Kinder handeln und bewegen sich aus eigenem Antrieb und übernehmen damit für sich Verantwortung).

Emotionale Bildung

▶ Emotionen wie z. B. Wut, Freude, Ärger, Wut, Trauer kommen in der Entwicklung eines Kindes eine wesentliche Rolle zu. Ohne Emotionen bzw. den angemessenen Umgang mit ihnen können sich Kinder nicht entsprechend ihrer Möglichkeiten entwickeln und bilden. Die emotionale Atmosphäre prägt den Menschen. Emotionale Erfahrungen sind die Grundlage für die kognitive Entwicklung. Sind Lerninhalte mit positiven Emotionen verbunden, so werden sie von Kindern besser wahrgenommen und verarbeitet. Eltern und später Erzieherinnen haben die Aufgabe, die emotionale Entwicklung und damit auch die Selbstbildungsprozesse eines Kindes zu unterstützen. Dementsprechend ist die emotionale Bildung ein Teil der Bildungs- und Erziehungsarbeit in Kindertageseinrichtungen. Ziel der emotionalen Bildung ist die Entwicklung von ▶ emotionaler Kompetenz. Emotionale Kompetenz ist nicht zu verwechseln mit der ▶ emotionalen Intelligenz.

Für Erzieherinnen ist es von Bedeutung, ihren eigenen Umgang, ihre eigene Geschichte mit Emotionen zu reflektieren. Darauf aufbauend ist es ihre Aufgabe im Alltag, in ▶ Angeboten oder ▶ Projekten, eine Atmosphäre zu schaffen, in der Gefühle erwünscht sind und besprochen werden. Ist die Kommunikation in der Kindertageseinrichtung wertschätzend, werden Emotionen benannt und ausgedrückt, lässt man dem Gegenüber genügend Raum und Zeit zum Reden und Ausreden, wird Kritik konstruktiv geäußert, wirkt sich dies positiv auf den emotionalen Zustand von Kindern und Erwachsenen aus. Mit den Kindern können verschiedene Themen und Bereiche besprochen werden: Körperwahrnehmungen, Sinneswahrnehmungen, Gefühle benennen und darstellen, den Zusammenhang zwischen Körper und Gefühlen deutlich machen, Gefühle bei sich und anderen wahrnehmen, lernen, über Gefühle zu reden, mit Menschen zu reden, Rückmeldung zu geben, kritisieren lernen.

Mathematische Bildung

Kinder haben einen anderen Zugang zur Mathematik als Erwachsene, deren mathematische Erfahrungen häufig durch die Schulzeit eher negativ geprägt sind. Kinder haben eine Vorliebe, Dinge zu ordnen, zu zählen, einzureihen. Aus eigener Motivation heraus fangen Kinder im Rahmen ihrer ▶ kognitiven Entwicklung im Vorschulalter an, einfache Additionen oder auch Subtraktionen durchzuführen. Die Kinder können in der Kindertageseinrichtung Basiskompetenzen im mathematischen Bereich erwerben, ein Mengen- und zahlenbezogenes Wissen, das die Grundvoraussetzung für spätere Rechenkompetenzen in der Schule darstellen kann ► Vorläuferfähigkeiten. Nicht zu verwechseln ist dieser Erwerb von Basiskompetenzen mit einer Verschulung der Kindertageseinrichtung. Aufgabe der Erzieherinnen ist es, den Kinder ausgehend von ihren Kompetenzen und ihrem Interesse den Zugang zu mathematischen Inhalten zu ermöglichen. Den Zeitpunkt, wann sie sich mit Zahlen beschäftigen können, entdecken Kinder bei sich selbst. Wichtig ist es für Erzieherinnen, diesen Zeitpunkt wahrzunehmen, um dann die Kinder entsprechend unterstützen zu können.

Hasemann definiert folgende Ziele für die mathematische Bildung:

Kinder bis zu drei Jahren:

- Kinder sammeln sinnliche Erfahrungen in Bezug auf den eigenen Körper (die Reichweite der Arme, die Position im Raum, bei Bewegungsspielen).
- Kinder sammeln sinnliche Erfahrungen im Umgang mit Gegenständen und deren Eigenschaften.
- Kinder sammeln sinnliche Erfahrungen im Umgang mit geometrischen Formen von Spielmaterialien.
- Kinder sammeln sinnliche Erfahrungen im Umgang mit Zahlen, z. B. in Form von Abzählreimen.

Kinder ab 3 Jahren:

- Umgang mit Raum- und Lagebeziehungen (lang, kurz, oben, unten etc.).
- Kennen und Benennen von Formen und Körpern (Kugel, Quadrat etc.) anhand von Gegenständen oder Materialien.
- Erkennen und benennen von Körpern anhand ihrer Eigenschaften (die Kugel ist rund).
- Das Vergleichen und Klassifizieren von Objekten nach unterschiedlichen Kriterien.
- Die Einsicht in die Unveränderlichkarbeit (► Invarianz) von Mengen.
- Das Erfassen von Mengen mit allen Sinnen.
- Ab- und Auszählen von Objekten.
- Zahlen in der Umwelt erkennen können.
- Einfaches Addieren.
- Das Erkennen von Mustern (z.B die Fortsetzung von Reihen)
- Erfassen und Wahrnehmen von Größen (Längenmaße, Gewichte, Zeit, Geld).

Medienbildung

▶ Medien sind ein fester Bestandteil der kindlichen Lebenswelt. Somit sind Medien und deren Wirkungen bei Kindern auch Thema in Kindertageseinrichtungen. Dabei kann von unterschiedlichen Einstellungen aus gehandelt werden:

Differenziertere Ansätze im Umgang mit Medien (nach Six u. a.):

– **Bewahrpädagogische Ansätze**: Kinder werden vor schädlichen Einflüssen der Medien bewahrt. Dementsprechend finden sich keine Medien in der Kindertageseinrichtung.

– **Kritische Ansätze**: Kinder sollen über Aufklärung skeptisch gegenüber den Medien mit ihren Maniulationsabsichten gemacht werden.

– **Kompetenzorientierte Ansätze**: Kinder sollen Kompetenzen im Umgang mit den Medien erlernen. Sie sollen so fähig werden, Fernsehsendungen sinnvoll auszusuchen.

– **Kindzentrierte Ansätze**: Die Themen der Kinder innerhalb der Mediennutzung mit ihren dahinterstehenden Bedürfnissen sollen zum Thema gemacht werden. Ziel ist, dass Kinder Medien entsprechend ihrer Entwicklung und ihrer Bedürfnisse gut nutzen können.

Ziele in der Medienbildung:

– Medienerfahrungen reflektieren und bearbeiten
– Anregung der Wahrnehmung, besonders Hören und Sehen
– Einen angemessenen, altersgerechten, kritischen und selbstbestimmten Umgang mit Medien entwickeln
– Aktive Arbeit mit Medien

Musikalische Bildung

Die Musik hält für Kinder eine große Menge an Sinneserfahrungen und damit Bildungserfahrungen bereit und steht in Zusammenhang mit der ▶ ästhetischen Bildung. Kinder nehmen bereits vor der Geburt Musik wahr. Das kindliche Spiel und die Musik stehen in engem Zusammenhang. Schon im ▶ sensumotorischen Spiel erleben Kinder Geräusche. Sie experimentieren mit Gegenständen und damit verbundenen Klängen. In weiteren Spielformen (▶ Entwicklung des Spiels und Spielformen) kommt es zu musikalischen Aktivitäten.

Erzieherinnen können ganz verschiedene Zugänge zur Musik besitzen. Jedenfalls sollte die eigene musikalische Biografie reflektiert und in Zusammenhang mit den Anforderungen in der Kindertageseinrichtung gesetzt werden. Erzieherinnen sollten den vielfältigen musikalischen (Spiel-)Situationen offen gegenüberstehen und deren Zustandekommen im Tagesablauf fördern.

Musik, das Singen, das Musizieren, kann vielfältig geplant oder ungeplant eingesetzt werden. Für die Kinder sollte genügend Material und Instrumente für musikalische Sinneserfahrungen zur Verfügung stehen.

Naturwissenschaftliche Bildung

In der naturwissenschaftlichen Bildung geht es darum, Kinder mit Naturphänomenen und dazugehörigen Deutungen bekannt zu machen. Ansatzpunkt ist die ► Neugier und das ► Interesse von Kindern an den Vorgängen der belebten und unbelebten Natur. Über die Beschäftigung mit Naturphänomenen soll es Kindern im Rahmen ihrer eigenaktiven Selbstbildung u. a. ermöglicht werden, Kompetenzen im Wahrnehmungsbereich weiter zu entwickeln, Fähigkeiten zur Kreativität, Urteilsbildung, Fantasie, Forschungsgeist zu entwickeln. Naturwissenschaftliche Bildung ist in diesem Sinne eine Art und Weise, die Kindern hilft, sich ihre Welt anzueignen. Neben der Beobachtung ist das Experiment der Zugang für Kinder zu Naturphänomenen. Dabei werden viele Sinne (Geruchssinn, Tastsinn etc.) eingesetzt und geschult. Bei Experimenten in der Gruppe benötigen und entwickeln Kinder soziale Kompetenzen. Werden Phänomene gedeutet, wird die kognitive Entwicklung angeregt. Die Kinder überlegen, was warum passiert, was als nächstes passieren könnte und erkennen Zusammenhänge.

Aufgabe von Erzieherinnen ist es, den Kindern einen Zugang und die Beschäftigung mit Naturphänomenen zu ermöglichen. Dies kann in Alltagssituationen passieren, auf dem Spaziergang oder beim Spielen draußen, oder über Experimente, die eine Erzieherin im Kontext eines Gesamtthemas organisiert. Der Einsatz von Medien (Bilderbücher, sinnvolle Computerprogramme) kann die Kinder bei der naturwissenschaftlichen Erkundung ihrer Umwelt unterstützen. Ein Forschungsbereich mit Mikroskop und Untersuchungsmaterialien regt Kinder ebenfalls an, sich mit Naturphänomenen zu beschäftigen.

Lück beschreibt Kriterien für die Auswahl von Experimenten:

- Die Experimente müssen ungefährlich sein.
- Die Experimente sollten immer gelingen, damit die Kinder mit dem Phänomen vertraut werden.
- Die erforderlichen Materialien sollten preiswert sein oder sogar in der Kindertageseinrichtung vorhanden sein (Wasser, Salz, Zucker etc.).
- Die Experimente sollen einen Alltagsbezug aufweisen.
- Naturwissenschaftliche Hintergründe sollen verständlich vermittelbar sein, um den Eindruck der „Zauberei" zu vermeiden.
- Die Experimente sollen von den Kindern selbst durchgeführt werden können.

- Die Experimente sollen in einem überschaubaren Zeitrahmen (ca. 20–25 Minuten) durchgeführt werden.
- Die Experimente sollen aufeinander aufgebaut sein.

Religiöse Bildung bzw. Erziehung

Hugoth beschreibt **Religion** als Beziehung des Menschen zu einem übergeordneten Göttlichen. Menschen haben verschiedene Gottesbilder. Zum einen ist für viele Menschen das Göttliche etwas abstraktes, das sich dem menschlichen Vorstellungsvermögen entzieht. Andere sehen im Göttlichen eine Person, ein Gegenüber, zu dem man beten kann, das sie konkret ansprechen können. Über die Religion versuchen die Menschen Antworten auf die grundsätzlichen Fragen des Lebens zu finden.

Religion wird persönlich erfahrbar in der Beziehung eines Menschen zum Göttlichen.

Religion wird auch sozial erfahrbar über die Glaubensgemeinschaften, über die gemeinsamen Feiern mit ihren Riten und Bräuchen. Religion ist für viele Menschen sehr wichtig. Eine Kindertageseinrichtung muss diesen Aspekt wahr- und ernstnehmen und den Menschen, Eltern und Kindern, Respekt vor ihrer religiösen Einstellung entgegenbringen. Die religiösen Normen und Werte der verschiedenen Religionen sind zu respektieren.

Religiöse Erziehung meint nach Hugoth in diesem Sinn, dass Erzieherinnen den Anstoß zu Lernprozessen geben, in denen Bezüge zu einer Religion hergestellt werden.

Die Herstellung der Bezüge kann durch die Behandlung von religiösen Inhalten, religiösen Sprachformen und Symbolen oder der Durchführung religiöser Riten erfolgen. Ebenso kann religiöse Erziehung indirekt über die Art und Weise, wie in einer Kindertageseinrichtung miteinander umgegangen wird und wie religiöse Werte gelebt werden, erfolgen.

Die religiöse Erziehung zielt also auf Bildungs- und Lernprozesse ab, die Hugoth wie folgt beschreibt:

- Das Wissen über Religionen erwerben.
- Kinder setzen sich mit religiösen Aussagen auseinander und finden Antworten, Sinndeutungen.
- Kinder finden Anhaltspunkte für Verhaltens- und Handlungsweisen in den Normen und Werten einer Religion.
- Kinder bringen ihre eigenen religiösen Empfindungen und Überzeugungen über Bilder, Symbole und Riten zum Ausdruck.
- Kinder erleben über Religion z. B. Trost, Ermutigung oder Versöhnung.
- Kinder nehmen am religiösen Leben teil oder verstehen die Bedeutung des religiösen Zusammenlebens für andere Menschen.

– Kinder suchen über die Inhalte einer Religion Wahrheiten über Gott, die Welt, über den Menschen und sich selbst.

Soziale Bildung

Soziale Bildung umfasst die Entwicklung von sozialen Verhaltensweisen. Grundlage dafür ist aber die Entwicklung einer stabilen Persönlichkeit, auf deren Basis sich sozial kompetentes Verhalten entwickeln kann.

Dementsprechend umfasst die soziale Bildung neben der Entwicklung von sozialen Verhaltensweisen ebenso die Entwicklung der eigenen Persönlichkeit mit ihrem Selbstwert.

Dabei kann die soziale Bildung als ein Bereich gesehen werden, der sich in allen anderen Bildungsbereichen widerspiegelt. Im Rahmen der sozialen Bildung erwerben Kinder ein umfangreiches soziales Wissen. Sie lernen Normen, Werte, Regeln und Rollen kennen. In Beziehungen erwerben Kinder ebenso Wissen. Sie ahmen ihnen wichtige Bezugspersonen nach, versetzen sich in andere Menschen und übernehmen z.B. Normen und Einstellungen. Die soziale Bildung stellt eine Grundvoraussetzung für die kognitive Entwicklung und gleichzeitig eine Grundvoraussetzung für emotionales Wohlbefinden sowie für Lern- und Leistungsmotivation dar. Mit zunehmendem Alter stehen soziale Fähigkeiten und kognitive Fähigkeiten immer stärker in einem wechselseitigen Verhältnis, z.B. Fähigkeit zur ► emotionalen Perspektivenübernahme.

Grundlage der sozialen Bildung sind die Beziehungserfahrungen der Kinder. Ein wertschätzender und empathischer ► Erziehungsstil fördert den Selbstwert, die Erfahrungen fließen in die Beziehungen mit Gleichaltrigen ein und ermöglichen die Ausdifferenzierung moralischer Motive. Die Kommunikation mit Gleichaltrigen bietet den Kindern die Gelegenheit, auf gleicher Ebene sich und ihr Sozialverhalten zu entwickeln.

Erzieherinnen unterstützen die Kinder in ihrem eigenaktiven sozialen Lernen. Spezielle Situationen müssen nicht geschaffen werden. Der Alltag bietet genügend Möglichkeiten im Umgang mit Kindern und Erwachsenen. Allerdings müssen Erzieherinnen sich der Themen, des Entwicklungsstandes von Kindern bewusst sein, um ihnen als Vorbilder dementsprechend Anreize, Impulse und Rückmeldungen geben zu können.

Sprachliche Bildung – Literacy

Der Begriff **Literacy** stammt aus dem anglo-amerikanischen Bereich und steht nach Ulich für Lese- und Schreibkompetenz, im weiteren Sinne auch für Kompetenzen wie Text- und Sinnverstehen, sprachliche Abstraktionsfähigkeit, Lesefreude, Vertrautheit mit Büchern bis hin zum kompetenten Umgang mit ► Medien.

Im ► Elementarbereich steht der Begriff für kindliche Erfahrungen um die Buch-, Erzähl- und Sprachkultur. Ziel der Literacy-Erziehung ist die Entwicklung und Förderung der Sprach-, Lese- und Schreibkompetenz. Literacy-Erziehung ist auch als ► Sprachförderung zu verstehen.

Sprach-, Lese- und Schreibkompetenzen bilden einen Grundstein für den Schulerfolg. Die frühen Erfahrungen mit Sprache, lange bevor Kinder lesen und schreiben können, sind die Voraussetzungen für den Erwerb dieser Kompetenzen. Eine zentrale Rolle spielt die Bilderbuchbetrachtung in der frühkindlichen Sprachbildung. Wird Kindern ein Buch vorgelesen, können sich Kinder und Erzieherin ganz auf das Sprechen und Zuhören, auf das Buch, die Geschichte und den damit verbundenen Dialog zwischen Kind und Erwachsenem konzentrieren. So werden einfach Dinge benannt, somit wird der Wortschatz erweitert, Kinder werden nach Buchinhalten befragt, es werden Beziehungen zwischen Dingen, Bildern hergestellt, Gesichter gedeutet, Bezüge zum Leben der Kinder hergestellt etc. Darüber hinaus erfahren die Kinder etwas über die Schrift, über den Umgang mit Büchern und deren Eigenheiten. Über das Vorlesen erleben die Kinder auch ein Sprachniveau, das über dem der Alltagssprache steht. Sie hören und lernen neue Wörter und Formulierungen, entwickeln ein Verständnis für die Sprache, d. h. Sprachbewusstheit.

Die Kinder können ein Gefühl für die Schriftsprache entwickeln, verstehen den Ablauf von Geschichten und können sich später wahrscheinlich selbst gut Geschichten ausdenken, erzählen und schreiben.

Die Geschichten müssen sprachlich so aufgebaut sein, dass ihr Inhalt für alle verständlich ist. Kinder lernen, wenn sie selbst erzählen, Inhalte in einen Zusammenhang zu stellen, damit andere eine Geschichte nachvollziehen können (**dekontextualisierte Sprache**). Geduld und die Fähigkeit, Inhalte zu verstehen und zu erklären, sind dabei wichtige Voraussetzungen für spätere Lese- und Schreibkompetenzen.

Kinder zeigen schon früh Interesse an der Schrift. Dieses Interesse kann aufgegriffen werden, indem Kinder in schriftliche Aktivitäten von Erzieherinnen miteinbezogen werden, sie Schreibversuche machen oder am Computer Buchstaben erkennen dürfen und ihnen insgesamt ein spielerischer Zugang zur Schrift ermöglicht wird.

In der Kindertageseinrichtung können diese Prozesse über verschiedene Methoden umgesetzt werden. Rollenspiele, Puppenspiele, Theaterspiele bieten vielfältige Möglichkeiten, der sprachlichen Bildung Raum zu geben. Kinder erzählen lassen und ihre Geschichten zu dokumentieren ist ebenfalls eine Möglichkeit für Kinder, sich und ihre Sprache zu entdecken. Die Kindertageseinrichtung muss räumlich so organisiert sein, dass Lese- und Schreibecken und Bereiche mit Kassettenrekorder oder CD-Spieler störungsfrei und einladend gestaltet sind.

4.4 Bildungsarbeit mit Kindern

Konzeption und pädagogisches Konzept

Eine **Konzeption** ist die schriftliche Zusammenfassung einer ▶ Kindertageseinrichtung oder eines ▶ Trägers mit Grundaussagen zu: Auftrag der Organisation, pädagogisches Konzept, Zielgruppe, Zielen, Leistungsangebot, Bild vom Kind, Beziehungsgestaltung zwischen Kindern und Erziehenden, methodischen Grundlagen, Organisationsformen, Kooperationen, Rahmenbedingungen. Eine Konzeption sollte möglichst mit allen Beteiligten ausgehandelt und umgesetzt werden. Auch wenn eine Konzeption eine langfristige Arbeitsgrundlage darstellt, muss sie immer wieder überprüft und weiterentwickelt werden.

Ein **pädagogisches Konzept** (oder Pädagogische Handlungskonzepte, Pädagogischer Ansatz) ist ein umfassendes Modell pädagogischen Handelns und beinhaltet Grundaussagen zum ▶ Bild vom Kind, zum Verhältnis von Kindern und Erziehenden, zum Lernmodell, zu ▶ Methoden, Tagesablauf, Organisationsformen in der Kindertageseinrichtung. Die pädagogischen Konzepte bilden die Handlungsgrundlage in Kindertageseinrichtungen, die wiederum in ihrer Konzeption das pädagogische Konzept in den Alltag umsetzen müssen.

Didaktik

Didaktik (griech. Didaskein = lehren, unterweisen, lernen, belehrt werden) ist die Lehre vom Lehren und Lernen. Ein einheitlicher Begriff der Didaktik existiert nicht, vielmehr stehen verschiedene didaktische Modelle nebeneinander, die allerdings ihren Bezug vor allem zum schulischen Unterricht haben. Didaktik im weiteren Sinne untersucht und beschreibt alle Faktoren und Zusammenhänge, die das Lehren und Lernen beeinflussen können. Didaktik im engeren Sinne beschäftigt sich mit der Erarbeitung von Bildungs- und Erziehungszielen und deren Umsetzung in der pädagogischen Arbeit.

Didaktik in Tageseinrichtungen für Kinder

Die Didaktik in Kindertageseinrichtungen geht der Frage nach, wie Erziehungs- und Bildungsprozesse kindgemäß strukturiert werden können und ist abhängig vom ▶ pädagogischen Konzept, vom ▶ Bild vom Kind und anderen Bildungs- und Wertvorstellungen. Schwerpunkte der didaktischen Arbeit in Kindertageseinrichtungen sind die Erarbeitung von Erziehungs- und Bildungszielen, die Art und Weise ihrer Vermittlung an die Kinder bzw. Eltern, auf der Grundlage des jeweils länderspezifischen ▶ Bildungsplans und die Gestaltung einer ▶ lernanregenden Umgebung. Im Zusammenhang mit der Bildungsdebatte steht aktuell vor allem die Frage im Mittelpunkt, wie Kinder das Lernen lernen (▶ Metakognitiver Ansatz) können. Dabei ist die derzeitige Didaktik in Kindertageseinrichtungen zum großen Teil noch nicht auf das neue Bildungs- und Lernverständnis eingestellt. Die Methoden zur Vermittlung von lernmethodischen Kompetenzen, die mit der Vermittlung von Inhalten verknüpft werden, müssen noch vermittelt werden. Der Schwerpunkt muss noch mehr darauf gelegt werden, wie Lernprozesse organisiert werden.

Didaktische Planung

Planung ist die bewusste und strukturierte Umsetzung eines zielorientierten Vorhabens. Didaktische Planung ist Planung bezogen auf die Umsetzung von Bildungs- und Erziehungszielen. Die didaktische Planung ist in der Kindertagesbetreuung eine Basis professionellen Handelns.

Innerhalb der Kindertagesbetreuung gibt es nicht „das" Modell einer didaktischen Planung. Verschiedene Planungskonzepte stehen nebeneinander.

Geschlossene Planung

Der geschlossenen Planung liegt kein aktuelles Bildungsverständnis zugrunde. Dieses Planungskonzept berücksichtigt weder Eigenaktivität noch die Selbstbildung des Kindes. Das ▶ Bild vom Kind ist das eines Mängelwesens. In der geschlossenen Planung legt die Erzieherin die Lernziele differenziert für die Kinder fest. Die aktuelle Situation der Kinder findet keine Berücksichtigung. Ausgangsbasis sind Lücken oder Defizite der Kinder, die durch ein Lernprogramm ausgeglichen werden sollen. Veränderungen im Lernprozess sind nicht bzw. wenig vorgesehen. Das Lernen wird in einzelne Schritte und Aktivitäten unterteilt. Die Erzieherin hat in erster Linie das Lernprogramm umzusetzen, begegnet den Kindern aus einer hierarchischen Position und handelt dementsprechend überwiegend dirigierend-lenkend. Bsp.: trainingsorientierte Vorschulmappen, mit denen das Lesen und Schreiben vorbereitet werden soll. Die isolierte Förderung von feinmotorischen Fähigkeiten.

Offene Planung

Die offene Planung geht von der Situation der Kinder aus. Lernziele werden eher im Sinne einer Ideensammlung aus den Erfahrungsbereichen und den Interessen der Kinder abgeleitet. Dabei sollen möglichst wenige Vorgaben gemacht werden. Im Vordergrund steht nicht das Erreichen der Lernziele, sondern der Prozess, über den das Lernziel erreicht werden soll.

Das Verständnis der offenen Planung entspricht nicht vollständig dem derzeit aktuellen Lernbegriff. Dieser betont noch stärker die Wichtigkeit von Lernzielen: Im Sinne des ► metakognitiven Ansatzes müsste deutlich auf die Vermittlung von Lernkompetenzen abgezielt werden.

Bevorzugte Lernform ist das ► Projekt. Die Kinder sollen dabei in die Planungen und Entscheidungen so weit wie möglich einbezogen werden. Durch den gemeinsamen Weg im Prozess verringert sich das hierarchische Verhältnis zwischen Erzieherin und Kind. Das ► Bild vom Kind: Kinder besitzen Fähigkeiten und eine ► intrinsische Lernmotivation.

Mit der offenen Planung arbeiten der ► Situationsansatz, der ► Situationsorientierte Ansatz, die ► Freinet-Pädagogik.

Beispielhafter einfacher Verlauf einer offenen Planung:

1. Analyse der Lebenssituation der Kinder (► Beobachtung)
2. Erarbeitung von Zielen unter Einbeziehung der Kinder
3. Auswahl und Einsatz von: ► Methoden, Medien, Materialien, Räumlichkeiten, Kooperationen
4. Durchführung (► Dokumentation)
5. ► Reflexion

Arbeitsformen innerhalb der didaktischen Planung

Angebot

Ein Angebot ist eine zielorientierte Einheit innerhalb der didaktischen Planung. Die Teilnahme ist den Kindern freigestellt. Bsp: Im Rahmen des Themas „Familie" hat die Erzieherin das Ziel, mit den Kindern zu erarbeiten, welche Familienformen es gibt. Dazu macht sie den Kindern ein Angebot: Die Kinder können ihre Familien malen. Anschließend werden die Bilder besprochen.

Aktivität

Eine Aktivität ist eine zielorientierte Einheit innerhalb der didaktischen Planung. Im Gegensatz zum Angebot kann die Aktivität je nach Planungskonzept für eine bestimmte Kindergruppe Pflicht sein.

Beschäftigung

Die Kinder werden beschäftigt. Sie bekommen den Auftrag zu basteln, ein Bild zu malen etc. Eine Beschäftigung steht in keinem größeren Zielzusammenhang und ist dementsprechend auf ihre Sinnhaftigkeit hin zu hinterfragen.

Didaktische Einheit

Eine didaktische Einheit ist die Gesamtheit eines strukturierten Arbeitsvorhabens, in dem Themen, Lernziele, Aktivitäten und Methoden weitgehend von den Erzieherinnen festgelegt sind.

Projekt

Ein Projekt (lat. Projectum = das nach vorne Geworfene) ist ein zielorientiertes, offen geplantes pädagogisches Vorhaben zu einem bestimmten Thema. Ein Projekt kann innerhalb von verschiedenen pädagogischen Konzepten umgesetzt werden. Ausgangspunkt sind die bedeutsamen Themen der Kinder. Aufgabe der Erzieherin ist es, die Themen der Kinder genau zu beobachten und aufgrund derer eine Analyse der Situation vorzunehmen. Häufig werden entwicklungsspezifische Themen oder Interessen von Kindern zum Ausgangspunkt von Projekten wie z. B. Ich bin Ich und Du bist Du, mein Körper, ich bekomme eine Schwester, etc.

Im Sinne aktueller Lernkonzepte, z. B. dem ▶ metakognitiven Ansatz, müssen in Projekten Schwerpunkte (die Vermittlung lernmethodischer Kompetenzen, Effizienz des Lernens) neu gesetzt werden.

Projektmerkmale:

– Die Initiative kann sowohl von Erzieherinnen als auch von Kindern ausgehen.
– Die Kinder lernen eigenaktiv und über das Tun (Handlungsorientierung).
– Die Kinder lernen über Erfahrungen.
– In Projekten wird ganzheitlich, mit allen Sinnen und Fähigkeiten gelernt.
– Der Prozess ist mindestens genauso wichtig wie die Erreichung der Lernziele.
– Die Kinder sind an der Planung beteiligt.
– Die Planung ist offen für Veränderungen. Die Dauer hängt von den Interessen und der Motivation der Kinder ab.
– Verschiedene Methoden kommen zum Einsatz.
– In Projekten kann auf die verschiedenen Bedürfnisse und Fähigkeiten der Kinder reagiert werden.
– Das Umfeld der Einrichtung wird in die Planung mit einbezogen.
– Erzieherinnen wissen nicht alles, sie erforschen das Thema gemeinsam mit den Kindern.
– Eltern können mit einbezogen werden.

Projektverlauf

1. Projektidee – sich aus Situationen ergebend, von Kindern oder Erzieherinnen (aufgrund einer Situationsanalyse) ausgehend.
2. Die Gruppe entscheidet, ob die Projektidee umgesetzt wird.

3. Planung des Projekts im Erzieherinnenteam und zusammen mit den Kindern.
4. Erarbeitung eines Projektplanes (Ziele, Aktivitäten, Methoden, benötigte Materialien etc.).
5. Durchführung, ggf. mit der Präsentation der Ergebnisse. Zielkorrekturen sollten dabei immer möglich sein.
6. Reflexion des Projektes mit Kindern und im Erzieherinnenteam.

Sozialformen

Die pädagogische Arbeit in Kindertageseinrichtungen ist i. d. R. auf ► Gruppen bezogen. Dabei existieren mehrere Möglichkeiten, wie sich Kinder gruppieren können. Innerhalb der didaktischen Planung kann sich eine Erzieherin entscheiden, mit welchen Sozial- oder Gruppenarten sie arbeiten möchte.

Ziele

Ziele sind angestrebte Ergebnisse, die durch das Handeln von Einzelnen, Gruppen, Teams, Organisationen oder in der Gesellschaft erreicht werden sollen. In der pädagogischen Arbeit kann die Befürchtung bestehen, dass die Formulierung von Zielen Spontaneität und Kreativität einengt. Dagegen spricht, dass die Einigung auf Ziele für positive Effekte sorgt: Funktionen von Zielen:

– Klarheit: Bei Kindern, Erzieherinnen, Eltern herrscht Klarheit über die angestrebten Ziele. Jeder weiß, wo es hingehen soll.
– Prioritätenfestlegung: Innerhalb von Zieldiskussionen muss man sich auf die wichtigsten Ziele festlegen.
– Wirksamkeit: Die Arbeit wird wirksamer, da auf bestimmte Ziele hingearbeitet wird. Die Gefahr der Verzettelung besteht nicht.
– Effizienz: Die Arbeit wird effizienter. Das Verhältnis zwischen Aufwand und Ergebnis stimmt.
– Messbarkeit: Die pädagogische Arbeit wird messbar. Damit ist Erfolgskontrolle mit Erfolgserlebnissen möglich.

Grundsatzziele

Ein Grundsatzziel (oder Leitziel) ist das oberste Ziel in einer Organisation oder in einem Projekt. Das Ziel ist allgemein, nicht konkret formuliert und damit nur über Zwischenstufen erreichbar.

Rahmenziele

Ein Rahmenziel (oder Mittlerziel) definiert Teilaspekte des Grundsatzziels zeitlich und inhaltlich.

Ergebnisziele
Ein Ergebnisziel (oder Handlungsziel) legt die konkreten Handlungen fest.
Lehrziel
Ein Lehrziel vermittelt, was eine Erzieherin den Kindern vermitteln möchte.
Lernziel
Die konkrete Vorgabe, was ein Kind lernen soll. Bsp.: Thomas weiß, wenn er mit den Hausaufgaben beginnt, was er auf hat.
Prozessziel
Betrifft die Ergebnisse, die sich aus dem Prozess innerhalb eines Vorhabens ergeben, z. B. miteinander kommunizieren, zusammen Probleme lösen, Entwicklung von Gruppengefühl etc.

Indikatoren
Ein Indikator ist ein Merkmal, ein Anzeichen für eine bestimmte Entwicklung. In Bezug auf die Zielformulierung stellen Indikatoren die Anzeichen dar, mit denen man feststellen kann, dass beabsichtigte Veränderungen eingetreten sind. Bsp.: Ziel: Thomas weiß, was er auf hat. Indikatoren: Thomas läuft nicht mehr im Raum herum und fragt andere Kinder, die Erzieherin kann sich um andere Kinder kümmern.

Methode
Die Methode (griech. Methodos = Weg zu, Vorgehen, Verfahren) ist von Zielen und Inhalten zu unterscheiden. Eine Methode ist das Mittel, das die Erzieherin zur Zielerreichung einsetzt. Die richtige Methodenwahl trägt wesentlich zur Erreichung der Lernziele bei. Zunächst sollte über die Ziele und dann über die Methoden zu ihrer Erreichung entschieden werden.
Indirekte Methoden
werden im ▶ Freispiel eingesetzt, z. B. das Bereitstellen von Spielmaterial.
Direkte Methoden
werden in der didaktischen Planung eingesetzt.
Beispiele in der pädagogischen Arbeit mit Kindern:
– Bilderbuchbetrachtung
– Bildercollage
– Gelenktes Rollenspiel
– Kleingruppenarbeit
– Malen

Reflexion

Reflexion (lat. reflexio = das Zurückbeugen) ist die Überprüfung eines beendeten Vorhabens und damit Teil der ▶ didaktischen Planung.

Im Kontext der aktuellen Bildungsdebatte kommt der Reflexion eine erweiterte Bedeutung zu. Über die Reflexionen überprüfen Erzieherinnen selbst und mit Hilfe von Kolleginnen oder externen Fachkräften

- ihr Verhältnis zum Kind,
- ob sie die Themen der Kinder erfassen,
- den Bildungs- und Entwicklungsstand des Kindes,
- ob sie die Kompetenzen eines Kindes erfassen und seine Stärken sehen,
- ihre erzieherischen Handlungsansätze,
- ihre Kommunikation mit Kindern,
- wie sie die Selbstbildungstätigkeit der Kinder mit der Gestaltung der Umwelt unterstützen,
- wie sie das Umfeld des Kindes in die Arbeit mit einbeziehen.

Die Reflexionsverfahren müssen gelernt und geübt werden. Der ▶ Beobachtung und ▶ Dokumentation von Bildungsprozessen kommt dabei eine wichtige Bedeutung zu. Sie bilden die Grundlage für eine systematische Reflexion.

Bildungs- und Erziehungsprozesse können unter folgenden Fragestellungen reflektiert werden:

- Wie ist mein eigenes Verhältnis zu von Kindern geäußerten Themen?
- Wie gestaltet sich meine Haltung gegenüber dem Kind, seinen Themen?
- Hat sich mein Verhalten gegenüber dem Kind nach der letzten Beobachtung geändert?
- Habe ich das Thema eines Kindes richtig gedeutet?
- Schätze ich ein Kind in seiner Entwicklung, in Bezug auf sensible Phasen richtig ein?
- Erkenne ich die Fähigkeiten und Kompetenzen eines Kindes?
- Unterstütze ich das Kind durch meine erzieherischen Aktivitäten in seiner Selbstbildung?
- Ermögliche ich dem Kind durch meine erzieherischen Aktivitäten die Aneignung der Welt?
- Wie kommuniziere ich mit dem Kind? Wie gestalte ich die Beziehung zu ihm?
- Ermögliche ich dem Kind den Zugang zu den verschiedenen relevanten Bildungsbereichen?
- Beziehe ich die Eltern, das Umfeld des Kindes ein?

Lernanregende Umgebung

Die Qualität von Bildungs- und Erziehungsprozessen ist in Kindertageseinrichtungen von mehreren Faktoren abhängig. Ein wichtiger Faktor ist die Gestaltung der Umgebung, in der sich Kinder bilden und lernen. Diese Umgebung muss eine lernanregende Umgebung sein, ein Umfeld, das die Kinder beim Bilden und Lernen stimuliert.

Einzelne Bereiche einer Kindertageseinrichtung müssen so gestaltet, dass Bildungs- und Erziehungsprozesse ungestört vonstatten gehen können. Die unterschiedlichen Bedürfnisse der Kinder müssen berücksichtigt werden. Qualitativ gutes Material und Spielzeug muss leicht zugänglich sein und zum Spielen anregen. Einzelne ► Bildungsbereiche müssen sich im Raumkonzept wiederfinden. Ruhe und Rückzug muss möglich sein. Es sollten Freiflächen für die Präsentation der pädagogischen Arbeit vorhanden sein.

4.5 Sprachförderung

Ganzheitliche Sprachförderung

Obwohl sehr viele unterschiedliche Ansätze existieren, können doch wesentliche übergreifende Merkmale einer ganzheitlichen Sprachförderung beschrieben werden:

Das ► Bild des Kindes in der ganzheitlichen Sprachförderung geht vom kompetenten Kind aus, das in der Lage ist, seine Entwicklung eigenaktiv zu beeinflussen. Das isolierte Trainieren von sprachlichen Fähigkeiten findet nicht statt. Sprachförderung ist Teil des ► Bildungsauftrags in Kindertageseinrichtungen.

Die Sprachförderung wird in den anregungsreichen Lebensalltag der Kinder eingebunden und bezieht die Themen der Kinder mit ein. Die differenzierte Entwicklung der Wahrnehmungsfähigkeiten und motorischen Fähigkeiten eines Kindes ist eine Grundlage für den gelingenden Spracherwerb. Ein Kind lernt leichter sprechen, wenn es einen neuen Begriff (z. B. Birne) mit allen Sinnen sehen, begreifen, riechen, hören, schmecken, fühlen kann, als wenn es das Wort in einer abstrakten Lernsituation nur hört.

Eine ganzheitliche Sprachförderung in Kindertageseinrichtungen setzt somit an den Stärken der Kinder an und bezieht vielfältige Aspekte mit ein. Eine ganzheitliche Sprachförderung ist sinnvoll für muttersprachliche deutsche Kinder, die immer mehr Sprachdefizite aufweisen, und für Migrantenkinder, die Deutsch als Zweitsprache erlernen. Die Einbeziehung der ► Erstsprache und ist eine Grundvoraussetzung einer ganzheitlichen Sprachförderung von Migrantenkindern. Eine ganzheitliche Sprachförderung steht in diesem Sinn immer im Zusammenhang mit einer ► interkulturellen Pädagogik.

Die Lernsituationen sind nicht künstlich, sondern die Sprachförderung findet in vielfältigen Situationen statt. Sprachförderung orientiert sich an der Lebenssituation und den Bedürfnissen der Kinder. Bsp: Beim Vorlesen, in Theater-Projekten, in Rollenspielen, in Kleingruppen, beim Spielen, in Gesprächen, beim Zuhören, beim bewussten Kommunizieren in Alltagssituationen. Nach Sander/Spanier ist ein weiterer Bereich, der bei der Sprachförderung nicht fehlen sollte, die sog. „literacy-Erziehung" (► Sprachliche Bilddung – Literacy. Das In-Kontakt-Kommen mit der Lese und Schreibkultur durch Vorlesesituationen, Erzählen und Hören von Geschichten trägt zur Förderung sprachlicher Fähigkeiten bei.

Von Bedeutung ist die Haltung und die Rolle der Erzieherinnen. Sie beeinflussen maßgeblich als Vorbilder die Sprachförderung in der Kindertageseinrichtung. Sprachförderung gelingt, wenn Erzieherinnen im Dialog mit Kindern diesen Interesse entgegenbringen, sie verstehen, ihnen zuhören, sie ausreden lassen, selbst gerne sprechen, ihr Handeln durch Sprechen begleiten, selbst richtig, dem Alter der Kinder angemessen, sprechen und der ► Erst- oder Muttersprache Wertschätzung entgegenbringen.

Die Eltern sollten über das Thema Sprache und Sprachförderung informiert und damit sensibilisiert werden. Migranteneltern, die selbst schlecht Deutsch sprechen, sind schwer zu erreichen. Gerade ihnen sollte das Gefühl vermittelt werden, dass ihre Kultur und Sprache wahrgenommen, respektiert und wertgeschätzt wird. Grundlage dafür sind auch Kenntnisse über andere Kulturen. Dem Aufbau der Beziehung zu den Migranteneltern kommt eine wichtige Bedeutung zu.

Traditionelle und veraltete Sprachförderkonzepte zielen auf das isolierte Üben von sprachlichen Fähigkeiten ab. Es werden bei einem Kind Sprachdefizite festgestellt, die mit Trainingsprogrammen behoben werden sollen. Die aktuelle Situation des Kindes, die Bedeutung der Wahrnehmung und der Motorik werden außer Acht gelassen. Dabei stehen die (Sprach-) Schwächen, und nicht die Stärken bzw. die Situation des Kindes im Mittelpunkt.

Spracherfassungsverfahren

Verfahren, mit denen der Sprachentwicklungsstand von Kindern (i. d. R. ab dem 3. Lebensjahr bis zum Schuleintritt) erfasst werden kann.

Sprachfreie Tests oder nichtverbale Tests sind Verfahren, die keine Anforderungen an das mündliche oder schriftliche Sprachverständnis stellen. Das bedeutet, dass bei einem Test nicht gesprochen werden muss. Die Tests können z. B. bei gehörlosen und nichtdeutschen Kindern eingesetzt werden.

4.6 Übergänge

Transition

Als Transitionen (lat. transitus = Übergang, Durchgang) werden bedeutende Übergänge im Leben eines Menschen beschrieben, die bewältigt werden müssen. Innerhalb dieser Phasen finden in relativ kurzer Zeit wichtige Veränderungen statt. Die Kinder müssen viel lernen und sind unterschiedlichen Belastungen unterworfen, da sie sich einer neuen Situation anpassen müssen.

Als kritisches Lebensereignis kann sich ein Übergang positiv oder negativ auf die Entwicklung eines Kindes auswirken. Gelingt die Anpassung an die neue Lebenssituation nicht, entsteht Stress. Wie Kinder einen Übergang meistern, hängt u. a. von ihrer physischen Widerstandsfähigkeit ab ▶ Resilienz.

Griebel/Niesel beschreiben drei Ebenen, auf denen Anforderungen bei einem Übergang zu bewältigen sind:

1. Die individuelle Ebene: Kinder erleben einen neuen, veränderten Status, das Selbstkonzept verändert sich, die Kinder müssen mit Emotionen umgehen und neue Kompetenzen ausbilden.

2. Die interaktionale Ebene: Beziehungen werden beendet, verändern sich und werden neu aufgebaut. Ein Kind übernimmt z. B. als Kindergartenkind eine neue Rolle.

3. Die kontextuelle Ebene: Der neu hinzugekommene Lebensraum (der Kindergarten, die Schule) wirkt sich auf das Familienleben aus.

Wesentliche Transitionen sind für Kinder der Eintritt in die Kinderkrippe, in den Kindergarten, in die Schule, der Wechsel auf eine weiterführende Schule und der Übergang in das Jugendlichenalter. Weitere Transitionen können für Kinder die Trennung und Scheidung der Eltern sein.

Nach dem Transitionsmodell wird zwischen Akteuren unterschieden, die den Übergang aktiv bewältigen (die Kinder und Eltern) und die den Übergang moderieren (die Erzieherinnen, aber auch die Kinder in der Gruppe). Die Erzieherinnen müssen die die Signale des Kindes feinfühlig wahrnehmen und richtig interpretieren, damit die verantwortliche Bindungsperson angemessen reagieren kann (Konzept der Feinfühligkeit). D. h., Transitionen sind Prozesse, die sich beeinflussen und gestalten lassen. Mitbeteiligt sind die Kinder und deren Eltern sowie Erzieherinnen, Lehrerinnen und auch Mitarbeiterinnen helfender Dienste.

Theoretische Grundlagen kommen in der Transitionsforschung aus verschiedenen Richtungen:

– Konzept der ► Entwicklungsaufgaben: Kinder müssen in ihrer Entwicklung Aufgaben bewältigen und benötigen dazu verschiedene Fähigkeiten und Kompetenzen.

– Bindungstheorie (► Bindung): Eine sicher-gebundene Bindung als Grundvoraussetzung für gelingende Transitionen.

– Stressansatz: In Transitionen tritt Stress auf, wenn die Kinder überfordert werden. Stresstheorien liefern Ansätze zur Erklärung von Stress.

Erzieherinnen können auf vielfältige Art und Weise Kinder bei der Bewältigung von Übergängen helfen. Sie helfen ihnen beim Erwerb von Kompetenzen (Selbstwirksamkeit, sicht selbst wahrnehmen können, Beziehungsfähigkeit, sich Hilfe holen können etc.) und begleiten sie bei Übergängen. Sie stehen als Gesprächspartnerinnen zur Verfügung, beantworten Fragen, reagieren auf die emotionale Verfassung der Kinder, besuchen den neuen Lebensbereich mit den Kindern, bieten den Kindern Rituale an, sind mit den Eltern und anderen Kooperationspartnerinnen im Gespräch.

Eingewöhnung in Krippe und Kindergarten

Eingewöhnung in Kindertageseinrichtungen von Kindern unter drei Jahren

Die Länge der Eingewöhnung ist abhängig von der Bindungsqualität des Kindes. ► Sicher-gebundene Kinder benötigen weniger Zeit. Sie benutzen ihre Mutter oder den Vater wenig als Basis und finden schnell Kontakt zu ihrer Erzieherin. Bei und nach einer Trennung zeigen sie wenig ► Bindungsverhalten. Die Erzieherin kann relativ schnell pflegerische Tätigkeiten beim Kind durchführen. Andere Kinder brauchen länger und benötigen ihre Mutter immer wieder als Basis. Sie gehen langsamer auf die neue Erzieherin zu. Von grundsätzlicher Bedeutung sind die in der Eingewöhnungszeit gemachten Erfahrungen, sie prägen die weitere Beziehung des Kindes zur Erzieherin.

Der Eingewöhnungsprozess sollte nach der Platzzusage mit einem Gespräch in der Einrichtung beginnen, in dem die Eingewöhnungsphase besprochen wird und bei dem Kind und Eltern schon einmal die Gruppe, die Erzieherin und die Kinder sehen können. In den ersten Tagen wickelt und füttert die Mutter das Kind, die Erzieherin kann das Kind beobachten. Den Eltern kann geholfen werden, sich in der Einrichtung zu orientieren. Mindestens eine Woche sollte diese Zeit dauern. Wenn es dem Kind gut geht, kann die erste Trennung von höchstens einer halben Stunde erfolgen. Die Eltern sollten aber in der Nähe bleiben.

Eingewöhnungsmodelle stellen ein Konzept dar, nach dem Kinder in Kindertageseinrichtungen eingewöhnt werden. Ein bewährtes Eingewöhnungsmodell ist das **Berliner Modell**, das vom Institut infans entwickelt wurde. Das Modell gibt Erzieherinnen und Eltern klare Handlungsanweisungen. Nach dem Modell soll in den ersten drei Tagen keine Trennung erfolgen. Am vierten Tag verlässt die Mutter zum ersten Mal das Kind. Für die Zeit danach gibt es Hinweise für die Erzieherinnen, wie sie mit den Versuchen des Kindes, die Situation zu bewältigen, in Hinblick auf die Länge der Eingewöhnung, umgehen sollen. An die erste Trennung schließt sich eine Stabilisierungs- und Schlussphase an.

Eingewöhnung in Kindertageseinrichtungen von Kindern ab drei Jahren
Wie beim Eintritt in die Krippe ist der Übergang in den Kindergarten für die Kinder und für die Eltern ein bedeutender Schritt. Die Kinder werden Kindergartenkinder, die Eltern werden „Kindergarteneltern". Für eine gelingende ► Transition sind mehrere wichtige Punkte zu beachten.

Generelle Aussagen über das Verhalten von Kindern in der Eingewöhnungszeit sind schwierig zu treffen. Das Alter der Kinder scheint aber keine Rolle dabei zu spielen, ob eine Eingewöhnung gelingt oder nicht. Basis der Eingewöhnung ist dabei das zu gestaltende Beziehungsdreieck zwischen der Mutter (i. d. R. gestalten Mütter den Prozess mit), dem Kind und der Erzieherin, die von der Einrichtung aus für die Eingewöhnung entsprechende Zeitressourcen zur Verfügung gestellt bekommen muss. Ähnlich wie beim Übergang eines Kindes von der Familie in die Krippe bilden Eltern und Kind die Akteure des Übergangs, der von den Erzieherinnen und den Kindern in der Gruppe moderiert wird.

Von Bedeutung ist die Bindungsqualität der Eltern-Kind-Beziehung. ► Sicher-gebundene Kinder erkunden leichter mit Neugier und Interesse ihren neuen Kindergarten. Sie bauen auch leichter eine Beziehung zu ihrer Erzieherin auf. Vor dem ersten Tag im Kindergarten hat das Aufnahmegespräch stattgefunden, in dem u. a. die gegenseitigen Erwartungen und die Gestaltung der Eingewöhnungsphase geklärt wurden.

Übergang vom Kindergarten/Tageseinrichtung in die Grundschule

Der ► Übergang eines Kindes vom Kindergarten bzw. von der Kindertageseinrichtung in die Schule ist ein wichtiges Lebensereignis für ein Kind und seine Familie. Dieser Übergang muss bewältigt werden und birgt Chancen und Risiken. Die Kinder erfahren beim Übergang in die Schule in relativ kurzer Zeit ein hohes Maß an Veränderungen. Der Übergang stellt sich als Entwicklungsaufgabe dar, die die Kinder bewältigen müssen, allerdings mit Unterstützung von Eltern und Erzieherinnen.

Forschungsergebnisse haben aufgezeigt, dass Faktoren für eine positive Bewältigung des Übergangs positive Bindungserfahrungen durch die primären Bezugspersonen, eine allgemeine optimistische Grundeinstellung, starkes Selbstwertgefühl und eine positive Einstellung zur Schule und zum Lernen sind. Die Anwesenheit von bekannten und vertrauten Kindern in der Klasse und ein positives soziales Klima in der Klasse spielen ebenfalls eine Rolle. Die Einbeziehung der Eltern stellt einen weiteren bedeutenden Faktor für einen gelingenden Übergang dar. Verschiedene Kompetenzen helfen Kindern, den Übergang zu bewältigen: Selbstvertrauen, Problemlösefähigkeiten, Gesundheit, kommunikative Fähigkeiten und ► Vorläuferfähigkeiten. Resiliente Kinder (► Resilienz) bringen gute Voraussetzungen mit, um den Übergang zu bewältigen.

Wechseln Kinder in die Schule, treffen auch zwei Berufsgruppen aus Bereichen mit unterschiedlichen Bildungsverständnissen zusammen. Die Konsequenz ist ein fachlicher Austausch, den Erzieherinnen und Lehrerinnen führen müssen.

Vor diesem Hintergrund kommt der Zusammenarbeit von Kindergarten und Grundschule eine große Bedeutung zu. Kooperieren die Mitarbeiterinnen beider Institutionen gut miteinander, ist die Chance groß, dass die Kinder den Übergang gut bewältigen. In der Praxis hängt die Kooperation allerdings oft (noch) von der persönlichen Initiative von Erzieherinnen und Lehrerinnen ab. Der Übergang von der Tageseinrichtung in die Grundschule beginnt schon lange vor dem ersten Schultag.

4.7 Einrichtungen für Kinder

Kindertageseinrichtung

Tageseinrichtung (oder Tageseinrichtungen für Kinder) ist nach dem ► SGB VIII der Oberbegriff für verschiedene Formen von familienergänzenden und familienunterstützenden Einrichtungen, in denen verbindlich angemeldete Kinder für einen Teil des Tages oder ganztags betreut, gebildet und erzogen werden. I.d.R. sind die Kinder von Montag bis Freitag in einer Kindertageseinrichtung, Ausnahmen gibt es in Einrichtungen, die sog. Teilzeitplätze anbieten. Gemeinsames übergeordnetes Ziel der Arbeit in Kindertageseinrichtungen nach dem Kinder- und Jugendhilfegesetz ist die Entwicklung der Kinder zu eigenverantwortlichen und gemeinschaftsfähigen Persönlichkeiten.

Weitere Rechtsgrundlagen der Arbeit in Kindertageseinrichtungen sind Landesgesetze (z.B. in Baden-Württemberg das Kindergartengesetz) sowie entsprechende Rechtsverordnungen.

Krippe

In Krippen (oder Kinderkrippen) werden Kinder ab ca. 6 Wochen bis zum vollendeten 3. Lebensjahr ganztags oder in Teilzeit betreut. Im Gegensatz zur ehemaligen DDR wurde in der BRD die Betreuung von Kindern in Krippen als Notlösung gesehen, vor dem Hintergrund, dass der Vereinbarung von Familie und Erwerbstätigkeit bei Frauen wenig Bedeutung zugemessen wurde. In den 1990er Jahren, nach der Wiedervereinigung, wurde die Bedeutung der Krippen neu diskutiert. Diese Entwicklung findet einen aktuellen Höhepunkt im ▶ Tagesbetreuungsausbaugesetz (TAG), das den Ausbau der Betreuung unter dreijähriger Kinder fördern will.

Ausdifferenzierte Konzepte wie im Elementarbereich sind nicht vorhanden. Aufgrund der Geschichte lagen oder liegt der Schwerpunkt in Krippen im pflegerischen Bereich. Spätestens mit der Bildungsdebatte und den damit verbunden Erkenntnissen ist deutlich geworden, dass auf Grundlage eines ▶ Bildungsauftrages auch Kinder unter drei Jahren Bildungs- und Lernangebote benötigen. Deren konzeptionelle Umsetzung und Weiterentwicklung wird eine Aufgabe in den nächsten Jahren sein.

Die gesetzliche Grundlage des Bildungs- und Erziehungsauftrages ist durch das ▶ SGB VIII gegeben.

Der ▶ Eingewöhnung kommt in Krippen eine besondere Bedeutung zu. Hierbei kann man auf Eingewöhnungsmodelle wie z.B. das ▶ Berliner Modell zurückgreifen.

Kindergarten

Für Kinder ab 3 Jahren bis zum Schuleintritt. Basis ist eine Betreuungszeit i.d.R. von täglich 6 Stunden. Grundsätzlich besteht für alle Kinder ab 3 Jahren das Recht auf einen Kindergartenplatz.

Der Kindergarten hat als Bildungseinrichtung einen eigenständigen Bildungs- und Erziehungsauftrag. Gesetzliche Grundlage des Bildungs- und Erziehungsauftrages ist das ▶ SGB VIII.

Regelkindergarten
(der nicht mehr die Regel ist): Öffnungszeiten z.B. 8 Uhr bis 12 Uhr und 14 Uhr bis 16 Uhr.

Halbtagskindergarten (oder Teilzeitkindergarten)
Reduziertes Angebot des Regelkindergartens aufgrund mangelnder Nachfrage der Nachmittagszeiten. Öffnungszeiten z.B. 8 Uhr bis 12 Uhr.

Kindergarten mit veränderten Öffnungszeiten
Wurde entwickelt, um Eltern eine Berufstätigkeit zu ermöglichen. Öffnungszeiten z.B. 7.30 Uhr bis 13.30 Uhr.

Ganztagskindergarten
Die Kinder werden von morgens bis abends betreut, inklusive Mittagessen, Schlafzeiten. Öffnungszeiten z.B. 6.30 Uhr bis 17.30 Uhr.

Kindertageseinrichtungen, die flexibel auf die Bedürfnisse der Familien eingehen, bieten die verschiedenen Betriebsformen in einem Haus bzw. in einer Gruppe an. Eltern können dabei wählen, welche Betriebsform ihnen am ehesten entgegenkommt. Noch familienfreundlicher sind Modelle, bei denen Eltern im Rahmen einer generellen Öffnungszeit ihren Stundenblock auswählen können (z.B.: Familie A wählt 6 Stunden Kindergartenbetreuung zwischen 9 und 15 Uhr aus, Familie B zwischen 7.30 Uhr und 13.30 Uhr, Familie C wählt an zwei Tagen eine 6 Stunden Betreuung, an drei Tagen 8 Stunden Ganztagesbetreuung).

Hort

Für Kinder, die eine Betreuung vor und/oder nach der Schule (oder Grundschulförderklasse) brauchen. Die Kinder sind je nach Einschulungskonzept zwischen 5 und 14 Jahren alt. Öffnungszeiten können zwischen 6.30 Uhr bis 18.00 Uhr variieren. In der Regel werden die Kinder in den Schulferien betreut. Ausnahmen sind Schließzeiten der Einrichtung. Alternativen zu Horten sind Ganztagesschulen, die je nach Bundesland unterschiedlich ausgebildet sind. Der Hort ist eine familienergänzende und familienunterstützende Einrichtung der Jugendhilfe. Ähnlich wie die Krippe hatte der Hort zumindest in Westdeutschland aufgrund seiner Geschichte den Status einer Noteinrichtung. Dagegen steht heute die Einsicht in die Notwendigkeit der Vereinbarung von Familie und Beruf, was sich aber nur bedingt auf die Platzversorgung und auf die Ausdifferenzierung des Bildungs- und Erziehungsauftrages ausgewirkt hat. Aktuell ist im Zusammenhang mit der Ausweitung des Ganztagesschulangebots nach der Zukunft des Hortes zufragen. Wie bei Krippe und Kindergarten ist der gesetzliche Auftrag im ► SGB VIII geregelt.

Der Hort hat einen eigenständigen Bildungs- und Erziehungsauftrag. Schwerpunkte sind die Freizeitgestaltung, die schulische Begleitung der Kinder, der Erwerb von Selbst- und Sozialkompetenz, die Ausdifferenzierung der Angebote nach alters- und geschlechtsspezifischen Kriterien, die Begleitung der Kinder bei der Bewältigung von ► Transitionen (= Übergängen), die ► Erziehungs- und Bildungspartnerschaft mit den Eltern und die Öffnung in den Stadtteil.

Die **Hausaufgabenbetreuung** ist ein wichtiger Bestandteil der Arbeit mit Schulkindern und oft ein Konfliktthema im Spannungsfeld zwischen Eltern, Kind, Schule und Kindertageseinrichtung. Die Hausaufgaben dienen der Vertiefung des in der Schule gelernten Unterrichtsstoffes. Für die Lehrer sind die Hausaufgaben wichtig, da sie bei der Kontrolle erkennen können, ob das Kind die Inhalte verstanden (und damit geübt hat) oder ob noch Defizite bestehen. Vollständige und fehlerfreie Hausaufgaben sind also nicht Ziel der Hausaufgabenbetreuung. Ziel ist es, den Kindern einen guten Rahmen zu bieten (ruhige Arbeitsatmosphäre, genügend Platz zum Arbeiten, wenig Ablenkung im Raum oder draußen), in dem sie die Hausaufgaben selbstständig erledigen können. Aufgabe der Erzieherinnen: Hausaufgabenregeln mit den Kindern erarbeiten, Impulse geben, für Nachfragen zur Verfügung stehen – aber keine Nachhilfe leisten. Die Hausaufgaben nach einer angemessenen Zeit (im Grundschulbereich zwischen 20 und 40 Minuten) abbrechen. Probleme ggf. mit Eltern und Lehrern besprechen. Die Grundverantwortung für die Hausaufgaben und damit das allabendliche Nachfragen nach den Hausaufgaben sollte immer bei den Eltern liegen.

Kinderhaus

Ursprünglich Begriff für Einrichtungen, die nach der ► Montessori-Pädagogik arbeiteten. Seit den 1990er Jahren steht der Begriff auch für Kindertageseinrichtungen, die für Familien ein möglichst umfangreiches und flexibles Betreuungskonzept anbieten wollen. Merkmale:

- Ganztägige Öffnungszeit mit wenigen Schließzeiten im Jahr
- Altersmischung
- Angebot von mehreren Betriebsformen
- ► Offene Arbeit
- Integration von behinderten Kindern oder Kindern mit Förderbedarf
  Der Begriff des Kinderhauses kann nicht nur dem Bereich der Kindertageseinrichtungen zugeordnet werden. Den Begriff des Kinderhauses

findet man auch im Bereich der offenen Kinder- und Jugendarbeit. Ebenso werden Einrichtungen der stationären Kinder- und Jugendhilfe Kinderhaus genannt.

Altersmischung: Altersmischung bedeutet in der Praxis die Erweiterung der Altersstruktur in Kindertageseinrichtungen, i.d.R. ausgehend vom ▶ Elementarbereich. In der Alltagspraxis haben sich folgende Begriffe herausgebildet:

– Erweiterung nach unten, z.B. Betreuung von 0–6jährigen Kindern.
– Erweiterung nach oben, z.B. Betreuung von 3–10jährigen Kindern.

Große Altersmischung: Betreuung von 0/2–12/14ährigen Kindern.

Weitere Variationen sind möglich. Gründe für eine Altersmischung sind pädagogische Zielsetzungen oder finanzielle Gesichtspunkte, wenn freie Plätze z.B. mit 2-jährigen Kindern belegt werden.

Pädagogisches Ziel der Altersmischung ist eine möglichst familienähnliche Gruppensituation, in der die Kinder soziale Erfahrungen machen können. Ältere und jüngere Kinder sollen voneinander lernen. Außerdem verspricht man sich mehr Betreuungskontinuität für Kinder und Eltern, da die Kinder (zumindest in der Theorie) länger von einer Erzieherin betreut werden können, und damit weniger Wechsel entsteht. Je umfangreicher die Altersmischung, desto größer muss die Kinderzahl in der Einrichtung sein, damit die Kinder auch gleichaltrige Spielpartner finden können. Die Arbeit mit altersgemischten Gruppen bedarf bestimmter Rahmenbedingungen, z.B. einen entsprechenden Personalschlüssel. Während in den 90er Jahren die Altersmischung tendenziell positiv gesehen wurde, werden derzeit auch verstärkt kritische Punkte wahrgenommen, z.B. höhere Anforderungen an Erzieherinnen, wenig Anreize für ältere Kinder, es können weniger gleichaltrige Kinder als Spielpartner zur Verfügung stehen etc.

Kindertagesstätte

Nicht einheitlich verwendeter Begriff. Wird im Alltagssprachgebrauch als Oberbegriff im Sinne des Begriffs ▶ Kindertageseinrichtung verwendet. Gleichzeitig kann der Begriff Kindertagesstätte auch als Oberbegriff für alle Einrichtungen verstanden werden, die Kinder den ganzen Tag betreuen (ältere Begriffe: Kindertagheime, Kindertagesheime). „Kita" ist eine gängige Abkürzung bei Erzieherinnen und Eltern.

Integrative Kindergärten/Tageseinrichtungen

In integrativen Kindergärten werden behinderte und nichtbehinderte Kinder gemeinsam betreut. Merkmale können sein: Reduzierung der Gruppengröße, regelmäßige Zusammenarbeit mit Fachkräften wie z. B. Logopäden, Ergotherapeuten. Die Kinder werden von Erzieherinnen und Fachkräften mit zusätzlichen Qualifikationen (z. B. Heilpädagoginnen, Erzieherinnen mit Zusatzausbildung) betreut.

Kinderladen

Kinderläden entwickelten sich in den 1960er Jahren während der Studentenbewegung als Gegenmodelle zu den staatlichen und konfessionellen Einrichtungen und Erziehungsmodellen. Die Kinderläden entstanden, weil die Studenten davon ausgingen, dass langfristige gesellschaftliche Veränderungen früh, bei der Erziehung der Kinder, ansetzen müssen. Kennzeichen der Pädagogik der Kinderläden war ein ▶ antiautoritärer Erziehungsstil.

Einrichtungen im Umfeld von Kindertageseinrichtungen

Schulkindergarten

Schulkindergärten sind Einrichtungen der Schule für schulpflichtige Kinder, die vom Schulbesuch zurückgestellt worden sind. Im Schulkindergarten sollen die Kinder auf die Schule vorbereitet werden.
In Baden-Württemberg erfüllen **Grundschulförderklassen** diese Aufgaben.

Sonderkindergarten

Heil- bzw. sonderpädagogische Einrichtung für Kinder ab 3 Jahren, die wegen einer körperlichen oder geistigen Behinderung oder drohenden Behinderung nicht in einer „Regel"-Tageseinrichtung gefördert werden können. Die Angebote sind auf die speziellen Bedürfnisse der Kinder ausgerichtet. Sonderschulkindergärten legen ein besonderes Gewicht auf die Schulvorbereitung. Die Sonderkindergärten gelten als umstritten, weil sie behinderte Kinder ausgrenzen. Anzustreben ist eine integrative Erziehung von behinderten und nichtbehinderten Kindern.

Heilpädagogische Tagesstätte

In heilpädagogischen Tagesstätten (auch: heilpädagogische Tagesgruppe, teilstationäre Tagesgruppe) werden sowohl verhaltensauffällige Kinder, Kinder mit Entwicklungsstörungen als auch behinderte Kinder betreut. Die Einrichtungen sollen Kindern helfen, trotz erheblicher Schwierigkeiten in der Familie bleiben zu können.
Im Bereich der Jugendhilfe werden Kinder mit Verhaltensauffälligkeiten und Entwicklungsstörungen in kleineren Gruppen betreut. In diesen Einrichtungen findet eine enge Zusammenarbeit mit Fachkräften wie z. B. Psychologen, Logopäden, Ergotherapeuten und Eltern statt. Die Gruppenarbeit hat einen stark therapeutischen Charakter. Einzelne Kinder oder

Gruppen können Therapiestunden besuchen. Ziel der Einrichtungen ist es, dass die Kinder wieder sog. „Regeleinrichtungen" besuchen können. Die Kinder sollen in ihrer Entwicklung gefördert werden und individuell Hilfestellung bekommen. Für die Kinder wird ein individueller Hilfeplan erstellt. Die Zusammenarbeit mit den Eltern erfolgt dementsprechend intensiv. Die konzeptionelle Ausrichtung steht in Zusammenhang mit dem therapeutischen Konzept (z. B. systemische Familientherapie). Die Gruppengrößen sind relativ klein. Die Kinder können von Sozialpädagoginnen, Heilpädagoginnen und Erzieherinnen betreut werden. Die Finanzierung erfolgt über das ► SGB VIII oder über Eingliederungshilfe auf der Basis des ► SGB XII.

Ganztagsschule
Eine Ganztagsschule ist nach Definition der Kultusministerkonferenz (KMK) eine Schule im Primar- oder Sekundarbereich I, die den Schülern über den Vormittagsunterricht hinaus an mindestens drei Tagen ein ganztägliches Angebot mit einem Mittagessen macht, das mindestens sieben Zeitstunden umfasst. Die Nachmittagsangebote stehen unter Aufsicht und Verantwortung der Schulleitung und sollen im konzeptionellen Zusammenhang mit dem Unterricht stehen.
In der Praxis wechseln häufig mehrfach verschiedene unterrichtliche und außerunterrichtliche Aktivitätsformen.

4.8 Qualität in Tageseinrichtungen für Kinder

Qualität (lat. qualitas = Beschaffenheit, Eigenschaft) bezeichnet die Güte, die Beschaffenheit, den Wert von einer Sache bzw. von einem Produkt. Ob die Qualität gut oder schlecht ist, ist damit noch nicht beantwortet. Ein einheitlicher Qualitätsbegriff existiert nicht. Deutlich wird, dass jede Organisation, jede Kindertageseinrichtung „ihre" Qualität definieren muss. Die Definition kann dabei nur gelingen, wenn die Qualität zwischen Kindertageseinrichtung, Kindern, Eltern (Kunden, Nutzern) und Träger gemeinsam ausgehandelt wird.

Qualitätsmanagement ist die Gestaltung und Lenkung von Prozessen der ► Qualitätsentwicklung und ► Qualitätssicherung.
Nach § 22a des ► SGB VIII „Förderung in Tageseinrichtungen" besteht für Einrichtungen der gesetzliche Auftrag zur Arbeit mit einem Qualitätsmanagement:

„Die Träger der öffentlichen Jugendhilfe sollen die Qualität der Förderung in ihren Einrichtungen durch geeignete Maßnahmen sicherstellen und weiterentwickeln. Dazu gehören die Entwicklung und der Einsatz einer pädagogischen Konzeption als Grundlage für die Erfüllung des Förderungsauftrags sowie der Einsatz von Instrumenten und Verfahren zur Evaluation der Arbeit in den Einrichtungen."

Qualitätsdimensionen

Orientierungsqualität
Orientierungsqualität macht Aussagen zum Auftrag, zu Werten, zum ► Bild vom Kind, zu Auffassungen über die kindliche Entwicklung.

Prozessqualität
Prozessqualität macht Aussagen darüber, wie eine Leistung erbracht wird, welche Abläufe und Zuständigkeiten dafür erforderlich sind.

Pädagogische Prozessqualität
Die pädagogische Prozessqualität beschreibt die Beziehungen zwischen Kindern, zwischen Kindern und Erwachsenen.

Strukturqualität
Strukturqualität macht Aussagen darüber, womit die Qualität erreicht werden soll, finanziellen Rahmenbedingungen, räumliche Bedingungen, Personalausstattung, ► Personalentwicklungsmaßnahmen.

Ergebnisqualität
Ergebnisqualität zeigt, ob das Versprochene, die im Qualitätsprozess erarbeiteten Standards, auch eingehalten worden sind.

Qualitätsentwicklung
Alle Maßnahmen, die zu einer systematischen Qualitätsverbesserung beitragen.

Gründe für Qualitätsentwicklung:
- Maßstäbe für die Bewertung für das eigene Handeln zu finden, in einem Arbeitsbereich, für den es bisher wenig konkrete messbare Vorgaben gab.
- Notwendigkeit der Profilierung durch Konkurrenzsituationen.
- Wirtschaftliche Gründe: Wenn eine Kindertageseinrichtung genau weiß, was wie mit welchen Mitteln gemacht werden soll, können Finanzmittel zielgerichtet und damit sinnvoll eingesetzt werden.

Bedeutung von Qualität in Tageseinrichtungen für Kinder:
- Prioritätensetzung in der pädagogischen Arbeit
- Schärfung des Profils der Einrichtung
- Optimierung von Abläufen und Prozessen

- ▶ Personalentwicklung und ▶ Teamentwicklung
- Möglichkeit der Erfolgskontrolle

Qualitätsperspektiven

Das EU Netzwerk Kinderbetreuung der Europäischen Kommission benannte drei Perspektiven, von denen aus Qualität beurteilt wird:
- Sichtweise der Kinder
- Sichtweise der Eltern
- Sichtweise der Fachkräfte

Qualitätssicherung

Alle Maßnahmen zur Erhaltung eines bestimmten Qualitätsstandards.

Qualitätsstandards

Qualitätsstandards beschreiben eine bestimmte Qualität anhand definierter Merkmale und Kriterien, z. B.: Qualitätsstandard in einer Kindertagseinrichtung ist, dass mindestens einmal im Jahr ein Entwicklungsgespräch mit Eltern geführt wird.

Evaluation

Evaluation (frz. Evaluation = Schätzung, lat. Valere = stark, wert sein) ist eine systematische und kriterienbezogene Be- und Auswertung eines Vorhabens. Evaluation ist fester Bestandteil der Qualitätssicherung und -entwicklung. Es ist Leitungsaufgabe, personelle Veränderungen und deren Auswirkungen auf die Qualität der Einrichtung zu erfassen und auszuwerten. Ebenso gehört es zu ihren Aufgaben, Mängel und Schwachstellen in der pädagogischen Arbeit zu beheben und Mitarbeiterinnen Verfahren zur Selbsteinschätzung ihrer Arbeit zur Verfügung zu stellen. Nach Möglichkeit beteiligt sich die Einrichtung an externen Evaluationen (Tietze/Viernickel, 2002).

Formative Evaluation
Die Evaluation findet während des Vorhabens statt und die Ergebnisse fließen zur weiteren Verbesserung mit ein.

Summative Evaluation
Die Evaluation findet nach Beendigung des Vorhabens statt.

Item

Ein Bestandteil, ein Element z. B. eines Kataloges mit Qualitätskriterien.

Zertifizierung

Kindertageseinrichtungen können sich z. B. nach DIN EN ISO 9000 ff. zertifizieren lassen, nachdem sie ein Qualitätsmanagementsystem und ein Qualitätshandbuch erarbeitet haben. Die Zertifizierung erfolgt durch dafür zugelassene Unternehmen.

Qualitätskonzepte

DIN EN ISO 9000 ff

Die ISO (**I**nternational **S**tandard **O**rganisation) ist ein Zusammenschluss von bedeutenden Normenverbänden. Die Normenfamilie 9000–9004 ist als deutsche Industrienorm (DIN), als europäische (EN) und internationale Normfamilie (ISO) gültig. 9000 bedeutet die Nummer der Normengruppe im Bereich Qualitätssicherung. Nach einer Revision im Jahr 2000 ist die Normfamilie unter der Bezeichnung ISO 9000:2000 in Gebrauch. Das Konzept kommt aus der Wirtschaft und wird seit einiger Zeit auch in sozialen Organisationen angewandt. In einem Qualitätshandbuch werden in 20 Kapiteln u. a. Organisationsstrukturen, Abläufe, Verantwortlichkeiten, Dokumentationsstrukturen beschrieben. Die Einhaltung der Qualitätsstandards wird geprüft und durch ein Zertifikat bestätigt. Hinter DIN ISO 9000 ff. steht kein pädagogisches Konzept, inhaltliche Festlegungen zu pädagogischer Qualität fehlen. Das Zertifizierungsverfahren nach DIN ISO 9000 ff. ist für ▶ Träger teuer.

KES – Kindergarten Einschätzskala

1997 war die KES in Deutschland das erste Instrument zur Einschätzung von Qualität in Kindertageseinrichtungen. Die KES ist die deutsche Version der amerikanischen Early Chilhood Environment Rating Scale. 2001 kam die neue Version KES-R heraus. Anhand standardisierter Qualitätsmerkmale kann an Schätzskalen die Qualität einer Kindertageseinrichtung eingeschätzt werden. Bereiche der KES-R sind: Platz und Ausstattung, Betreuung und Pflege der Kinder, Sprachliche und kognitive Anregungen, Aktivitäten, Interaktionen, Strukturierung der pädagogischen Arbeit, Eltern und Erzieherinnen. Die Einschätzung soll durch geschulte Anwender erfolgen.

Kronberger Kreis

„Der Kronberger Kreis für Qualitätsentwicklung in Kindertagesstätten" entwickelte sich aus dem Projekt des Deutschen Jugendinstituts (DJI) „Orte für Kinder". Das Konzept „Qualität im Dialog entwickeln" ist ein Ansatz zur Qualitätsentwicklung und Selbstevaluation im Kindergarten und sieht den ▶ Situationsansatz als Bezugsgröße. Im Gegensatz zur KES werden keine Qualitätskriterien festgelegt, sondern ein Kindergarten soll unter Einbeziehung von Nutzern, Träger und Kooperationspartnern seine Arbeit reflektieren und weiterentwickeln.

TQM Total Quality Management

TQM ist ein Managementmodell und geht davon aus, dass Qualität eine umfassende Managementaufgabe darstellt. Die Deutsche Gesellschaft für Qualität e.V. definiert TQM: *„TQM ist eine auf der Mitwirkung aller ihrer Mitglieder beruhende Führungsmethode einer Organisation, die Qualität in den Mittelpunkt stellt und durch Zufriedenstellung der Kunden auf langfristigen Geschäftserfolg sowie auf Nutzen für die Mitglieder der Organisation und für die Gesellschaft zielt."*

Nationale Qualitätsoffensive für Kindertageseinrichtungen

Die „Nationale Qualitätsoffensive im System der Kindertageseinrichtungen für Kinder" wurde 1999 vom Bundesministerium für Familie, Senioren, Frauen und Jugend gemeinsam mit zehn Bundesländern, kommunalen und freien Trägern ins Leben gerufen.

Ziel der Nationalen Qualitätsoffensive war es, Instrumente zur Feststellung der Qualität der Arbeit in Tageseinrichtungen – Krippen, Kindergärten und Horten – zu entwickeln. In fünf Teilprojekten wurden Qualitätskriterien für Kindertageseinrichtungen erstellt, geeignete Evaluationsverfahren entwickelt und praktisch erprobt (Tietze/Viernickel 2002).

5. Management und Recht

5.1 Führungs- und Leitungsaufgaben

Der Führungsbegriff wird in der Literatur unterschiedlich definiert, auch in seinem Verhältnis zum Begriff Leitung. Oft werden beide Begriffe in einem umfassenden Sinn synonym verwendet. Andere Definitionen unterscheiden Führung und Leitung. Leitung wird dementsprechend eher als sachbezogene Führung der Organisation definiert. Führung demgegenüber betont mehr den personalen Aspekt: Führung als zielbezogene Beeinflussung von Mitarbeiterinnen, die zu einem guten Stück bereit sind, sich führen zu lassen. **Management** kann als die umfassende Gestaltung und Lenkung einer Organisation bezeichnet werden.

Führungsaufgaben
sich selbst führen, Visionen entwickeln, strategisch denken, Kräfte und Ressourcen auf die Aufgabenerfüllung hin bündeln, Gruppenaktivitäten initiieren, Ziele erarbeiten, Arbeitsklima fördern, Probleme managen, Konflikte managen, ▶ Teamarbeit fördern, Aufgaben gliedern, Arbeitsabläufe organisieren, Mitarbeiterinnen auswählen, Mitarbeiterinnen motivieren, Mitarbeiterinnen bei ihrer Aufgabenerfüllung unterstützen und fördern, Arbeitsergebnisse kontrollieren

Führungskompetenzen
- Fachkompetenz (Fachwissen)
- Methodenkompetenz (Arbeitstechniken, Moderationsmethoden)
- Strategische Kompetenz (Strategien entwickeln)
- Sozialkompetenz (Selbstständigkeit, Teamfähigkeit, Konfliktfähigkeit, Emotionale Fähigkeiten, kommunikative Fähigkeiten, Fähigkeiten zur Gestaltung des Betriebsklimas)

Führungsstile
In Anlehnung an den amerikanischen Sozialpsychologen Levin:
- **Autoritärer Führungsstil**: Führung durch anordnen, korrigieren, kontrollieren.
- **Kooperativ-integrativer Führungsstil**: Mitarbeiter kennen die Ziele und haben konkrete Aufgaben, Mitarbeiter kontrollieren Zielerreichung.

– **Laisser-faire Führungsstil**: Wenig oder keine Vorgaben, jeder kann in einem weit gesteckten Rahmen machen, was er will.
– **Charismatischer Führungsstil**: Führung durch die Ausstrahlung, die eine Persönlichkeit hat.
– **Bürokratischer Führungsstil**: Regelungen und Vorschriften bestimmen das Handeln, Eigeninitiative wird unterdrückt.

Coaching

Coaching ist die Beratung und Begleitung von Führungskräften. Der Begriff stammt ursprünglich aus den USA. Durch die individuelle Beratung und Begleitung durch geschulte Spezialisten sollen möglichst viele Potenziale der gecoachten Personen geweckt werden.
Grundlage von Coaching ist die Freiwilligkeit der Inanspruchnahme.
Inhalte von **Einzelcoaching**:
– Ausgestaltung der Berufsrolle, Rollenklärung
– Reflexion von Verhaltensstrategien
– Erarbeitung von neuen Verhaltenstrategien
– Klärung von Problemstellungen
– Karrierefragen
– Verhältnis von Beruf und Privatleben
Die Rolle des Coachs ist dabei nicht die des Problemlösers, sondern die des Begleiters, der zusammen mit dem Gecoachten Lösungen sucht, bzw. den Gecoachten in die Lage versetzt, selbst auf Lösungen zu kommen.
Je nach Ansatz gibt es starke Überschneidungen zwischen ▶ Supervision und Coaching.
Egal, ob Supervision oder Coaching, eine regelmäßige Begleitung von Leitungskräften in Kindertageseinrichtungen sollte Standard sein.

Instrumente der Personalführung

▶ *Abmahnung*
Beurteilung
Eine Beurteilung bewertet das Verhalten und die Arbeitsleitung einer Mitarbeiterin. Im Gegensatz zum ▶ Zeugnis hat eine Beurteilung nur eine so genannte Innenwirkung, d. h. sie dient innerbetrieblichen Zwecken (Höhergruppierung, zum Ablauf der Probezeit, Versetzung, Personalentwicklungsmaßnahmen). Ein weiterer Unterschied zum Zeugnis ist, dass in einer Beurteilung auch negative Formulierungen, die allerdings belegbar sein müssen, enthalten sein können.
Innerhalb eines **Beurteilungsgespräches** nehmen Vorgesetzte und Mitar-

beiterin jeweils Stellung zu einzelnen Punkten von Arbeitsleistung und Verhalten der Mitarbeiterin, mit dem Ziel, möglichst zu einer gemeinsamen Sichtweise zu kommen. Hilfsmittel für ein Beurteilungsgespräch können standardisierte Beurteilungsbögen sein.

Dienstanweisungen

Anweisungen von Vorgesetzten an Mitarbeiterinnen im öffentlichen Dienst sind Dienstanweisungen. Die Anweisungen müssen sich auf dienstliche Belange beziehen und dürfen nicht gegen geltendes Recht verstoßen.

Mit Dienstanweisungen sollten Leitungen von Kindertageseinrichtungen vorsichtig umgehen und genau abwägen, wann der Einsatz sinnvoll ist.

Delegation

(lat. delegatio = anweisen) Aufgaben und Kompetenzen werden von der Führungskraft auf Mitarbeiterinnen übertragen. Letztendlich behält die Führungskraft aber die Verantwortung. Ziele der Delegation: Entlastung der Führungskraft, Effizienz von Abläufen, Motivation bei den Mitarbeiterinnen, Förderung der Arbeitszufriedenheit.

Jahresgespräch

Ein Jahresgespräch fördert die Beziehung zwischen Führungskraft und Mitarbeiterin und dient der Motivation von Mitarbeiterinnen. Die Führungskraft kann sich ein Bild von der Arbeitssituation und Arbeitszufriedenheit der Mitarbeiterin machen, um gegebenenfalls unterstützende und fördernde Maßnahmen ergreifen zu können.

Im Einzelnen können verschiedene Bereiche Schwerpunkte eines Jahresgespräches sein:

- Die Führungskraft und die Mitarbeiterin geben sich gegenseitig ein ► Feedback.
- Die Führungskraft und die Mitarbeitern legen gemeinsam Ziele fest.
- Die Führungskraft und die Mitarbeitern klären Erwartungen.
- Die Führungskraft beurteilt das Verhalten und die Arbeitsleistung der Mitarbeiterin.
- Die Mitarbeiterin äußert sich zu ihrer Arbeitszufriedenheit.

Kritikgespräch

Kritikgespräche gehören zu den wichtigen Führungsaufgaben und sollten dementsprechend gut vorbereitet sein. Es sollte genau definiert sein, welches Verhalten oder welche Arbeitsergebnisse kritisiert werden und was eine Mitarbeiterin verändern soll. Dabei ist es stets wichtig, die Kompetenzen und Stärken einer Mitarbeiterin zu beachten. Erkennt eine Mitarbeiterin den Nutzen der Kritik, ist ihre Motivation höher, das Verhalten und die Arbeitsleitung zu verbessern. Ein Kritikgespräch sollte angekündigt sein, damit sich auch die Mitarbeiterin darauf vorbereiten kann. Im Kritikgespräch legt die Führungskraft ihre Ziele dar, ihre Vorstellung davon, was sich wie ändern soll. Zur Zielerreichung kann die Mitarbeiterin Vorschläge machen. Ein Unterstützungsbedarf der Mitarbeiterin ist gegebenenfalls zu klären. Die Ergebnisse werden schriftlich festgehalten und in einem Nachgespräch wird überprüft, ob die Vereinbarungen eingehalten worden sind.

Zielvereinbarungsgespräch

Zielen kommt im Bereich der Führung eine wesentliche Rolle zu. Wenn die Ziele klar sind, weiß jeder, auf was man hinarbeitet und was dafür zu tun ist. Vorgesetzte müssen die Ziele ihrer Organisation mit ihren Mitarbeiterinnen erreichen. Dazu können Aufgaben und die dazugehörigen Kompetenzen delegiert werden. Über Zielvereinbarungsgespräche erfolgt somit eine konsequente Arbeitsplanung mit den Mitarbeiterinnen, die in die Festlegung der Ziele mit einbezogen werden können. Dadurch werden sie in die Lage versetzt, ein hohes Maß an Eigenverantwortlichkeit und Selbststeuerung zu zeigen. Die Leistungskontrolle erfolgt über einen Soll-Ist-Vergleich. Im positiven Fall wirken sich die Ergebnisse der Gespräche motivierend auf die Mitarbeiterinnen aus. Die Ziele müssen klar formuliert, messbar und erreichbar sein. Sowohl die Führungskraft als auch die Mitarbeiterin sollen die Ziele überprüfen können. Die Ergebnisse von Zielvereinbarungsgesprächen können in ▶ Beurteilungsgespräche mit einfließen.

Dienst- und Fachaufsicht

Aufsicht und Kontrolle eines Vorgesetzten über die Art und Weise der Erfüllung der Pflichten, die ein Angestellter gegenüber seinem Arbeitgeber hat. Die Leiterin einer Kindertageseinrichtung hat die Dienstaufsicht über die Erzieherinnen. Indem sie eine Erzieherin auf ihr regelmäßiges Zu spät Kommen und die möglichen Konsequenzen hinweist, nimmt sie ihre Dienstaufsicht wahr. Die Fachaufsicht ist die Aufsicht und Kontrolle eines Vorgesetzten über die Art und Weise der Aufgabenerfüllung der Mitarbeiterinnen. Die Leiterin einer Kindertageseinrichtung hat die Fachaufsicht über die Erzieherinnen. Indem sie eine Erzieherin auf fachliche Fehler aufmerksam macht, nimmt sie ihre Fachaufsicht wahr.

Personalentwicklung

Zur Personalentwicklung gehören all die Maßnahmen, die Mitarbeiterinnen für die Bewältigung ihrer Aufgaben qualifizieren. Schwerpunkte sind Maßnahmen, die die Persönlichkeitsbildung und die fachliche Bildung betreffen. Personalentwicklung bezieht sich auf die Bereiche:

- Einarbeitung
- Fortbildung
- Laufbahngestaltung
- Umschulung

Instrumente der Personalentwicklung

Einführung neuer Mitarbeiter

Personalentwicklung beginnt früh, mit der Einführung neuer Mitarbeiter. Grundlage hierfür ist ein Einarbeitungskonzept.

Fortbildung

Vertiefung und Verfestigung von beruflichem Know-How oder das Lernen von neuen Arbeitsansätzen, Methoden.

Mitarbeiterinnengespräch

Im Mitarbeiterinnengespräch erfolgt durch den Vorgesetzten z.B. eine Rückmeldung zur Arbeitsleistung, wird Lob oder Kritik geäußert, werden Ziele entwickelt und Perspektiven in der Organisation erarbeitet.

▶ *Supervision*

Umschulung

Weil der Erstberuf kann nicht mehr ausgeübt werden kann, wird eine Mitarbeiterin innerhalb der Organisation oder außerhalb für eine neue Tätigkeit bzw. für einen neuen Beruf geschult.

Weiterbildung

Nach der Berufsausbildung wird i.d.R. während der Berufstätigkeit eine Zusatzqualifikation (z.B. Weiterbildung zur Heilpädagogin) erlangt.

Team/Teamarbeit

Ein Team ist eine Gruppe von Personen (im Idealfall zwischen 4 und 8 Personen)

- deren Fähigkeiten sich ergänzen,
- die sich für eine gemeinsame Sache einsetzen (Vision),
- gemeinsame Leistungsziele haben,

– die einen gemeinsamen Arbeitsansatz haben,
– sich gegenseitig dafür verantwortlich fühlen, wie miteinander umgegangen wird,
– die gemeinsam beraten und entscheiden und
– in der die regulären betrieblichen Hierarchien keine Rolle spielen.

Bezüglich des Unterschiedes zwischen Teams und Gruppen trifft man in der Literatur auf verschiedene Ansätze. Es gibt Positionen, nach denen ein Team mit einer Gruppe gleichgesetzt wird. Dagegen stehen Definitionen, die eindeutig zwischen Gruppe und Team unterscheiden. In diesem Fall kann eine (Arbeits-)Gruppe wie folgt definiert werden:

Gruppe

Eine Gruppe ist eine bestimmte Anzahl von Personen,
– die über eine bestimmte Zeit miteinander agieren,
– die sich als Einzelpersonen wahrnehmen,
– sich als Gruppe wahrnehmen,
– die im Verhalten und in der Arbeitsleistung voneinander abhängig sind.

Das Team unterscheidet sich von der Gruppe dadurch, dass in diesem durch die gemeinsamen Anstrengungen und Vereinbarungen Synergieeffekte auftreten, die eine Gruppe nicht erreicht.

In Kindertageseinrichtungen arbeiten i.d.R. verschiedene Menschen in unterschiedlichen Hierarchien zusammen, sodass man nicht von Teams im engeren Sinne ausgehen kann, obwohl in der Alltagssprache „das Team" und „die Teamarbeit" häufig vorkommende Begriffe sind.

Teamentwicklung

Teamentwicklung sind Maßnahmen, die dazu dienen, die Zusammenarbeit im Team zu verbessern. Teamentwicklung kann unmittelbar stattfinden, z.B. in einer ► Supervision.

Mittelbar findet Teamentwicklung z.B. statt, wenn an Klausurtagen ein Thema bearbeitet wird, das Team sich besser kennen lernt und dadurch insgesamt die Qualität der Zusammenarbeit steigert.

Mitarbeiterinnen in schwierigen Situationen
Burnout
Burnout (engl. = ausbrennen) ist ein Zustand, der vor allem in sozialen Berufen als eine Art Berufskrankheit beobachtet wird. Burnout entsteht langsam, oft aus einem starken Engagement heraus und ist die Folge von überhöhten Erwartungen an sich selbst oder seitens der Organisation. Burnout zeigt sich in einem Verlust an Energie und Erschöpfung, mit Rückzug vom Arbeitsleben und einem damit verbundenen schwachen Engagement.

Innere Kündigung
Mitarbeiterinnen nehmen ihre Tätigkeit ohne Engagement und Motivation wahr, machen den sog. „Dienst nach Vorschrift". Sie verabschieden sich von ihrer Tätigkeit, ohne die Organisation offiziell zu verlassen. Gründe für eine innere Kündigung können sein: schlechte Führungsqualität, Konflikte, Arbeitsüberlastung. Anzeichen: hohe Fehlzeiten, kein Aufstiegsinteresse, keine Verbesserungsvorschläge, keine Diskussionsbeiträge oder reines „Ja-Sagen", schlechter Umgang mit Kolleginnen, Eltern, Kindern.

Mobbing
Mobbing ist das geplante und gezielte böswillige Handeln einer Person gegen Kolleginnen, Mitarbeiterinnen oder Vorgesetzte, um diese zu verletzen, auszugrenzen und zum Kündigen zu bewegen. Gegen Mobbing vorzugehen, ist Aufgabe von Leitungen in Kindertageseinrichtungen.

5.2 Kommunikation

Kommunikation (lat communicatio = Mitteilung, Unterredung) ist die Verständigung, der Austausch von Informationen zwischen Personen mittels Sprache, **Mimik** (Wechsel im Ausdruck des Gesichts) oder **Gestik** (Ausdruck, Bewegungen des ganzen Körpers). Voraussetzung von Kommunikation sind mindestens zwei Partner. Ein **Sender**, der Informationen weitergibt, und ein **Empfänger**, der die Informationen aufnimmt und entschlüsselt. Damit es zur Verständigung kommt, müssen Sender und Empfänger den verwendeten Code kennen und beherrschen. Um Störungen in der Kommunikation zu beheben, ist eine Rückkoppelung (Feedback) notwendig.

Nonverbale Kommunikation
Kommunikation mittels der Körpersprache: Mimik, Gestik, Körperhaltung oder Handlungen (z. B. weglaufen, schlagen).

Kodierung
Ein Sender verschlüsselt seine Botschaft an den Empfänger.

Emission
Die Übermittlung der verschlüsselten Botschaft durch den Sender an den Empfänger.

Rezeption
Der Empfänger nimmt die verschlüsselte Botschaft auf.

Dekodierung
Der Empfänger entschlüsselt die empfangene Nachricht.

Beziehungsebene
Wie zwei Menschen innerhalb ihrer Kommunikation sich sehen, was sie voneinander halten. Existieren Störungen auf der Beziehungsebene, ist die Kommunikation auf der Sachebene schwierig. Fehlt z. B. die nötige Wertschätzung dem Gesprächspartner gegenüber, werden häufig Sachinhalte missverstanden.

Sachebene
Die Sachthemen innerhalb der Kommunikation von zwei Menschen, z. B. die Entscheidung, was beim Betriebsausflug der Kindertageseinrichtung gemacht wird. Es kommt im Team zu keiner Entscheidung, weil es Konflikte der Mitarbeiterinnen auf der Beziehungsebene gibt.

Axiome für eine wechselseitige Kommunikation
Watzlawick u.a. formulierten 5 Gesetzmäßigkeiten, die Kommunikationsprozesse steuern:
- Man kann nicht nicht kommunizieren – auch Schweigen bedeutet etwas.
- Jede Nachricht hat eine ▶ Inhaltsebene und eine ▶ Beziehungsebene. Mit jeder Nachricht gibt der Sender eine Stellungnahme dazu ab, wie er die Beziehung zum Empfänger definiert. Der Beziehungsaspekt bestimmt den Inhaltsaspekt, d. h. er liefert den Hinweis, wie die Mitteilung aufzufassen ist.

- Die Interpunktion von Ereignisfolgen – jeder Gesprächsteilnehmer hat seine eigene Sicht der Wirklichkeit und damit eine eigene Sicht von Ursache und Wirkung in der Kommunikation („der andere hat angefangen").
- Nebeneinander von digitalen und analogen Ausdrucksformen – digitale Kommunikation ist die Sprache, analoge Kommunikation alles andere (Tonfall, Gestik, Körperkontakt etc.): Digitale Kommunikation ist eindeutig und dient der Übermittlung des Sachaspekts, analoge Kommunikation ist mehrdeutig und dient der Übertragung des Beziehungsaspekts.
- Symmetrische und komplementäre Kommunikation – in symmetrischen Beziehungen sind die Gesprächspartner gleich stark, gleich schwach etc. In komplementären Beziehungen sind die Gesprächspartner ungleich, es begegnen sich Leitung und Mitarbeiterin, Erzieherin und Kind.

Anatomie einer Nachricht nach Schulz von Thun

Eine Nachricht hat immer vier Seiten:
- **Sachinhalt**: Worüber ich informiere – das Empfängerohr hört den Sachverhalt.
- **Selbstkundgabe oder Selbstoffenbarung**: Was ich von mir zu erkennen gebe – das Empfängerohr nimmt wahr: Was ist das für eine, was sagt sie über sich?
- **Beziehungshinweis**: Was ich von dir halte, wie wir zueinander stehen – das Empfängerohr hört: Wie steht sie zu mir, was hält sie von mir?
- **Appell**: Was ich bei dir erreichen möchte – das Empfängerohr hört: Was will sie von mir?

Gespräche

Gespräche spielen in Kindertageseinrichtungen eine bedeutende Rolle. Methoden zur Gesprächsführung gehören zum Handwerkzeugs von Erzieherinnen.

Gesprächsarten
- Anmeldegespräch
- Bewerbungsgespräch
- ► Entwicklungsgespräch
- ► Kritikgespräch
- ► Zielvereinbarungsgespräch
- ► Jahresgespräch

Methoden der Gesprächsführung

Aktives Zuhören

Aktives Zuhören ist mehr eine Haltung, mehr als eine Technik und bedeutet, sich in sein Gegenüber einzufühlen und das Gesagte mit eigenen Worten zu spiegeln. Aktives Zuhören bewirkt, dass sich ein Gesprächspartner verstanden fühlt. Damit wird er sich auch besser auf das Gegenüber einlassen können. Außerdem kann die Rückmeldung durch das aktive Zuhören einen Selbstklärungsprozess bewirken.

Paraphrasieren

Das Gesagte des Gesprächspartners wird in eigenen Worten und Ausdrücken wiederholt.

Verbalisieren

Gefühle oder Inhalte, die ein Gesprächspartner ausdrückt, werden in Worte gefasst, z. B.: „Sie sind über den Vorfall sehr ärgerlich".

Ich-Botschaft

Eine Ich-Botschaft ist eine Selbstoffenbarung mit dem Ziel, dem Gesprächspartner etwas über sich selbst mitzuteilen. In Situationen, wo sich der Gesprächspartner schnell angegriffen fühlt, kann eine Ich-Botschaft zur Entspannung beitragen.

Du-Botschaft

Eine Du-Botschaften teilt einem Gesprächspartner mit, wie er von seinem Gegenüber gesehen wird, wie er wirkt. Du-Botschaften können kontaktfördernd, aber auch verletzend sein bzw. Schuldzuweisungen treffen, z. B. „Du bist immer so unflexibel".

Feedback

Eine Person erfährt durch eine andere Person, wie sie wirkt. Feedback ermöglicht eine Angleichung von ► Selbstwahrnehmung und ► Fremdwahrnehmung. Feedback kann im Zweier-Gespräch oder im ► Team erfolgen.

Feedbackregeln

- ► Ich-Botschaften
- Feedback geben, wenn der andere aufnahmebereit ist
- konkret das Verhalten beschreiben
- nicht be- oder verurteilen
- zeitnah Rückmeldungen geben oder einfordern
- Wünsche formulieren, anstelle von Du-Botschaften

Feedbackinstrumente
- ► Ich-Botschaften
- ► Du-Botschaften
- Blitzlichtrunde im Team (jedes Teammitglied sagt kurz, was in ihm vorgeht)

Fragetechniken

Offene Fragen
Die Gesprächsführerin fragt so, dass eine Gesprächspartnerin nicht nur mit ja oder nein antworten muss, sondern sich umfassender äußern kann. Über offene Fragen erfährt man viel über die Gesprächspartnerin, z.B. „Wie erleben Sie unsere Arbeit im Hort?"

Geschlossene Fragen
Die Gesprächspartnerin kann nur mit ja oder nein antworten. Geschlossene Fragen werden eingesetzt, um ein Gespräch in eine bestimmte Richtung zu lenken, z.B. „Hatten Sie im letzten Kindergarten Schwierigkeiten?"

Hypothetische Fragen
Betonen die Veränderbarkeit von Verhaltensmustern, z.B. „Was wäre, wenn Ihr Kind nicht mehr im Hort, sondern zu Hause wäre?"

Lineare Fragen
Durch lineare Fragen erfährt die Gesprächsführerin Hintergründe, Sachverhalte, z.B. „Wie war das damals für ihr Kind, als die umgezogen sind?"

Suggestivfragen
Suggestivfragen beeinflussen den Gesprächspartner und ermöglichen keine faire, unvoreingenommene Gesprächsführung, z.B. „Sehen Sie das nicht genauso so, dass …?"

Zirkuläre Fragen
Eine Person wird über eine andere Person gefragt, z.B. „Was glauben Sie meint Ihr Mann dazu?" Zirkuläre Fragen kommen aus der systemischen Familientherapie und dienen u.a. dazu, Zusammenhänge und Unterschiede zu erforschen. Sie sollten nur mit Übung angewandt werden.

Metakommunikation
Die Kommunikation über die Kommunikation bzw. das Besprechen über den momentanen Kommunikationsprozess, z.B. am Ende der Teambesprechung, stellt die Leiterin folgende Frage an ihre Kolleginnen „Wie habt ihr die Besprechung erlebt?"

Kommunikationsstörungen

Doppelbindungen (Double Binds)

Innerhalb einer Nachricht werden Informationen vermittelt, die im Widerspruch stehen, z. B.: Die Leiterin sagt ihrer Mitarbeiterin, dass sie sie schätzt, schaut aber die ganze Zeit auf das Telefon oder wendet einen abfälligen Tonfall an, der keine Wertschätzung entgegenbringt.

▶ Du-Botschaften

Du-Botschaften können im falschen Zusammenhang durch ihre hohe Emotionalität einen hohen Schaden anrichten.

Versteckte Botschaften

Ein Gesprächspartner macht eine Mitteilung, ohne seine eigentlichen Beweggründe, Gefühle mitzuteilen, z. B. die Aussage der Leiterin „Lassen Sie es die Kollegin machen, die hat mehr Zeit." Eigentlich traut sie der Mitarbeiterin die Aufgabe nicht zu, kann es ihr aber nicht sagen.

Konflikte

Ein Konflikt (lat. Conflictus = Zusammenstoß) ist als eine Kommunikationsstörung, wenn mehrere (mindestens zwei) Interessen, Ziele, Pläne, Bedürfnisse aufeinanderprallen und im Gegensatz zueinander stehen. Interpersonelle Konflikte oder soziale Konflikte gehören zum menschlichen Dasein, trotzdem werden sie in der Vorausnahme oder im Konflikthandeln als unangenehm erlebt und oftmals zum Tabuthema erklärt. Positive Aspekte von Konflikten wie Weiterkommen, Klärung, Annäherung sollten mehr im Vordergrund stehen. Erzieherinnen in Kindertageseinrichtungen sind täglich mit Konflikten konfrontiert, in der Arbeit mit den Kindern (Konflikte zwischen Kindern und Konflikte zwischen Kindern und Erzieherinnen) und auf der Erwachsenenebene (Konflikte unter Mitarbeiterinnen, Konflikte zwischen Leitung und Mitarbeiterin, Konflikte zwischen Erzieherin und Eltern).

Intrapersonaler Konflikt

Der Konflikt spielt sich in einer Person ab. Z. B.: Eine Erzieherin ist hin- und hergerissen, ob sie eine beobachtete Auffälligkeit gleich im ersten Elterngespräch mitteilen soll.

Interpersoneller Konflikt

Ein Konflikt zwischen zwei oder mehr Personen.

Konfliktmanagementmodelle

Keiner verliert Methode

(nach Gordon) bzw.: Jeder gewinnt, win-win-Methode

Gordon beschreibt eine Strategie, nach der beide Konfliktparteien als Sieger aus dem Konflikt herausgehen sollen.

1. Schritt: Probleme werden als unbefriedigte Bedürfnisse definiert.
2. Schritt: Lösungsvorschläge mittels Brainstorming erarbeiten.
3. Schritt: Bewertung der Lösungsvorschläge.
4. Schritt: Entscheidung (keine Abstimmung, um die Bildung eines Verlierers zu vermeiden) für einen Lösungsvorschlag.
5. Schritt: Planung der Lösung, Ausführung und Vertrag abschließen.
6. Schritt: Ggf. Überprüfung und Neubewertung der Situation.

Mediation

Mediation (lat. = Vermittlung) ist ein auf Freiwilligkeit angelegtes Verfahren zur Konfliktregelung, das durch ein oder zwei überparteiliche Moderatoren (**Mediatoren**) durchgeführt wird. Ein Mediator benötigt eine Zusatzqualifikation. Mediation wird vor allem bei außergerichtlichen Streitfällen um familien- und kindschaftrechtliche Fragen angewandt.

Im Mediationsprozess geht es in mehreren Schritten um die Erarbeitung einer Vertrauensbasis, die Darstellung unterschiedlicher Standpunkte und Interessen und um die Erarbeitung von Lösungen.

5.3 Organisation – Betriebsführung – Verwaltung

Aufgabenbeschreibung

Die Aufgabenbeschreibung regelt die einzelnen Aufgaben und Tätigkeiten einer Stelle und ist für die finanzielle Eingruppierung von Bedeutung.

Beschwerdemanagement

Eine Beschwerde ist die Rückmeldung z. B. von Eltern (die als Kunden einer in Anspruch genommenen Dienstleistung bezeichnet werden können), mit dem Ziel, auf von ihnen subjektiv empfundene Fehler in der Organisation hinzuweisen und um ggf. eine Veränderung in der Organisation zu erreichen, z. B. Ein Vater beschwert sich im Hort darüber, dass sein Kind die Hausaufgaben nicht vollständig erledigt hat. Eine Beschwerde wird in der Praxis oft als Störung empfunden und kann Unsicherheit und Rechtfertigungsverhalten auslösen. Dabei ist das Potenzial für die Organisation zu beachten, das im positiven Umgang mit Beschwerden liegt.

Beschwerdemanagement ist das Wollen, das bewusste Aufgreifen von Beschwerden und deren Einleitung in einen Bearbeitungsprozess, an dessen Ende ein konstruktiver Umgang mit der Beschwerde steht. Das Beschwerdemanagement ist Leitungsaufgabe. Der Ablauf mit entsprechenden Standards kann in einer Teambesprechung erarbeitet werden, mit dem ▶ Elternbeirat besprochen und transparent gemacht werden. Regelmäßige Umfragen, Briefkästen für Anregungen, Lob und Kritik können das Beschwerdemanagement erleichtern. Grundvoraussetzung ist eine Haltung, die Kritik, Beschwerden als Chance zur Weiterentwicklung für die Einrichtung sieht. Gleichzeitig werden die Eltern als Beschwerdeführer ernst genommen. Aber auch Beschwerden von Kindern sollten von Erzieherinnen ernst genommen werden und z. B., wenn sinnvoll, in ▶ Kinderkonferenzen besprochen werden.

Besuchskinder

Besuchskinder können sein: Ehemalige Kinder, die ihren Kindergarten oder Hort besuchen, Geschwisterkinder, ein Kind, das für einen Tag in den Kindergarten kommen kann, weil die Mutter krank ist, Kinder, die vor der Aufnahme zu einem sog. „Schnuppertag" kommen dürfen. In der Kindertageseinrichtung sollte man sich darauf verständigen, wie die Besuche geregelt werden können. Es kann sinnvoll sein, die Zahl der Besuchskinder zu begrenzen oder Zeiten festzulegen, in denen die Kinder kommen können. Besuchskinder sind unfallversichert und müssen, wenn sie in der Einrichtung sind, von den Erzieherinnen mitbetreut und mitbeaufsichtigt werden.

Corporate Identity

Der Begriff kommt aus dem Amerikanischen und bezieht sich auf alle Aussagen eines Unternehmens, einer Organisation, die helfen, dass sich die Mitarbeiterinnen mit ihm identifizieren können und dass es in seiner Außenwirkung als eine Organisation mit einem eigenständigen Profil wahrgenommen wird. Corporate Identity entsteht, wenn zentrale Aussagen über Ziele, Grundsätze, Werte, Arbeitshaltungen, Formen der Zusammenarbeit, über Zielgruppen und das Verhältnis zu Kunden, Eltern, Nutzerinnen, in einer Organisation geklärt sind. Existiert daraus ein zentrales Selbstverständnis der Organisation, mit dem sich die Mitarbeiterinnen identifizieren können (das sog. „Wir-Gefühl"), das auch von außen wahrgenommen wird, dann besitzt das Unternehmen eine Corporate Identity. Die Corporate Identity hängt stark zusammen mit der Erstellung eines ▶ Leitbildes.

Datenschutz

Der Datenschutz ist zum einen im Bundesdatenschutzgesetz (BDSG) und in den Datenschutzgesetzen der Länder geregelt. Der Datenschutz betrifft alle gesetzlichen Regelungen, die das „Recht auf informelle Selbstbestimmung" sicherstellen sollen. Beim Datenschutz geht es um personenbezogene Daten, die nicht ungerechtfertigt weitergegeben werden dürfen. Jeder Einzelne soll grundsätzlich selbst über seine persönlichen Daten bestimmen können.

Zum einen dürfen Daten nur zu dem Zweck verwendet werden, zu dem sie erhoben wurden. Sie dürfen weitergegeben werden, wenn damit der Zweck erreicht wird (**Zweckbindungsgrundsatz** nach § 14 Absatz 1 BDSG).

Von weiterer Bedeutung ist das Strafgesetzbuch (StGB):

Nach § 203 StGB, Verletzung von Privatgeheimnissen, wird man bestraft, wenn man unbefugt ein fremdes Geheimnis offenbart, das einem anvertraut worden ist.

Im ► Sozialgesetzbuch VIII (SGB VIII) ist in den § 61–68 der Umgang mit Sozialdaten geregelt.

Nach § 62 (1) dürfen Sozialdaten nur erhoben werden, soweit ihre Kenntnis zur Erfüllung der jeweiligen Aufgabe erforderlich ist.

Nach § 64 (1) dürfen Sozialdaten nur zu dem Zweck übermittelt oder genutzt werden, zu dem sie erhoben worden sind

Für Erzieherinnen in Kindertageseinrichtungen ist es wichtig zu wissen, dass vor diesem Hintergrund äußerst vorsichtig mit Informationen über Kinder und Eltern umgegangen werden muss. Sinnvoll ist es, sich im Vorfeld eine Genehmigung der Eltern einzuholen, um z. B. mit Informationen zu einem Gespräch mit der Lehrerin oder Erziehungsberaterin zu gehen. Innerhalb der Kindertageseinrichtung sollten Vorkehrungen getroffen sein, damit Datenschutzbestimmungen eingehalten werden. So sollten z. B. Akten für Unbefugte nicht zugänglich sein, Computer durch Passwörter geschützt sein. Ein Datenaustausch zwischen verschiedenen Kindertageseinrichtungen zum Abgleich von Wartelisten ist nur möglich, wenn die Eltern darauf hingewiesen wurden und damit einverstanden sind. Listen mit Elternadressen und Telefonnummern dürfen nur mit Zustimmung der Eltern herausgegeben werden. Fotos, Videos dürfen nur mit Erlaubnis der Betroffenen veröffentlicht werden. Fallbesprechungen, Fallsupervisionen sollten anonym durchgeführt werden.

Dienstordnung

Eine Dienstordnung regelt rechtlich das Verhältnis zwischen Arbeitgeber und Arbeitnehmer, z. B.: Konzeptionelle Grundsätze, Aufgabenbeschreibungen, Verschwiegenheitspflicht, Pünktlichkeit, Regelung von Betreuungszeiten und Verfügungszeiten.

Dienstplan

Ein Dienstplan ist ein Instrument zur Planung des Einsatzes von Mitarbeiterinnen. Dienstpläne können zeitlich unterschiedlich strukturiert sein: Dienstpläne für eine Woche, für mehrere Wochen oder für eine Anzahl von Monaten.

Leitbild

In einem Leitbild stehen zentrale Aussagen über Ziele, Grundsätze, Werte, Arbeitshaltungen, Formen der Zusammenarbeit in einer Organisation. Weiter enthält ein Leitbild Aussagen darüber, an wen sich das Leistungsangebot der Organisation richtet und wie das Verhältnis zu Kunden, Eltern, Nutzerinnen, etc. gesehen wird. In der Innenwirkung ist ein Leitbild die Grundlage für das Handeln aller Mitarbeiterinnen in der Organisation. Gleichzeitig gibt es nach außen für die Kunden, Eltern etc. das Profil der Organisation wieder

Da ein Leitbild die Grundlage allen Handelns in der Organisation ist, müssen sich alle Mitarbeiterinnen auch mit dem Leitbild identifizieren. Dies gelingt vor allem dann, wenn die Mitarbeiterinnen so weit wie möglich in den Prozess der Leitbilderstellung mit einbezogen bzw. beteiligt werden. Die Entscheidungen müssen von der obersten Führungsebene (Amtsleiter, Abteilungsleiter, Vorsitzende) in Kraft gesetzt werden. Ein Leitbild kann als Grundlage eines ► Qualitätsmanagements gesehen werden. Eine Leitbilderarbeitung unter Beteiligung der Mitarbeiterinnen ist immer auch ein Prozess der ► Organisationsentwicklung und dient der ► Corporate Identity.

Öffentlichkeitsarbeit

Öffentlichkeitsarbeit ist eine planmäßige, strukturierte und professionell gestaltete Herstellung von Öffentlichkeit. Die Einrichtung gibt durch klare Informationen Fakten der eigenen Arbeit weiter, mit dem Ziel, Aufgaben und Ansprüche transparent zu machen, um das Ansehen in der Öffentlichkeit zu steigern und Vertrauen aufzubauen. Ist die Zielgruppe die eigene Belegschaft, so spricht man von **interner Öffentlichkeitsarbeit**. Formen **externer Öffentlichkeitsarbeit** sind Fachartikel, Internetauftritt, Prospekte, Pressekonferenz, Pressemitteilung und Tag der offenen Tür.

Organisation

Institutionaler Organisationsbegriff

Organisation als soziales Gebilde wie z. B. Träger von Kindertageseinrichtungen, Vereine, Heime, Kindertagseinrichtungen, Schulen, Verwaltungen. Soziale, gemeinnützige Organisationen werden auch **Non-Profit-Organisationen** genannt.

Instrumentaler Organisationsbegriff

Die Gesamtheit der Maßnahmen zur Strukturierung eines sozialen Systems sowie der Ordnung der Aktivitäten von Mitarbeiterinnen, der Einsatz von Mitteln und die Verarbeitung von Informationen.

- **Aufbauorganisation**: Die Aufbauorganisation zeigt die Struktur (Stellen, Abteilungen) und den Beziehungszusammenhang zwischen diesen Elementen einer Organisation und spiegelt das Gefüge der Organisation wider.
- **Ablauforganisation**: Die Ablauforganisation bezeichnet die zeitliche Gestaltung von Arbeitsprozessen innerhalb der Aufbauorganisation, z. B.: Ablauf des Anmeldeverfahrens in einer Kindertageseinrichtung.

Organisationsentwicklung

Organisationsentwicklung ist der systematische Prozess unter Einbeziehung der Mitarbeiterinnen, um eine Organisation den laufenden Veränderungen der Umwelt anzupassen. Organisationsentwicklung kann über die Veränderung der Einstellung und des Verhaltens der Mitarbeiter (personaler Ansatz), über eine Veränderung der Organisationsstruktur (struktureller Ansatz) oder über die Kombination personaler und struktureller Ansätze erreicht werden.

Subsidiaritätsprinzip

Was einzelne Institutionen (z. B. die ► Familie), Verbände oder Kirchen aus eigener Kraft tun können, soll ihnen nicht durch den Staat entzogen werden. Wenn ein ► freier Träger einen Kindergarten eröffnen will, so hat er nach dem Subsidiaritätsprinzip den Vorrang vor dem Staat bzw. der Kommune. Findet sich für einen notwendigen Kindergartenbau kein freier Träger, so ist der Staat in der Pflicht.

Träger

Ein Träger ist eine Institution, die gemeinnützige soziale Einrichtungen führt.

Öffentliche Träger

Die Kommune, der Landkreis, das Land.

Freie Träger
Unterscheiden sich von behördlichen öffentlichen Trägern in der Rechts-
form (Vereine, Stiftungen, gemeinnützige GmbHs). Mit zunehmender
Tendenz (wenn z. B. auch mehr im Pflegebereich) treten gewerbliche Träger z. B. als GmbH auf. Freie Träger sind z. B. Kirchengemeinden, die Arbei-
terwohlfahrt, Elterninitiativen, Montessori-Vereine etc.

Anstellungsträgerschaft
Mitarbeiterinnen, die z. B. in einer kirchlichen Kindertageseinrichtung arbeiten, sind bei der übergeordneten Verwaltung angestellt. Während die
Kirchengemeinde für fachliche Fragen zuständig ist, regelt die übergeordnete Verwaltung alle Fragen bezüglich des Anstellungsverhältnisses.

– **Landesjugendamt**: Das Landesjugendamt als überörtlicher Träger
  nimmt überörtliche Aufgaben nach dem KJHG wahr.
  Es erteilt für Kindertageseinrichtungen die Betriebserlaubnis nach § 45
  des ► Kinder- und Jugendhilfegesetzes (KJHG) (1). Weiter hat es noch
  mehrere andere Aufgaben: Bsp.: Die Beratung von Trägern, die Entwicklung von Empfehlungen zur Aufgabenerfüllung nach dem Kinder- und
  Jugendhilfegesetz (KJHG), die Anregung und Durchführung von Mo-
  dellprojekten. Landesjugendämter sind gegenüber Jugendämtern
  nicht weisungsbefugt.
  Das Landesjugendamt setzt sich aus dem Landesjugendhilfeausschuss
  und der Verwaltung (in der Praxis als Landesjugendamt bekannt) zusammen.

– **Jugendamt**: Das Jugendamt als örtlicher Träger (örtliche Träger sind
  Land- oder Stadtkreise) nimmt Aufgaben, in Abstimmung mit freien
  Trägern, nach dem ► KJHG wahr: u. a.: Kindertageseinrichtungen, Erzie-
  hungsberatungsstellen, Soziale Dienste, Stellen der Inobhutnahme,
  Hilfen zur Erziehung.
  Jugendhilfeausschuss: Dieser gehört zu 3/5 Vertreterinnen der öffentli-
  chen und zu 2/5 Vertreterinnen der freien Jugendhilfe an. Der Jugend-
  hilfeausschuss befasst sich mit allen Angelegenheiten der Jugendhilfe,
  erörtert aktuelle Problemlagen, macht Anregungen und Vorschläge zur
  Weiterentwicklung der Jugendhilfe, der Jugendhilfeplanung und zu der
  Förderung der freien Träger. Weiter hat er ein Beschlussrecht im Rahmen bereitgestellter Mittel.

– **Trägerqualität**: Trägerqualität ist die Summe aller Eigenschaften, die
  ein Träger von sozialen Einrichtungen aufweisen muss, damit diese Einrichtungen eine von Nutzerinnen/Kundinnen, Mitarbeiterinnen, Träger
  und der Gesellschaft definierte Leistung erbringen können.

Kindertageseinrichtung und Verwaltung

Im beruflichen Alltag hat der Begriff der Verwaltung mehrere Bedeutungen. Innerhalb einer Stadtverwaltung gibt es Ämter mit Verwaltungsabteilungen und Fachabteilungen. Ein Jugendamt ist z.B. aufgegliedert in die Abteilung Verwaltung, Abteilung Kindertageseinrichtungen, Abteilung Soziale Dienste etc. Die Verwaltung hat die Aufgabe, übergreifende Aufgaben wahrzunehmen wie z.B. Personalangelegenheiten, Bauunterhaltung, Finanzwesen. Auf der Ebene der freien Träger, z.B. der Kirchen, existieren Kirchenpflegen bzw. Gesamtkirchenpflegen, die Verwaltungsaufgaben übernehmen. Für Fachkräfte in Kindertagseinrichtungen ist die Zusammenarbeit mit „der Verwaltung" von großer Bedeutung und manchmal nicht einfach, da die Pädagoginnen und Verwaltungsfachkräfte unterschiedliche Interessen verfolgen können.

Verwaltungshandeln in der Kindertageseinrichtung: Die Leitung verwaltet i.d.R. die Finanzen, das Inventar, Daten, erarbeitet Statistiken, etc.

5.4 Finanzwesen

Bilanz

Begriff aus der Betriebswirtschaft. Kurzgefasste Darstellung des Vermögens und Kapitals einer Firma. Die Bilanz macht Aussagen über die Mittelherkunft (eigene Mittel, Fremdkapital) und Mittelverwendung (Sachanlagen wie Gebäude, Fahrzeuge etc.).

Budget

Ein Budget ist ein bestimmter Geldbetrag, der zum Wirtschaften zur Verfügung steht. I.d.R. werden Überschüsse und Defizite mit in das nächste Haushaltsjahr übertragen. Das Verfahren nennt sich **Budgetierung.**

Controlling

Controlling (engl. to control = steuern, regeln) ist ein Begriff aus der Betriebswirtschaft. Das Controlling hat die Aufgabe, die Führungsebene durch die Beschaffung und Aufbereitung von Informationen zu unterstützen. Der Begriff geht damit über eine Kontrollfunktion weit hinaus, da er Elemente der Planung und Steuerung mit einschließt. Verwaltungen, die auf ein betriebswirtschaftliches Rechnungswesen umgestellt haben, sind auf Controlling angewiesen. Controlling erfüllt folgende Aufgaben:

– Planen
– Kontrollieren und steuern
– Informationen erfassen
– Informationen aufbereiten

Fundraising

Fundraising bezeichnet verschiedene Formen der Beschaffung von Geldmitteln, Sachmitteln oder auch Zeit (z. B.: Eltern helfen bei der Gartengestaltung) für gemeinnützige Einrichtungen. Formen von Fundraising: Beschaffung von ► Spenden, Verkauf von Waren, z. B. Verkauf eines Buches mit gesammelten Rezepten der Eltern, Beschaffung von Fördermitteln, z. B. Projektgelder, Erhalt von Bußgeldern, die durch Gerichte verteilt werden, Erhalt von Kuchenspenden für ein Fest, Spiele, die gespendet werden. Die Kindertageseinrichtung braucht für die Spenden keine Gegenleistung erbringen, d. h. die Spende ist eine sog. einseitige Leistung. Ein Vertrag, im Gegensatz zum ► Sponsoring, wird nicht benötigt.

Gemeinnützigkeit

Gemeinnützigkeit bedeutet, dass Vereine, Stiftungen, gGmbHs steuerbegünstigt (Befreiung von Körperschaftsteuer, und Gewerbesteuer) sind, wenn sie gemeinnützigen, mildtätigen oder kirchlichen Zwecken dienen. Dies unter der Voraussetzung, dass ein Gewinnstreben nicht im Vordergrund steht. Gemeinnützige Zwecke: Wenn die Allgemeinheit auf materiellem, geistigen oder sittlichen Gebiet gefördert wird. Mildtätige Zwecke: Die selbstlose Unterstützung von Personen, die auf Hilfe anderer angewiesen sind. Kirchliche Zwecke: Förderung einer Religionsgemeinschaft.

Haushalt

Im Haushalt eines ► öffentlichen oder ► freien Trägers werden die Einnahmen und Ausgaben für ein Haushaltsjahr festgelegt. Ein **Doppelhaushalt** legt die Ein- und Ausnahmen für zwei Jahre fest.

Inventar

Betriebswirtschaftlich ist das Inventar die ausführliche Darstellung der einzelnen Vermögens- und Schuldenwerte. In der Praxis der Kindertageseinrichtungen versteht man unter Inventar die Einrichtungsgegenstände (Möbel, Geräte, Spielzeug etc.). Die Einrichtungsgegenstände sind im Inventarverzeichnis aufgeführt.

Social Sponsoring

Sponsoring ist eine freiwillige, i.d.R. vertraglich geregelte Vereinbarung zwischen zwei Geschäftspartnern, aus der sich beide Partner Vorteile (Leistung und Gegenleistung) erhoffen. Das gesponserte Unternehmen muss für das Geld oder für eine Sachleistung eine Gegenleistung erbringen, z.B. eine Wirschaftunternehmen sponsert einen Fußballverein und erhält dadurch neue Werbemöglichkeiten, ein neues Image. Social Sponsoring ist Sponsoring von sozialen Organisationen durch Wirtschaftsunternehmen. Die Kindertageseinrichtung erhält Geld oder Sachleistungen und verpflichtet sich z.B., den Namen des Unternehmens in der Einrichtungszeitschrift und auf der Homepage zu erwähnen.

Spenden

Eine Spende ist eine freiwillige Sach- oder Geldleistung für gemeinnützige, mildtätige, kirchliche oder politische Zwecke, für die der Spendenempfänger keine Gegenleistung erbringen muss.

5.5 Arbeits- und Tarifrecht

Im Februar 2005 vereinbarten die Arbeitgebervertreter von Bund und Kommunen mit den Gewerkschaften ein neues Tarifrecht, das wichtige Änderungen für Arbeitgeber und Arbeitnehmer enthält und den Bundesangestelltentarifvertrag (BAT) ersetzen soll.

Für die Geltungsbereiche des BAT/BAT-Ost tritt zum 1. Oktober 2005 der **Tarifvertrag für den öffentlichen Dienst** (TVöD) in Kraft.

Wichtige Neuerungen im Tarifrecht für Arbeitsnehmerinnen im öffentlichen Dienst des Bundes und der Kommunen:

– Die Unterscheidung zwischen Angestellten und Arbeiterinnen wird aufgehoben.

– Eine neue Entgelttabelle gliedert sich nach Qualifikationen und Berufsbildern in 15 Entgeltgruppen. Lebensalter- oder Dienstalterstufen werden durch Erfahrungsstufen ersetzt. Der Aufstieg in eine höhere Entgeltgruppe hängt damit nicht mehr vom Zeitablauf ab. Familienstand und die Anzahl der Kinder spielen für die Entgeltsumme ebenso keine Rolle mehr.

– Durch eine neue niedrige Entgeltgruppe soll die Konkurrenzfähigkeit des öffentlichen Dienstes gegenüber privaten Anbietern gestärkt werden.

– Die Bezahlung erfolgt leistungsorientiert, 8% der Entgeltsumme sind

für die leistungsorientierte Bezahlung vorgesehen. Die Einführung soll ab 2007 schrittweise erfolgen.
- Flexiblere Gestaltung der Arbeitszeit. Angestellte des Bundes arbeiten einheitlich 39 Stunden, bei Angestellten der Kommunen kann die Arbeitszeit durch spezifische Regelungen auf bis zu 40 Stunden verlängert werden.
- Die Einkommen in den östlichen Bundesländern werden schrittweise auf 97 % des Westniveaus angehoben.
- Urlaubs- und Weihnachtsgeld werden zu einer Sonderzahlung zusammengefasst, die je nach Beschäftigungsgruppe 60 % bis 90 % eines Monatsgehaltes umfasst.

Abmahnung

Bei einem Fehlverhalten von Mitarbeiterinnen stehen einem Arbeitgeber verschiedene Instrumente zur Verfügung, um darauf zu reagieren. Eine **Ermahnung** kann bei einem geringfügigen Fehlverhalten eingesetzt werden. Eine Ermahnung bedarf keiner besonderen Form und erfolgt i. d. R. mündlich. Ein Eintrag in die Personalakte erfolgt nicht.

Bei einem schweren Fehlverhalten kann eine Abmahnung eingesetzt werden. Eine Abmahnung wird erteilt, wenn Mängel im Leistungsbereich einer Angestellten vorliegen oder wenn gegen Arbeitsanweisungen verstoßen wird. Abmahnungen haben zwei Funktionen:
- Sie dienen der Vorbereitung einer Kündigung.
- Eine Verhaltensänderung bei der Mitarbeiterin soll erreicht werden.

 Abmahnungsgründe können sein: Zu spät kommen, Arbeitsverweigerung, eigenmächtige Verlängerung des Urlaubs, Leistungsmängel, Bummelei, unerlaubte Nebentätigkeiten, Missachtung von Sicherheitsvorschriften, zu späte oder keine Anzeige einer Arbeitsunfähigkeit, Pausenüberziehung. Eine Abmahnung kann mündlich oder schriftlich erfolgen, jedoch ist die Schriftform vorzuziehen, da so später Beweisprobleme vermieden werden können.

Eine Abmahnung muss bestimmte formale Voraussetzungen erfüllen:
- **Dokumentationsfunktion**: In der Abmahnung muss das Fehlverhalten sehr genau beschrieben sein. Ort, Zeit, das Fehlverhalten, weitere Beteiligte und Zeugen sollten mit aufgeführt sein.
- **Erinnerungs– und Ermahnungsfunktion**: Für die Mitarbeiterin muss klar sein, dass das Fehlverhalten nicht gebilligt wird. Die Aufforderung, das Verhalten in Zukunft zu ändern und sich damit an die arbeitsvertraglichen Pflichten zu halten, sollten enthalten sein.

– **Warnfunktion**: Die Abmahnung muss der Mitarbeiterin klar machen, dass im Wiederholungsfall der Arbeitsplatz von der Kündigung bedroht ist. Der Arbeitgeber sollte sich den Erhalt der Abmahnung durch die Mitarbeiterin bestätigen lassen. Dabei muss sie nur den Erhalt bestätigen, gegen den Inhalt der Abmahnung kann sie sich wehren. Die Abmahnung sollte dann in die Personalakte genommen werden.

Eine abgemahnte Mitarbeiterin kann Einsicht in die Personalakte verlangen. Weiter kann sie eine Gegendarstellung abgeben und diese zur Personalakte geben. Eine Mitarbeiterin kann das weitere Vorgehen gegen eine Abmahnung mit der Personalvertretung oder einem Rechtsanwalt besprechen. Oft klärt ein Arbeitsgericht, ob eine Abmahnung rechtens war oder ob sie aus der Personalakte entfernt werden muss.

Abordnung

Angestellte können aus dienstlichen oder betrieblichen Gründen, außer in der Probezeit, an eine andere Arbeitsstelle des Arbeitgebers abgeordnet werden. Wird die Angestellte länger als drei Monate abgeordnet, ist sie anzuhören. Dazu muss dann noch der Personalrat bzw. Betriebsrat gehört werden, da er dann ein Mitbestimmungsrecht hat. Es ist so möglich, dass z. B. ein Arbeitgeber eine Erzieherin in eine benachbarte Kindertageseinrichtung abordnet, bis eine Mitarbeiterin dort wieder aus dem Mutterschutz zurück ist.

Arbeitsvertrag

Der Arbeitsvertrag ist ein privatrechtlicher gegenseitiger Vertrag, der das Verhältnis zwischen Arbeitgeber und Arbeitnehmer regelt. Die Erzieherin als Arbeitnehmerin verpflichtet sich, Leistungen gegen die Zahlungen einer Vergütung zu erbringen. Kennzeichen des Arbeitsvertrages ist die Unselbstständigkeit, d. h. Ort und Zeit der Arbeitsleitung sind vorgegeben.

– **Befristeter Arbeitsvertrag**: Ein befristeter Arbeitsvertrag muss schriftlich geschlossen werden. Es muss ein sog. sachlicher Grund für ein befristetes Arbeitverhältnis vorliegen, z. B. der Bedarf an der Arbeitsleitung besteht nur vorübergehend, die Arbeitnehmerin wünscht selbst einen befristeten Vertrag, eine Mitarbeiterin ist in Mutterschutz oder Elternzeit, die Befristung erfolgt zur Erprobung, die Mitarbeiterin hat bei Beginn der Befristung das 58. Lebensjahr vollendet.

Nach dem Teilzeitbeschäftigungsgesetz ist ein befristetes Beschäftigungsverhältnis ohne sachlichen Grund nur bis zu einer Dauer von zwei

Jahren möglich. Während dieser Zeit kann der Vertrag noch dreimal verlängert werden. Der befristete Vertrag endet genau an dem im Vertrag
aufgeführten Datum. Erscheint eine Mitarbeiterin am Tag darauf und
der Arbeitgeber akzeptiert dies kommentarlos, so hat die Mitarbeiterin
einen unbefristeten Vertrag.

Arbeitszeit
Nach dem Tarifvertrag für den öffentlichen Dienst (TVöD) arbeiten Angestellte des Bundes einheitlich 39 Stunden, bei Angestellten der Kommunen kann die Arbeitszeit durch spezifische Regelungen auf bis zu 40 Stunden verlängert werden.
Teilzeitarbeit
Das Teilzeitbeschäftigungsgesetz (TzBfG) regelt die Umsetzung von Teilzeitarbeit im Betrieb.
Job-Sharing
Nach § 13 Teilzeitbeschäftigungsgesetz (TzBfG) können sich mehrere Arbeitnehmerinnen einen Arbeitsplatz teilen. Ist eine dieser Arbeitnehmerinnen verhindert, so muss sie die andere Arbeitnehmerin vertreten.

Eingruppierung
Nach dem ab Oktober 2005 für Bund und Kommunen gültigen Tarifvertrag
für den öffentlichen Dienst (TVöD) tritt eine neue Entgelttabelle auf Grundlage einer Überleitungstabelle in Kraft, die die bisherigen Regelungen zur
Eingruppierung ersetzten soll. Lebensalter- oder Dienstalterstufen werden
durch Erfahrungsstufen ersetzt. Der Aufstieg in eine höhere Entgeltgruppe
hängt damit nicht mehr vom Zeitablauf ab. Familienstand und die Anzahl
der Kinder spielen für die Entgeltsumme ebenso keine Rolle mehr.

Elternzeit
Bei der Novellierung des Bundeserziehungsgeldgesetzes (BerzGG) zum Januar 2001 wurde der Begriff Erziehungsurlaub durch den Begriff Elternzeit
ersetzt.
Nach dem BerzGG können Mütter und Väter gleichzeitig oder im Wechsel
Elternzeit nehmen, Väter schon gleich nach der Geburt in der Mutterschutzfrist. Nach dem Bundeserziehungsgeldgesetz ist Elternzeit, wenn
sie unmittelbar nach der Geburt oder nach der Mutterschutzfrist beginnen soll, spätestens sechs Wochen, sonst spätestens acht Wochen vor Beginn schriftlich vom Arbeitgeber zu verlangen. Gleichzeitig soll erklärt
werden, für welche Zeiten innerhalb von zwei Jahren Elternzeit genom-

men werden soll. Bei dringenden Gründen ist ausnahmsweise eine angemessene kürzere Frist möglich. Die Elternzeit kann auf zwei Zeitabschnitte verteilt werden, eine Verteilung auf weitere Zeitabschnitte ist nur mit Zustimmung des Arbeitgebers möglich. Die Höchstzeit der Elternzeit beträgt drei Jahre. Von dieser Zeit kann ein Anteil von bis zu 12 Monaten noch auf die Zeit zwischen dem 3. und 8. Geburtstag des Kindes gelegt werden, wenn der Arbeitgeber zustimmt. Während der Elternzeit können bei Eltern bis zu 30 Stunden arbeiten. Die Elternzeit kann wegen der Geburt eines weiteren Kindes oder wegen eines Härtefalles beendet werden.

Kündigung

Ein unbefristetes Arbeitsverhältnis kann von beiden Seiten aus durch eine Kündigung beendet werden, wobei eine Arbeitnehmerin leichter kündigen kann. Eine Kündigung ist eine einseitige Beendigung des Arbeitsverhältnisses.

Ordentliche Kündigung

Die ordentliche Kündigung setzt Fristen voraus und sie muss schriftlich erfolgen. Eine Arbeitnehmerin muss im Gegensatz zum Arbeitgeber keine Gründe angeben. Eine Kündigung durch den Arbeitsgeber muss sozial gerechtfertigt sein. Sozial gerechtfertigt heißt:
- In der Person liegende Gründe, wie häufige krankheitsbedingte Fehlzeiten, wenn dazu weitere Fehlzeiten zu erwarten sind
- Gründe im Verhalten einer Arbeitnehmerin, wie z.B. Unpünktlichkeit, mangelnde Leistung, Schädigung des Ansehens der Einrichtung.
- Dringende betriebliche Erfordernisse: Z. B die Schließung einer Einrichtung aufgrund einer dauerhaften Unterbelegung.

Außerordentliche Kündigung

Eine außerordentliche Kündigung erfolgt meistens fristlos, wenn ein wichtiger Grund vorliegt.

Änderungskündigung

Bei einer Änderungskündigung wird das bestehende Arbeitsverhältnis beendet, bei einem gleichzeitigen Angebot des Arbeitgebers für ein neues Arbeitsverhältnis, allerdings unter schlechteren Bedingungen

Aufhebungsvertrag

Eine Aufhebungsvertrag ist die Beendigung des Arbeitsverhältnisses in beiderseitigem Einvernehmen, z.B. wenn eine Mitarbeiterin außerhalb der Fristen den Betrieb verlassen will und der Arbeitgeber zustimmt. Durch einen Aufhebungsvertrag kann auch eine Kündigung umgangen werden, sodass eine Arbeitnehmerin weiter als ungekündigt gilt.

Kündigungsfristen

Nach § 622 des ► Bürgerlichen Gesetzbuchs (BGB) bestehen folgende Kündigungsfristen:

§ 622 (1) Eine Arbeitnehmerin kann das Arbeitsverhältnis mit einer Frist von 4 Wochen zum Fünfzehnten oder zum Ende eines Kalendermonats kündigen.

§ 622 (2) Für eine Kündigung durch den Arbeitgeber beträgt die Kündigungsfrist, wenn das Arbeitsverhältnis in dem Betrieb oder Unternehmen

1. *zwei Jahre bestanden hat, einen Monat zum Ende eines Kalendermonats*
2. *fünf Jahre bestanden hat, zwei Monate zum Ende eines Kalendermonats*
3. *acht Jahre bestanden hat, drei Monate zum Ende eines Kalendermonats*
4. *zehn Jahre bestanden hat, vier Monate zum Ende eines Kalendermonats*
5. *zwölf Jahre bestanden hat, fünf Monate zum Ende eines Kalendermonats*
6. *15 Jahre bestanden hat, sechs Monate zum Ende eines Kalendermonats*
7. *20 Jahre bestanden hat, sieben Monate zum Ende eines Kalendermonats.*

Während der Probezeit kann das Arbeitsverhältnis mit einer Frist von zwei Wochen gekündigt werden.

Mutterschutz

Das Mutterschutzgesetz (MuSchG) gilt für Frauen in einem Arbeitsverhältnis.

Das Gesetz schützt werdende Mütter und Mütter grundsätzlich vor Kündigung, schützt vor einer Minderung des Einkommens und schützt die Gesundheit der (werdenden) Mutter und des Kindes am Arbeitsplatz.

Der Mutterschutz beginnt sechs Wochen vor dem berechneten Geburtstermin und endet 8 Wochen nach der Geburt. Bei Früh- oder Mehrlingsgeburten verlängert sich die Frist auf 12 Wochen. Bei vorzeitigen Geburten verlängert sich die Mutterschutzfrist nach der Geburt um die Tage, die in der Schutzfrist vor der Geburt nicht genutzt wurden. Für die Mütter entsteht während des Mutterschutzes kein Verdienstausfall. Sie bekommen das Mutterschaftsgeld von der Krankenkasse und einen Arbeitgeberzuschuss. Während der Schwangerschaft und bis vier Monate nach der Geburt kann einer Angestellten nicht gekündigt werden.

Der Arbeitgeber hat dafür Sorge zu tragen, dass die erforderlichen Vorkehrungen und Maßnahmen zum Schutze von Leben und Gesundheit der werdenden oder stillenden Mutter getroffen werden.

– **Stillzeit**: Stillenden Müttern ist auf Verlangen die erforderliche Zeit zum Stillen freizugeben, mindestens zweimal täglich eine halbe Stunde.

Pflichten

Eine Erzieherin als Arbeitnehmerin hat neben ihren Rechten auch Pflichten. Vorrangige Pflicht ist die Erbringung der vertraglich geregelten Arbeitsleistung.

Nebenpflichten

Eine Arbeitnehmerin hat neben ihre Pflicht, die Arbeitsleistung zu erbringen, eine Reihe von Nebenpflichten:

Schweigepflicht

Auf Grundlage des § 203 des Strafgesetzbuches (StGB) sind Erzieherinnen, neben anderen Berufsgruppen, verpflichtet, fremde Geheimnisse für sich zu behalten. Informationen, die z. B. eine Erzieherin von Eltern bekommt, darf sie nur weitergeben, wenn sie dazu die ausdrückliche mündliche oder schriftliche Erlaubnis hat. Die Schweigepflicht schützt sowohl den Arbeitgeber und seine Interessen als auch die Eltern, die sich dadurch offener und vertrauensvoller in der Kindertageseinrichtung äußern können.

Pflicht zur Krankmeldung

Arbeitnehmerinnen müssen eine Krankheit unverzüglich dem Arbeitgeber mitteilen. Spätestens am 4. Tag ist dem Arbeitgeber eine Arbeitsunfähigkeitsbescheinigung vorzulegen (Sonn- und Feiertage zählen mit).

Arzttermine

Mitarbeiterinnen müssen Arzttermine so organisieren, dass sie möglichst in der Freizeit liegen. Kann der Termin nur während der Arbeitszeit wahrgenommen werden, so muss die Abwesenheitszeit sowie die Wegstrecke nachgewiesen werden.

Verhinderung von Schäden

Mitarbeiterinnen haben die Pflicht, Schäden und Gefahren vom Arbeitgeber abzuwenden.

Politische Enthaltsamkeit

Politische Aktivitäten einer Arbeitnehmerin dürfen sich nicht störend auf die Arbeitsleistung oder den Arbeitsfrieden im Betrieb auswirken. Sonst können sich Arbeitnehmerinnen politisch engagieren, wenn sie keiner extremen Gruppierung angehören.

Belohnungen und Geschenke

Arbeitnehmerinnen dürfen Belohnungen und Geschenke nur mit Zustimmung des Arbeitgebers annehmen. Bekommt man ein Angebot zum Zweck einer Bestechung, so ist der Arbeitgeber unverzüglich zu informieren.

Probezeit

Die ersten 6 Monate im Arbeitsverhältnis gelten als die sog. Probezeit. Die Probezeit kann verkürzt oder es kann ganz auf sie verzichtet werden, wenn es im Arbeitsvertrag vereinbart worden ist.Die Kündigungsfrist in der Probezeit beträgt zwei Wochen zum Monatsschluss. Fehlt man in der Probezeit länger als 10 Tage, so verlängert sich die Probezeit um die Zahl von Arbeitstagen, die der Zahl der über zehn hinausgehenden Fehltage entspricht.

Überstunden

Nach dem ab Oktober 2005 gültigen Tarifvertrag für den öffentlichen Dienst (TVöD) sind Überstunden die auf Anordnung des Arbeitgebers geleisteten Stunden, die über die für die Woche dienstplanmäßig oder betriebsüblich festgesetzten Stunden hinausgehen, wenn sie in der folgenden Kalenderwoche nicht durch Freizeit ausgeglichen werden. **Mehrarbeit** ist die Arbeitszeit von Teilzeitbeschäftigten, die diese auf die Anordnung des Arbeitgebers über ihre vereinbarte Arbeitszeit hinaus leisten, sofern nicht die für Vollbeschäftigte gültige regelmäßige wöchentliche Arbeitszeit überschritten wird.

Urlaub

Grundsätzlich gilt in Deutschland das Bundesurlaubsgesetz (BurlG). Nach dem BurlG haben Arbeitnehmerinnen in jedem Jahr Anspruch auf mindestens 24 Tage Urlaub. Da von einer 6-Tagewoche (mit dem Samstag) ausgegangen wird, beträgt der Mindesturlaub im Jahr 4 Wochen. Wird man im Urlaub krank, so werden diese Tage als Urlaub gutgeschrieben. Allerdings muss die Arbeitnehmerin die Krankheit unverzüglich dem Arbeitsgeber anzeigen und die Krankheit durch ein ärztliches Attest nachweisen.

Versetzung

Angestellte können aus dienstlichen oder betrieblichen Gründen, außer in der Probezeit, an eine andere Arbeitsstelle des Arbeitgebers versetzt werden. Im Gegensatz zur ▶ Abordnung ist eine Versetzung meist von Dauer. Dem Arbeitgeber ist eine Versetzung aufgrund seines Weisungsrechtes möglich, allerdings muss die Versetzung begründet sein. Versetzungen sind auch möglich, wenn die Arbeitsverträge nicht auf eine bestimmte Kindertageseinrichtung abgeschlossen sind.

Zeugnis

Jede Arbeitnehmerin hat nach § 630 des ▶ Bürgerlichen Gesetzbuches (BGB) bei Beendigung einer dauerhaften Tätigkeit einen Anspruch entweder auf ein einfaches Zeugnis oder auf ein qualifiziertes Zeugnis, das von einem der Hierarchie höher stehenden Verantwortlichen ausgestellt werden muss.

Ein **Zwischenzeugnis** kann man aus einem besonderen Grund beantragen, z. B. wenn sich eine Erzieherin auf eine andere Stelle bewerben will, wenn Vorgesetzte wechseln, wenn sich ein Aufgabenbereich ändert oder wenn eine Mitarbeiterin versetzt wird. Das Zwischenzeugnis wird in der Gegenwartsform geschrieben. Ein Zwischenzeugnis nach erfolgter Kündigung (das Arbeitsverhältnis besteht noch bis zum aus der Kündigung hervorgehenden letzten Arbeitstag) ist ein **vorläufiges Zeugnis**.

Bei der Formulierung eines Zeugnisses besteht eine sog. **Wohlwollenspflicht**. Das Zeugnis muss wohlwollend formuliert werden, die weitere berufliche Laufbahn einer Mitarbeiterin darf durch ein Zeugnis nicht erschwert werden.

Einfaches Zeugnis

Ein einfaches Zeugnis enthält den Namen der Mitarbeiterin, den Geburtstag und die Art und Dauer der Beschäftigung. Ein einfaches Zeugnis enthält keine Aussagen zur Qualität der Arbeitsleistung oder zum Verhalten.

Qualifiziertes Zeugnis

Ein qualifiziertes Zeugnis enthält alle Angaben des einfachen Zeugnisses sowie Aussagen zur Arbeitsleistung:

- **Arbeitsverhalten** (Sozialverhalten gegenüber Kolleginnen, Vorgesetzten, Eltern etc.)
- **Leistungsbereitschaft** (Motivation, das Wollen)
- **Arbeitsbefähigung** (Fachkenntnisse)
- **Arbeitsweise** (wie die Arbeit ausgeführt wurde: genau, sorgfältig, loyal etc)
- **Arbeitserfolg** (was bei der Arbeit herauskommt, die Qualität und die Arbeitsmenge)
- Bei Führungskräften: Aussagen zur Führungsleistung.

Des Weiteren folgen noch die Schlussformulierung und die Unterschriften. In der Regel wird das qualifizierte Zeugnis auf den letzten Arbeitstag datiert.

5.6 Aufsichtspflicht

Unbestimmte Rechtsbegriffe lassen bewusst einen Freiraum, der je nach Situation gestaltet werden muss. Insofern muss der Begriff der Aufsichtspflicht mit pädagogischen Begriffen gefüllt werden. Das Erziehungsziel Eigenverantwortlichkeit kann so z. B. nicht mit einschränkenden Erziehungsmethoden erreicht werden, sodass eine Erzieherin Kindern Freiräume und damit auch bis zu einem bestimmten Maße Risiken zumuten muss. Grenzen sind da, wo z. B. durch den entstandenen Freiraum das Kind selbst oder andere geschädigt werden.

Die Aufsichtspflicht ergibt sich aus dem Vertrag, den Eltern mit dem Träger einer Kindertageseinrichtung schließen. Grundlage hierfür sind die Bestimmungen des ▶ Bürgerlichen Gesetzbuches (§ 611 BGB). Nach Abschluss des Vertrages gehen Rechte und Pflichten der ▶ elterlichen Sorge, außer dem Aufenthaltsbestimmungsrecht, für die vereinbarte Zeit auf den Träger über. Der Träger wiederum schließt einen Vertrag mit einer Erzieherin, die die Kinder betreuen muss, ebenso auf Grundlage von § 611 BGB. Die Erzieherin tritt anstelle des Trägers, der seine Aufgaben an die Erzieherin delegiert, und übt die übertragenen Aufgaben der elterlichen Sorge, also auch die Beaufsichtigung bzw. die Aufsichtspflicht, aus. Neben der Aufsichtspflicht gehören weitere Rechte und Pflichten zum Auftrag der Erzieherin. Diese ergeben sich z. B. aus dem BGB (§1631 Inhalt des Personensorgerechts)und aus dem ▶ Kinder- und Jugendhilfegesetz (KJHG): So ist im BGB das Recht und die Pflicht geregelt, ein Kind zu erziehen. Das KJHG nennt als Erziehungsziel u. a. die Eigenverantwortung. Das Recht und die Pflicht zur Beaufsichtigung kommt im BGB.

Übertragen auf die Arbeit in Kindertageseinrichtungen bedeutet dies, dass die Aufsichtspflicht im Verhältnis zum Erziehungs- und Bildungsauftrag gesehen werden muss. Erziehung und Aufsicht sind nicht als widersprüchlich, sondern als zusammengehörig zu sehen.

Wie die Aufsichtspflicht praktisch ausgeübt werden muss, hängt von vielen Faktoren ab. Prott zählt folgende Fragen zur pädagogischen Arbeit unter besonderer Betonung der rechtlichen Absicherung auf:

– Klären, wer wann aufsichtspflichtig ist.
– Klären, wer in der Einrichtung die Verantwortung trägt: Was entscheidet die Leiterin, was die Gruppenerzieherin. Welche Kompetenzen haben Praktikantinnen? Konkrete Absprachen treffen.
– Welche pädagogischen Überlegungen bestimmen die Planung?
– Einbeziehung möglicher konkreter Gefahren einer geplanten Aktion.

- Abschätzung, ob das pädagogische Ziel mit weniger gefährlichen Aktionen erreichbar wäre.
- Hat die Erzieherin jederzeit den Überblick über das Geschehen. Überblick heißt dabei nicht immer, körperlich anwesend zu sein.
- Ist die Erzieherin auf einen Unglücksfall vorbereitet?

Die Aufsichtspflicht beginnt, wenn die Eltern ihr Kind der zuständigen Erzieherin beim Bringen übergeben. Kommen Kinder alleine, so beginnt die Aufsichtspflicht, wenn ein Kind für die Erzieherin erkennbar in ihren Einflussbereich gekommen ist. Kommt ein Schulkind regelmäßig um 13.15 Uhr von der Schule, an einem bestimmten Tag aber nicht, so muss sich die zuständige Erzieherin um das unentschuldigt fehlende Kind kümmern. Des Weiteren kommt es noch auf Einzelregelungen, die z.B. im Betreuungsvertrag stehen, an.

Die Aufsichtspflicht endet, wenn die Erzieherin den Eltern das Kind beim Abholen übergibt. Gehen Kinder alleine, so endet die Aufsichtspflicht, wenn die Kinder sich vertragsgemäß bei der Erzieherin verabschiedet haben. Die Eltern sind für den Weg zur und von der Kindertageseinrichtung nach Hause verantwortlich.

Wird ein Kind nicht abgeholt, so verlängert sich die Aufsichtspflicht, bis es abgeholt wird. Man geht davon aus, dass eine Erzieherin bis zu 2 Stunden warten kann, bevor sie weitere Schritte einleitet. Ebenso verlängert sich die Aufsichtspflicht, wenn zu befürchten ist, dass ein Kind aufgrund eines Vorfalls oder einer Erkrankung den Nachhauseweg nicht alleine bewältigen kann. Dann hat die Erzieherin Sorge dafür zu tragen, dass die Eltern oder andere Bezugspersonen das Kind abholen. Dies sollte am besten schon vorher geregelt sein.

- **Folgen von Aufsichtspflichtverletzungen**: Erfolgt eine Aufsichtspflichtverletzung, so kann entweder an Sachen oder an Personen Schaden entstehen. Im Alltag einer Kindertageseinrichtung kann oftmals die Leitung zwischen z.B. Eltern, deren Kind geschädigt wurde und der zuständigen Erzieherin vermitteln. In schwerwiegenden Fällen kann auch ein Gericht darüber entscheiden, ob eine Aufsichtspflichtverletzung vorliegt oder nicht. Grundsätzlich kann eine Aufsichtspflichtverletzung in drei Bereichen Konsequenzen haben:
- Im Strafrecht. Folgen: Geldstrafe, Haftstrafe
- Im Zivilrecht. Schadensersatz, Schmerzensgeld
- Im Arbeitsrecht: Abmahnung, Kündigung, Regress

5.7 Gesetze

Für die Arbeit in Kindertageseinrichtungen sind viele Gesetze von Bedeutung. Aus diesen leitet sich ihr gesetzlicher Auftrag ab. Gesetze im rechtlichen Sinn sind nach dem Fachlexikon der sozialen Arbeit „in einem bestimmten Verfahren ergangene Handlungsanweisungen eines zur Gesetzgebung befugten staatlichen Organs". Praktisch und sehr einfach ausgedrückt sind Gesetze nichts anderes als Regeln, die für ein gutes Zusammenleben im Staat sorgen sollen. Der Bund und die Länder können Gesetze erlassen. Dabei haben die Länder die grundsätzliche Gesetzgebungskompetenz und der Bund kann nur dort Gesetze erlassen, wo das Grundgesetz es ausdrücklich erlaubt.

Grundgesetz (GG)
Das Grundgesetz ist der Verfassung der Bundesrepublik Deutschland.Im Grundgesetz sind im ersten Teil die **Grundrechte** beschrieben: Es sind unantastbare Rechte, die jeder Person, unabhängig vom Geschlecht, seiner Abstammung, seiner Rasse, seiner Sprache, seiner Heimat und Herkunft, seines Glaubens, seiner religiösen oder politischen Anschauung zustehen. Die Menschenwürde, freie Entfaltung der Persönlichkeit, die Gleichheit vor dem Gesetz, die Meinungsfreiheit etc. sind wichtige Normen, die auch für die Pädagogik gelten müssen. In Artikel 6 stellt das Grundgesetz Ehe und Familie unter den besonderen Schutz der staatlichen Ordnung.

Bürgerliches Gesetzbuch (BGB)
Das bürgerliche Gesetzbuch regelt das Privatrecht und umfasst fünf Bereiche: Im allgemeinen Teil geht es um Rechtshandlungen, z.B. Rechtsgeschäfte, Geschäftsfähigkeit, Willenserklärungen. Im zweiten Teil wird das Recht der Schuldverhältnisse behandelt, im dritten Teil das Sachenrecht, z.B. Eigentum, Kauf, Miete, Pacht. Mit von größter Bedeutung für Kindertageseinrichtungen ist Teil vier mit Regelungen zum Familienrecht (Ehe, Scheidung, Kindschaftsrecht). In Teil fünf wird das Erbrecht geregelt.

Sozialgesetzbuch (SGB)
Seit 1968 wird daran gearbeitet, dass das Sozialrecht zusammengefasst wird, und zwar im Sozialgesetzbuch. Viele Einzelgesetze wurden in das SGB eingegliedert, mit dem Ziel, die wesentlichen Sozialgesetze in einem Gesetzeswerk zusammenzufassen.
SGB I: Allgemeiner Teil

SGB II: Grundsicherung für Arbeitssuchende
SGB III: Arbeitsförderung
SGB IV: Gemeinsame Vorschriften für die Sozialversicherung
SGB V: Gesetzliche Krankenversicherung
SGB VI: Gesetzliche Rentenversicherung
SGB VII: Gesetzliche Unfallversicherung
SGB VIII: Kinder- und Jugendhilfe
SGB IX: Rehabilitation und Teilhabe behinderter Menschen
SGB X: Verwaltungsverfahren, Schutz von Sozialdaten
SGB XI: Soziale Pflegeversicherung
SGB XII: Sozialhilfe

Von Bedeutung für die Kindertagesbetreuung ist das SGB VIII, Kinder- und Jugendhilfe, weiter noch bei der Integration behinderter Kinder SGB IX und das SGB XII Sozialhilfe.

Kinder- und Jugendhilfegesetz (KJHG) ▶ SGB VIII

SGB VIII: Kinder- und Jugendhilfe
1991 wurde das alte Jugendwohlfahrtsgesetz durch das Kinder- und Jugendhilfegesetz (KJHG) abgelöst. Der erste Artikel des KJHG ist das achte Sozialgesetzbuch (SGB VIII). Dieses SGB VIII, das die Kinder- und Jugendhilfe regelt, ist das Herzstück des KJHG. Oft spricht man daher auch vom „KJHG", wenn man eigentlich das SGB VIII meint (z. B.: mit „§ 22 KJHG" meint man eigentlich den § 22 des ersten Artikels des KJHG, also des SGB VIII).
Während das alte Jugendwohlfahrtsgesetz eher eine Kontroll- und Eingriffsfunktion in den Vordergrund stellte, ist das SGB VIII ein Leistungsgesetz, das Leistungsansprüche und Mitbestimmungsrechte benennt. Es bietet im präventiven Sinn soziale Dienstleistungen für Kinder, Jugendliche, junge Erwachsene und Eltern an und bildet die Grundlage für die Arbeit öffentlicher und freier Träger in der Kinder- und Jugendhilfe. In den Paragraphen 22 bis 26 des SGB VIII geht es um die „Förderung von Kindern in Tageseinrichtungen und in Kindertagespflege".

Tagesbetreuungsausbaugesetz (TAG)
Mit dem 2004 verabschiedeten Tagesbetreuungsausbaugesetz „Gesetz zum qualitätsorientierten und bedarfsgerechten Ausbau der Tagesbetreuung für Kinder" (TAG) wurde ein Ausbau der Kindertagesbetreuung beschlossen. Die Bundesregierung verfolgt mit dem TAG das Ziel, Eltern-

schaft und Familien zu stärken, die frühkindliche Förderung zu verbessern und junge Menschen in ihren vorhandenen Kinderwünschen zu unterstützen, um die Innovationsfähigkeit der Gesellschaft zu erhalten. Bis zum Jahr 2010 soll das Angebot an Kinderbetreuung quantitativ und qualitativ an den westeuropäischen Standard herangeführt werden.

Ursprünglich sollten über das TAG Änderungen im Jugendhilferecht neben dem Ausbau der Kindertagesbetreuung angestrebt werden, was aber vom Bundesrat verhindert wurde. Weil der Ausbau der Kindertagesbetreuung nach der Bundesregierung nicht zustimmungspflichtig war, wurde dieser vorgezogen. Mit der Verabschiedung wurde eine Änderung des SGB VIII beschlossen.

Wesentliche Änderungen:

– Die Verpflichtung zum qualitätsorientierten und bedarfsgerechten Ausbau der Kindertagesbetreuung hat Gesetzeskraft.

– Die öffentlichen Träger der Jugendhilfe haben die Verantwortung auch für andere Träger, dass diese auf der Grundlage einer Konzeption und mit Evaluationsverfahren ein den Bedürfnissen der Familien entsprechendes Angebot bereithalten.

– In Schließzeiten muss der öffentliche Träger der Jugendhilfe anderweitige Betreuungsmöglichkeiten sicherstellen.

– Bezüglich der Ausgestaltung eines bedarfsgerechten Angebotes für unter dreijährige und über sechsjährige Kinder werden Bedarfskriterien festgelegt, falls die Plätze nicht ausreichen.

– Der Gesetzgeber verlangt von Tagesmüttern den Nachweis vertiefter Kenntnisse.

– Die Tagespflege von Kindern bekommt eine neue Bedeutung. Kinder in der Tagespflege werden in die gesetzliche Unfallversicherung aufgenommen.

Landesgesetze

Auf Länderebene gelten Landesgesetze für die Kindertageseinrichtungen. In den Landesgesetzen werden in unterschiedlicher Art und Weise Angaben zum Geltungsbereich, zu Aufgaben und Zielen, zu Fachkräften, zur Finanzierung gemacht.

Verordnungen und Richtlinien

Verordnungen

regeln und bestimmen auf der Grundlage von Gesetzen die Rahmenbedingungen von Kindertageseinrichtungen. Verordnungen dienen damit der Durchführung und Ausführung von Gesetzen und präzisieren deren Inhalte.

Richtlinien

regeln neben Verordnungen die Rahmenbedingungen von Kindertageseinrichtungen. Richtlinien sind nur innerhalb von Verwaltungen wirksam.
Darum werden vom Land erlassene Richtlinien für Kindertageseinrichtungen, z. B. über Aufsichtsbehörden wie das Landesjugendamt, wirksam. Der
▶ Träger ist nicht an die Richtlinien vom Land gebunden, sondern an den
Bescheid vom Landesjugendamt, das sich an der Richtlinie wiederum orientiert.

Infektionsschutzgesetz (IFSG)

Nach dem Infektionsschutzgesetz (IFSG) müssen bestimmte Krankheiten
von Kindern gemeldet werden. Das Infektionsschutzgesetz hat ab 2001
das Bundesseuchengesetz abgelöst. Mit dem Infektionsschutzgesetz
sollen übertragbaren Krankheiten vorgebeugt, Infektionen frühzeitig erkannt und ihre Weiterverbreitung verhindert werden. Das Gesetz setzt
stark auf die Eigenverantwortung von Trägern, Mitarbeiterinnen und Eltern. Gemeldet werden muss u. a.: (bei Verdacht, bei Erkrankung sowie bei
Tod an der Krankheit):
Botulismus, Cholera, Diphterie, humaner spongiformer Enzephalopathie
(außer familiär-hereditärer Formen), akuter Virushepatitis, enteropathi-
schem hämolytisch-urämischen Syndrom (HUS), Masern, Meningokok-
ken-Meningitis oder -Sepsis, Milzbrand, Poliomyelitis, Pest, Tollwut, Ty-
phus sowie die Erkrankung und der Tod an einer behandlungsbedürftigen
Tuberkulose.
Weiter muss der Verdacht auf und die Erkrankung an einer mikrobiell
bedingten Lebensmittelvergiftung gemeldet werden. Nach § 8 IFSG
sind die Leiter von Gemeinschaftseinrichtungen (also auch Kindertageseinrichtungen) verpflichtet, die Krankheiten dem Gesundheitsamt zu
melden.

5.8 Kinder, Familien und Recht

Geschäftsfähigkeit

Geschäftsfähigkeit bedeutet, dass eine Person gesetzlich in der Lage ist,
aufgrund einer Willenserklärung verbindliche Rechtsgeschäfte durchzuführen. Nach dem § 104 BGB, wird zwischen geschäftunfähigen, beschränkt geschäftsfähigen und unbeschränkt geschäftsfähigen Personen
unterschieden.

Geschäftsunfähig
sind Kinder, die das 7. Lebensjahr noch nicht vollendet haben sowie Personen, die dauerhaft zu einer freien Willensbildung nicht mehr in der Lage sind. Geschäftsunfähige Kinder können keine rechtsfähigen Geschäfte, z. B. Einkaufen, abschließen, außer, sie kaufen ausdrücklich auf Wunsch eines Erwachsenen ein.

Beschränkt geschäftsfähig
sind Kinder, die das 7. Lebensjahr vollendet haben, bis zur Vollendung des 18. Lebensjahres. Die Kinder können Rechtsgeschäfte abschließen, aber nur mit der Einwilligung ihrer Eltern bzw. gesetzlichen Vertreters. Die Geschäfte sind „schwebend unwirksam", bis die Eltern zustimmen. Nach § 110 BGB, dem sog. **Taschengeldparagraphen**, können beschränkt geschäftsfähige Kinder im Rahmen von üblichen Summen Geschäfte tätigen.

Unbeschränkt geschäftsfähig
sind Personen nach Vollendung des 18. Lebensjahres.

Kinderrechte

Kinder haben Rechte. Entsprechend dem Grundgesetz haben sie das Recht auf freie Entfaltung der Persönlichkeit, die Achtung der Menschenwürde, der Unverletzlichkeit der Person und der Freiheit sowie auf die Gleichberechtigung von Mädchen und Jungen. Nach §1 BGB beginnt die Rechtsfähigkeit mit der Vollendung der Geburt. Sie haben ein Namensrecht, das Recht auf Staatsangehörigkeit, Eigentums- und Erbrecht. Von Bedeutung ist weiterhin die Konvention der Vereinten Nationen über die Rechte der Kinder, die seit 1992 in Deutschland gültig ist (die UN-Kinderrechtskonvention). So haben Kinder u. a. ein Recht auf die Berücksichtigung des Kinderwillens, ein Recht auf Leben, ein Recht auf Gleichbehandlung und auf besondere Unterstützung bei Behinderung, ein Recht auf Ruhe und Freizeit. Interessant wäre es, den Alltag bzw. den Tagesablauf in einer Kindertageseinrichtung daraufhin zu überprüfen, ob den Kindern wirklich alle ihnen zustehenden Rechte auch zugesprochen werden.

– **Rechtsfähigkeit**: Nach § 1 des ► BGB sind alle Personen nach Vollendung der Geburt rechtsfähig, d. h. sie sind Träger von Rechten und Pflichten. Von der Rechtsfähigkeit ist die ► Geschäftsfähigkeit zu unterscheiden.

Kindschaftsrecht

Unter dem Begriff Kindschaftsrecht werden alle Regelungen des ► BGB zusammengefasst, die sich auf das Kind und seine Familie beziehen.

Im Einzelnen gehören dazu:

Abstammungsrecht

In § 1591 ► BGB wird die Mutterschaft definiert: Die Mutter ist die Frau, die das Kind geboren hat. Diese Regelung besteht, weil die gebärende Mutter nicht die genetische Mutter (wegen einer Ei- oder Embryonenspende) sein muss. Eine Eispenderin ist also nicht die gesetzliche Mutter eines Kindes. Vater eines Kindes ist nach § 1592 ► BGB der Mann, der zum Zeitpunkt der Geburt mit der Mutter verheiratet ist, der die Vaterschaft anerkannt hat, dessen Vaterschaft gerichtlich festgestellt ist. Eine Vaterschaft anfechten kann der Mann, der zum Zeitpunkt der Geburt mit der Mutter verheiratet ist, der Mann, der die Vaterschaft wirksam anerkannt hat, die Mutter und das Kind. Wollen Kinder eine Vaterschaft anfechten, werden sie bis zur Volljährigkeit von einem vom Gericht bestellten Pfleger vertreten. Eine Vaterschaft muss innerhalb von zwei Jahren angefochten werden. Die Frist beginnt frühestens mit der Geburt des Kindes.

Elterliche Sorge

Bei der elterlichen Sorge geht es um die Rechte und Pflichten von Eltern gegenüber ihren minderjährigen Kindern.

Die elterliche Sorge ist nach § 1626 BGB aufgegliedert in die Sorge für die Person des Kindes (**Personensorge**) und die Sorge um das Vermögen des Kindes (**Vermögenssorge**). Weiter umfasst die elterliche Sorge nach § 1629 BGB die Vertretung des Kindes.

In § 1631 (1) BGB wird die Personensorge beschrieben: Die Personensorge umfasst insbesondere das Recht und die Pflicht, das Kind zu pflegen, zu erziehen, zu beaufsichtigen und seinen Aufenthalt zu bestimmen. Dabei haben Kinder nach § 1631 (2) ► (KJHG) ein Recht auf **gewaltfreie Erziehung**. Gewaltfreie Erziehung heißt, dass die Kinder nicht körperlich bestraft, seelisch verletzt oder mit anderen entwürdigenden Maßnahmen erzogen werden dürfen.

Verheiratete Eltern haben gemeinsam das Recht und die Pflicht für das Kind zu sorgen. Eltern, die nicht miteinander verheiratet sind, können gemeinsam das Sorgerecht ausüben, wenn sie eine Sorgeerklärung abgeben. Dies ist beim Jugendamt möglich. Geben die Eltern keine gemeinsame Sorgeerklärung ab und sind sie nicht miteinander verheiratet, so hat die Mutter die alleinige elterliche Sorge. Eltern, die bei der Geburt nicht miteinander verheirat waren, können auch über eine Heirat die gemeinsame elterliche Sorge erlangen. Nach § 1627 BGB haben Eltern die elterliche Sorge in eigener Verantwortung und in gegenseitigem Einvernehmen auszuüben. Bei Meinungsverschiedenheiten müssen sie versuchen, sich zu einigen.

Können sich Eltern in Ausübung der elterlichen Sorge in einer für das Kind wichtigen Angelegenheit nicht einigen, so kann das Familiengericht auf Antrag eines Elternteils die Entscheidung einem Elternteil übertragen. Trennen sich Eltern und haben sie die gemeinsame elterliche Sorge, so behalten sie auch nach der Trennung die gemeinsame elterliche Sorge. Auch nach der Scheidung behalten beide Eltern die elterliche Sorge.

Eine gerichtliche Entscheidung auf eine alleinige elterliche Sorge erfolgt nur, wenn ein Elternteil die alleinige elterliche Sorge beantragt.

Die Kenntnis dieser Regelungen hilft Erzieherinnen in der Praxis, da in Kindertageseinrichtungen viele Kinder betreut werden, deren Eltern sich getrennt haben und die es gut oder weniger gut schaffen, ihre Elternverantwortung wahrzunehmen. Es ist grundsätzlich für Erzieherinnen wichtig zu wissen, wer die elterliche Sorge ausübt. Leben Eltern, die die gemeinsame elterliche Sorge ausüben, nach der Scheidung getrennt, so müssen sie gemeinsam nur die Entscheidungen für Regelungen treffen, die für das Kind von großer Bedeutung sind. Entscheidungen in Angelegenheiten des täglichen Lebens trifft der Elternteil, bei dem das Kind lebt (**Alleinentscheidungsrecht**).

Umgangsrecht

Nach § 1684 ► BGB das Recht des Kindes, mit den Eltern sowie das Recht der Eltern mit dem Kind in Kontakt zu bleiben. Ein Umgangsrecht haben nach § 1865 BGB auch Großeltern oder Geschwister oder andere Personen, wenn dieser Umgang dem Wohl des Kindes dient. Auch Stiefeltern und Pflegeeltern können ein Umgangsrecht haben, wenn es dem Wohl des Kindes dient.

Über das Umgangsrecht soll erreicht werden, dass wichtige Kontakte aufrechterhalten werden können. Dies kann in Form von Besuchen, Telefonaten oder Briefen geschehen. Die Beteiligten können selbst eine Umgangsregelung treffen. Dabei ist es möglich, die Beratung durch das Jugendamt in Anspruch zu nehmen. Ist keine Einigung möglich, so trifft ein Familiengericht eine Umgangsregelung.

Namensrecht

Nach § 1616 ► BGB erhält ein Kind den Ehenamen seiner Eltern als Geburtsnamen.

Haben die Eltern bei der Geburt keinen gemeinsamen Familiennamen und steht ihnen die gemeinsame elterliche Sorge zu, so bestimmen sie nach § 1617 BGB durch eine Erklärung den Namen (entweder der Name der Mutter oder der Name des Vaters) des Kindes. Diese Bestimmung gilt auch für weitere Kinder. Ein Doppelname aus den Namen beider Elternteile ist nicht möglich. Ist die elterliche Sorge bei der Geburt bei der Mutter, so trägt das Kind den Namen der Mutter, wobei sich die Eltern auch einigen können, dass das Kind den Namen des Vaters bekommt (§ 1617a BGB).

Adoptionsrecht: Annahme als Kind
ist die rechtliche Bezeichnung für Adoption und meint die Begründung eines Eltern-Kind-Verhältnisses, das nicht auf leiblicher Elternschaft beruht. Die Adoption ist durch § 1741 bis § 1772 BGB geregelt.

Unterhaltsrecht
Von § 1601 BGB bis § 1615 sind Unterhaltspflichten beschrieben.

Kindeswohl

Das Kindeswohl ist ein unbestimmter Rechtsbegriff und bedarf im konkreten Fall einer Auslegung. Nach § 1627 ► BGB haben die Eltern die elterliche Sorge in eigener Verantwortung und im gegenseitigen Einvernehmen zum Wohl des Kindes auszuüben. § 1666 BGB geht auf gerichtliche Maßnahmen bei der Gefährdung des Kindeswohls ein. Wenn das körperliche, geistige oder seelische Wohl des Kindes gefährdet ist, so hat das Familiengericht, wenn die Eltern nicht gewillt oder nicht in der Lage sind, die Gefahr abzuwenden, die zur Abwehr der Gefahr erforderlichen Maßnahmen zu treffen. Daneben findet sich der Begriff des Kindeswohls noch in weiteren Paragraphen des BGB.

Nach Remschmidt/Mattejat ergeben sich zur Beschreibung des Kindeswohls bestimmte Standards:

– Körperliche und psychische Gesundheit als Grundvoraussetzung für das Wohlergehen.
– Möglichkeiten zu einer störungsfreien Entwicklung und Entfaltung der Persönlichkeit.
– Weitgehende Freiheit von Belastung, Angst und Konflikten.
– Möglichkeiten zur Entwicklung und Aufrechterhaltung interpersonaler und emotionaler Beziehungen.
– Aufwachsen in eine Familie oder familienähnlichen Gemeinschaft, mit der Möglichkeit, affektive Bindungen einzugehen und Identifikation zu vollziehen.
– Sicherung der materiellen Situation in einem Umfang, dass die bislang aufgezählten Bedingungen hinreichend erfüllt werden können.

In der Praxis der Jugendhilfe wird es aber weiter anspruchsvoll bleiben, im Einzelfall Kriterien für das Wohl eines Kindes bzw. für dessen Gefährdung zu erarbeiten.

Es gibt Fälle in Kindertageseinrichtungen, in denen sich Erzieherinnen große Sorgen über ein Kind machen. Sie sehen über eine längere Zeit Probleme, Auffälligkeiten eines Kindes und nehmen gleichzeitig wahr, dass die Eltern nichts unternehmen wollen, um dem Kind zu helfen. In solchen Situationen kann es möglich sein, dass eine Erzieherin bzw. ein Team zu dem Schluss kommt, dass das Wohl des Kindes gefährdet ist und dass schnell etwas zu unternehmen ist. Doch es ist nicht Aufgabe von Erzieherinnen zu entscheiden, ob in solch einem Fall eine Kindeswohlgefährdung vorliegt. Trotzdem muss die Erzieherin aktiv werden. Dabei sollte sie aber vorsichtig vorgehen und nicht überreagieren. Keinesfalls sollte sie den Fall, auch aus Datenschutzgründen, vorschnell beim Jugendamt oder der Polizei melden.

Möglich sind folgende Handlungsschritte:

- Beratung im Team zur Klärung der Beobachtung und Wahrnehmung der Erzieherin. Erarbeitung nächster Handlungsschritte.
- Beratung durch eine Beratungsstelle, durch ein Kinderschutzzentrum oder durch eine Supervisorin einholen. Ebenso kann das Jugendamt beraten, der Fall muss allerdings wegen des ► Datenschutzes anonym bleiben.
- Vorbereitung und Durchführung eines Gespräches mit den Eltern, um mit ihnen gemeinsam eine Problemsichtweise und eine Lösung zu erarbeiten.
- Ergibt sich keine Lösung im Gespräch mit den Eltern, so sollten auf jeden Fall die weiteren Handlungsschritte mit dem Sozialen Dienst des Jugendamtes abgesprochen werden.

Für die Erzieherin ist es wichtig zu wissen, was ihre Aufgaben, was aber auch ihre Grenzen sind. Einige ► Träger haben einen Handlungsleitfaden z. B. bei Verdacht auf Kindesmissbrauch erarbeitet, an dem sich Mitarbeiterinnen in Kindertageseinrichtungen orientieren können.

6. Entwicklungsauffälligkeiten – Behinderungen – individuelle Förderung von Kindern

6.1 Entwicklungsauffälligkeit/-störung

Entwicklungsauffälligkeit(en)

Je nach Erscheinungsbild werden für eine abweichende Entwicklung verschiedene Begriffe verwendet. Als übergeordnete Bezeichnung für eine veränderte Entwicklung wird die Bezeichnung „Entwicklungsauffälligkeit" benutzt. Dieser Begriff sagt aber noch nichts über die spätere Entwicklung des Kindes voraus. Eine „Entwicklungsverzögerung" bzw. „Retardierung" besteht, wenn eine abweichende Entwicklung vorliegt, welche möglicherweise wieder aufgeholt werden kann. Abweichungen bzw. Auffälligkeiten im Entwicklungsverlauf (Verzögerungen oder Vorsprünge) brauchen in weiten Grenzen als nicht Besorgnis erregend gesehen werden, wenn man davon ausgeht, dass Entwicklung individuell und häufig nicht kontinuierlich verläuft. Die Erzieherin sollte, wenn sie eine Entwicklungsauffälligkeit beobachtet (z. B. Auffälligkeit im Verhalten, in der sprachlichen, motorischen, emotionalen Entwicklung), keine defizitorientierte Perspektive einnehmen, sondern das Kind sensibel beobachten (▶ Beobachtung), um auf der Grundlage einer objektiven Beschreibung die Signale des Kindes benennen und vom Kind aus verstehen zu können.

Entwicklungsstörung(en)

Eine bleibende Entwicklungsbeeinträchtigung wird als Entwicklungsstörung bezeichnet. Hier ist es erforderlich, den Bereich der Störung genauer zu beschreiben. Die Entwicklungsstörung kann kognitive, emotionale, motorische, soziale oder psychische Entwicklungsbereiche betreffen.

Nach dem ▶ ICD-10 haben Entwicklungsstörungen folgende Gemeinsamkeiten:

– Beginn ausnahmslos im Kleinkindalter oder in der Kindheit;
– eine Entwicklungseinschränkung oder -verzögerung von Funktionen, die eng mit der biologischen Reifung des Zentralnervensystems verknüpft sind;
– stetiger Verlauf ohne Remissionen (Rückgang, vorübergehendes Nachlassen von Krankheitssymptomen) und Rezidive (Rückfälle).

ICD-10

ICD-10 steht für „International Statistical Classification of Diseases and Related Health Problems", die 10 steht für die 10. Revision von 1998. Die internationale Klassifikation von Krankheiten, Behinderungen und psychischen Störungen wurde von der Weltgesundheitsbehörde erstellt.

Das ICD-10 grenzt Entwicklungsstörungen von Verhaltenauffälligkeiten und von Verhaltens- und emotionalen Störungen mit Beginn in der Kindheit und Jugend (Hyperkinetische Störungen, Störungen des Sozialverhaltens) ab.

Wahrnehmungsstörungen können eine Ursache und eine Form von Entwicklungsstörungen sein. Aufgrund ihrer Bedeutung werden sie besonders beschrieben.

Entwicklungsstörungen schulischer Fertigkeiten

Lese-Rechtschreibe-Schwäche

Die Lese-Rechtschreibe-Schwäche oder **Legasthenie** ist eine Teilleistungsstörung, die nach heutigem Wissensstand organische Ursachen (Erbfaktoren oder Hirnreifungsverzögerungen aufgrund von Infekten oder anderer Risiken, damit verbundene Wahrnehmungsstörungen) hat. Die Kinder haben Probleme beim Lesen und/oder Schreiben, ein Bezug zu einer Intelligenzminderung besteht nicht, diese Kinder können in anderen Fächer überdurchschnittliche Leistungen erbringen. Für die Kinder ist es schwierig, Buchstabenformen zu erfassen (**visuelle Detailerfassung**) und/oder ähnliche Sprachlaute zu unterscheiden (**auditive Diskrimination**).

Nach der ► ICD-10-Klassifkation ist die Legasthenie eine Teilleistungsschwäche.

Rechenschwäche

Die Rechenschwäche (**Dyskalkulie**) ist ein chronisches Versagen im Fach Mathematik. Die Kinder haben aufgrund organischer Ursachen und damit verbunden Wahrnehmungsstörungen Probleme beim Zahlenverständnis und beim Aufbau eines Mengenbegriffes. Die Kinder haben keinen Mangel an Intelligenz und Begabung und können auch sonst logisch denken. Eine Dyskalkulie kann sich wie folgt zeigen: Die Kinder zählen mit Fingern, verstehen Rechenabläufe grundsätzlich nicht, Zehner, Hunderter oder Tausender Überschreitungen werden schwer oder nicht erreicht, Einer und Zehner werden vertauscht, Unverständnis von Textaufgaben. Nach der ► ICD-10-Klassifkation ist die Rechenschwäche eine Teilleistungsschwäche.

Frühkindlicher Autismus

Autismus (griech. autos = selbst) kann auf neurologische Befunde (z. B. Defekte im Kleinhirn, mangelnde Kooperation der Gehirnhälften) und auch auf genetische Einflüsse zurückgeführt werden. Das ICD-10 beschreibt den frühkindlichen Autismus als eine tiefgreifende Entwicklungsstörung, die sich durch Störungen in der sozialen Interaktion (im Miteinander in Beziehung stehenden Personen), Kommunikation und in stereotypen Verhaltensmustern zeigt. Weiter können sich Wutausbrüche, Schlafstörungen, Phobien oder Aggressionen zeigen. Autistische Säuglinge schreien entweder sehr viel oder sind auffällig passiv. Ein elterliches Erziehungsverhalten, das falsch auf die schreienden oder passiven Kinder reagiert, kann die Störungen noch verstärken. Autistische Kinder zeigen ein eingeschränktes Kontaktverhalten zu anderen Menschen oder verweigern dies ganz. Des Weiteren zeigen sie auffällige Verhaltensweisen. Bei ca. $1/3$ der Kinder entwickelt sich die Sprache gar nicht oder mit Eigenheiten. Die Kinder können sich lange in derselben Weise mit bestimmten Objekten beschäftigen. Das Fantasie- und Symbolspiel entwickelt sich nicht. Bei ca. 75 % der Kinder wird eine Minderung der Intelligenz festgestellt. Hilfe erhalten autistische Kinder über Trainings- bzw. Therapieprogramme unter Einbeziehung der Eltern. Eine Integration in Kindergruppen, besonders mit Kindern, die ein regulär entwickeltes Kontaktverhalten zeigen, sollte angestrebt werden.

Depressionen und Angststörungen

Depressionen und Angststörungen in der frühen Kindheit als bleibende Entwicklungsstörungen im psychischen Bereich, sind abhängig von Anlage- und Umweltfaktoren. Depressionen bei Säuglingen stehen im Bezug zum Verlust einer primären Bezugsperson. Weiter kann das Interaktionsverhalten einer primären Bezugsperson Depressionen beim Kind auslösen, vor allem, wenn die Bezugsperson selbst depressiv ist.
Konflikte zwischen den Eltern können sich ebenso negativ auf ein Kind auswirken. Symptome einer frühkindlichen Depression können Bauchschmerzen, Nörgeleien, Rückzug, Weinen, kaum ausgeprägtes Spielverhalten und Schlafstörungen sein. Behandlungsansätze kindlicher Depressionen können bei Eltern in einer Therapie und in einer Bearbeitung des Erziehungs- und Interaktionsverhaltens liegen. Bei älteren Kleinkindern können spiel- und verhaltenstherapeutische Maßnahmen angewendet werden. Ängste treten entwicklungsbedingt in verschiedenen Altersstufen auf und sind bis zu einem gewissen Maß als entwicklungsangemessen zu

betrachten (z. B. das Fremdeln, Trennungsangst). Kritisch wird es in den Situationen, wenn die Angstreaktion in keinem Verhältnis zur auslösenden Situation steht.

Einfluss auf Angststörungen hat das Erziehungsverhalten der Eltern. Des Weiteren können aufregungs- oder spannungsreiche Situationen (z. B. unerwartete Trennungen von der primären Bezugsperson in bedrohlichen Situationen) Angststörungen auslösen.

Neben diesen Trennungsängsten können bei Kindern phobische Ängste auftreten, d. h. die Angst vor Tieren oder Gewitter. Ebenfalls können Kinder übertriebene Angst vor bestimmten Personen zeigen. Über Spiel- und Verhaltenstherapien können Ängste bei Kindern, in Zusammenarbeit mit den Eltern, behandelt werden.

Motorik

Entwicklungsstörungen im motorischen Bereich zeigen sich über Rückstände im grob- und feinmotorischen Bereich. Mit einhergehen können später Störungen der Aussprache. Zeichnerische Fähigkeiten können sich eingeschränkt zeigen. Bei Frühgeborenen treten entsprechend dem Gestationsalter (die Zeit von der Zeugung bis zur Geburt) Verzögerungen in der Entwicklung ihrer Motorik auf. Die Kinder zeigen u. a. muskuläre Störungen, Abweichungen von Reflexen.

Visumotorik

Hier handelt es sich um ein mangelndes Zusammenspiel zwischen dem Sehen und der Bewegung. Für diese Kinder sind die Raumorientierung und die Bewegungssteuerung schwierig. Diese Störungen können auch mit Aufmerksamkeitsstörungen verbunden sein. Entwicklungsstörungen der Motorik sind in Bezug auf ihre Entstehung auch im Zusammenhang mit ► Wahrnehmungsstörungen zu betrachten.

Sprache

Die Entwicklung der Sprache kann durch ► Wahrnehmungsstörungen, eine schwierige emotionale Grundstimmung, eine mangelnde Interaktion, hirnorganische Störungen, körperliche Behinderungen oder durch eine Intelligenzminderung stark beeinträchtigt sein. Mehrere Faktoren können zusammenwirken. Von Störungen in der Sprachentwicklung spricht man, wenn mindestens zwei Entwicklungsebenen der Sprache beeinträchtigt sind.

Sprachentwicklungsverzögerung

Die Sprachentwicklung eines Kindes kann auf den verschiedenen Ebenen der ► Sprachentwicklung von der Norm abweichen. Von Bedeutung ist dabei, dass die Entwicklung nur verzögert ist. Wenn die Entwicklungsstufe erreicht ist, ist die Qualität der Sprache genauso gut wie bei den Kindern, die die Stufe entsprechend der Norm erreicht haben. Die Abgrenzung zur Sprachentwicklungsstörung scheint in der Praxis schwierig.

Sprachstörungen

Aphasie

Verlust des Sprechvermögens und Sprachverständnisses durch Krankheit trotz erhaltener Intelligenz und gesunder ► Sprechwerkzeuge.

Aphrasie

Unvermögen, korrekte Sätze zu bilden.

Artikulationsstörungen

- **Alalie**: Unfähigkeit, artikuliert zu sprechen, verursacht durch organische Schädigungen oder mangelnde Koordination der Sprechwerkzeuge. Die **mentale Alalie** (Sprachscheue) zeigt sich bei Kleinkindern, die durch Stottern vom Spracherwerb abgehalten werden.
- **Dyslalie**: Störung der Aussprache bzw. Artikulation. Bei der Dyslalie oder dem **Stammeln** bleibt die Aussprache hinter der Altersnorm. Bestimmte Laute können nicht ausgesprochen werden. Die Laute werden weggelassen oder durch andere ersetzt. (Bsp.: Bus statt Busch, Tind statt Kind, Lasche statt Flasche).
- **Partielle Dyslalie**: Ein bis zwei Laute sind betroffen.
- **Multiple Dyslalie**: Mehr als zwei Laute sind betroffen
- **Universelle Dyslalie**: Fast alle Laute sind betroffen.
- **Chitismus**: Das „ch" wird nicht normgerecht gebildet oder ersetzt.
- **Gammazismus**: Das „g" wird nicht normgerecht gebildet oder ersetzt.
- **Kappazismus**: Das „k" wird nicht normgerecht gebildet oder ersetzt.
- **Rhotazismus**: Das „r" wird nicht normgerecht gebildet oder ersetzt.
- **Schetismus**: Das „sch" wird nicht normgerecht gebildet oder ersetzt.
- **Sigmatismus**: Das „s" wird nicht normgerecht gebildet oder ersetzt. Bekannt auch als **lispeln.**
- **Dysarthrie**: Störung der Lautbildung aufgrund der behinderten Koordination der ► Sprechwerkzeuge. Ursache: Schädigung des Nervensystemes.

Dysgrammatismus

Störung in der Grammatikentwicklung. Die Kinder können nicht entsprechend der Altersnorm Sätze bauen, lassen Satzteile weg, verwenden Präpositionen (Verhältniswörter), Verbformen und Artikel falsch, bilden die Mehrzahl falsch.

Lalophobie
Sprechangst beim ▶ Stottern.

Mutismus
Ein Kind, das schon Sprechen konnte, spricht nicht mehr (**Sprechverweigerung**).
- **Elektiver Mutismus:** Ein Kind spricht in bestimmten Situationen oder mit bestimmten Menschen nicht.
- **Totaler Mutismus:** Ein Kind spricht gar nicht mehr.

Myofunktionelle Störung
Probleme mit der Muskelspannung, vor allem mit der Zunge, die sich negativ auf das Sprechen auswirken.

Sprachentwicklungsbehinderung
Früher verwendeter Begriff, der auf eine Sprachstörung aufgrund einer Hirnschädigung oder einer Behinderung hinwies. Heute wird der Begriff der ▶ Sprachentwicklungsstörung verwendet, mit dem Hinweis auf eine Behinderung.

Sprachentwicklungsstörungen (SES)
Störungen in der Entwicklung der Sprache, die mindestens zwei Ebenen in der Sprachentwicklung (▶ Ebenen der Sprachentwicklung) betreffen. Der Stand der Sprachentwicklung eines Kindes entspricht nicht dem Altersdurchschnitt.

Sprechablaufstörungen
- **Poltern:** Die Kinder sprechen i. d. R. unbewusst übereilt und überhastet. Das Sprechtempo ist zu schnell und ungleichmäßig. Silben oder Wörter können verschluckt werden.
- **Stottern:** Blockierungen und/oder Wiederholungen im Redefluss, die bewusst erlebt werden und Scham, Angst, Wut auslösen können.
- **Klonisches Stottern:** Silben oder Laute werden wiederholt.
- **Tonisches Stottern:** Krampfhafte Blockierung beim Sprechen.

Beim Stottern ist zu unterscheiden zwischen sog. entwicklungsbedingten Unflüssigkeiten (**Entwicklungsstottern**) und dem **echten Stottern**. Beim echten Stottern sind die Wiederholungen und Blockierungen mit Anstrengungen verbunden, beim Entwicklungsstottern nicht. Weiter zeigen sich beim echten Stottern Sekundärsymptome wie Grimassen, Körperbewegungen, Rotwerden.

Stimmstörungen
Stimmstörungen stehen i. d. R. nicht mit der Sprachentwicklung in Zusammenhang.

- **Aphonie**: Der Stimmklang fehlt, Flüsterstimme.
- **Dysphonie**: Der Stimmklang, die Stimmhöhe zeigen sich auffällig. Bsp.: Heiserkeit.
- **Rhinophonie**
- **Offene Rhinophonie** (Rhinophonia aperta, offenes Näseln): Die Luft strömt beim Sprechen durch die Nase.
- **Geschlossene Rhinophonie** (Rhinophonia clausa, geschlossenes Näseln): Beim Sprechen entweicht zu wenig Luft durch die Nase.

Störung der phonologischen Bewusstheit
Die Kinder können Wörter nicht in Silben zerlegen, erkennen keine Reimwörter, sind unsicher, an welcher Stelle im Wort die Laute kommen.

Wortfindungsstörung
Die Kinder kennen einen Begriff, der ihnen aber im Moment nicht einfällt. Der gesuchte Begriff wird mit anderen Worten beschrieben.

Wortschatzdefizite
Bei einem Wortschatzdefizit oder eingeschränktem Wortschatz fehlen den Kindern Begriffe, um Dinge oder Sachverhalte der Norm entsprechend benennen zu können.

6.2 Wahrnehmung

Wahrnehmungsstörungen kommen als eine mögliche Ursache im Bereich der kindlichen Entwicklungsstörungen eine besondere Bedeutung zu, da die ▶ Wahrnehmung eine grundlegende Funktion in der kindlichen Entwicklung innehat.

Eine Wahrnehmungsstörung ist der ganze oder teilweise Ausfall der Sinnesorgane und/oder ein gestörter Prozess der Reizverarbeitung im Gehirn, auch wenn die Sinnesorgane funktionieren. Ursachen können organisch oder umweltbedingt sein. Oft ist auch bei Wahrnehmungsstörungen das Zusammenspiel anlage- und umweltbedingter Einflüsse zu beobachten. Im Einzelnen können folgende Faktoren einer Wahrnehmungsstörung zugrunde liegen:

- Schädigungen und eine mangelhafte Reifung von Hirnregionen.
- Das Gehirn bildet zu wenig Nervenzellen und Synapsen, sodass zu wenige Grundstrukturen zur Verfügung stehen, um Reize zu verarbeiten.
- Schädigungen des Gehirns durch Beeinträchtigungen in der Schwangerschaft (Medikamente, Alkohol).
- Schädigungen des Gehirns durch Sauerstoffmangel während der Geburt.

– Ein Mangel an Reizen bzw. die dem Kind zur Verfügung stehenden Reize stimulieren das Kind nicht gut genug.
– Ein Kind ist einer Reizüberflutung ausgesetzt.
– Kinder sind nicht eigenaktiv genug, um ihre Welt „begreifen" zu können.
– Die Reizstimulierung in sensiblen Phasen ist nicht ausreichend.
– Die emotionale Grundstimmung eines Kindes ist negativ geprägt.

Einteilung von Wahrnehmungsstörungen entsprechend der ▶ Entwicklungsstufen nach Affolter:

– **Modalitätsspezifische Störungen**: Verarbeitungsprobleme liegen in Bereichen der auditiven, kinästhetischen, taktilen, vestibulären und ▶ visuellen Wahrnehmung.
– **Intermodale Störungen**: Die ▶ Sensorische Integration ist gestört. Das Gehirn kann Reize nicht zu einem sinnvollen Ganzen verarbeiten.
– **Seriale Störungen**: Ein räumliches oder zeitliches Nacheinander von Reizen kann schwer oder nicht erkannt werden. Eine Reaktion ist schwierig.

Wahrnehmungsstörungen können sich bei Kindern im Alltag unterschiedlich äußern, z. B. Selbstwertprobleme, ängstliches ▶ Verhalten, Überempfindlichkeit, Verletzbarkeit, ▶ Aggressivität, Konzentrationsschwierigkeiten, Aufmerksamkeitsprobleme ▶ Aufmerksamkeit, Grob- und Feinmotorikschwächen, Teilleistungsstörungen ▶ Lese- und Rechtschreibeschwäche.

In der Arbeit mit den Kindern ist es wichtig, die eigene Einstellung und die Haltung zum Kind zu überprüfen, damit ggf. ein unangemessenes Erziehungsverhalten mit z. B. Unter- oder Überforderung oder Vorurteile gegenüber dem Kind vermieden werden können. Die verschiedenen Stärken von Mitarbeiterinnen innerhalb eines Teams können dementsprechend gewinnbringend eingesetzt werden. Die Stärken des Kindes sollen bewusst gesehen werden, um über diese einen Zugang zum Kind und einer ihm angemessenen ganzheitlichen Förderung zu finden. Eine ganzheitliche Förderung im Gegensatz zur Förderung einzelner Wahrnehmungsbereiche ist sinnvoll, weil die Bereiche im Gehirn in Verbindung stehen und so jede Anregung eines Sinnesbereiches sich auf die anderen Bereiche auswirkt. Grundlage jeder Förderung sollten dabei sein, den Kindern Spaß, Freude und Neugier an der Erkundung der Umwelt und des eigenen Körpers zu geben oder zu erhalten. Dem Kind soll das Gefühl vermittelt werden, dass es wertgeschätzt wird und dass man ihm vertraut, was sich positiv auf sein Selbstwertgefühl auswirken kann.

Zeigen sich Kinder in der Kindertageseinrichtung auffällig und besteht ein Verdacht auf eine Wahrnehmungsstörung, so sollten die ▶ Beobachtungen genau dokumentiert (▶ Dokumentation) und interpretiert werden. Bei der Einschätzung unterstützen externe Fachkräfte. Fundiert sich über die Beobachtungen und die Reflexion die Vermutung, dass eine Wahrnehmungsstörung vorliegt, so sollte das Gespräch mit den Eltern gesucht werden, um diesen die Beobachtungen und Vermutungen darzulegen. Dabei sind diese als die Expertinnen ihrer Kinder ernst zu nehmen und wertzuschätzen. Fragen, Sorgen und Beobachtungen der Eltern müssen wahr- und ernstgenommen werden. Ziel des Gespräches sollte sein, dass das Kind durch Fachkräfte (Kinderärzte, Erziehungsberaterinnen oder andere Spezialisten) untersucht wird, die eine entsprechende Diagnose stellen können.

Erzieherinnen unterstützen in diesem Sinn oft die Arbeit von Therapeutinnen oder Heilpädagoginnen, die die Kinder gezielt in der Einrichtung oder in der Praxis fördern. Sie dürfen aber nicht therapeutisch tätig werden.

6.3 Aufmerksamkeit

Aufmerksamkeitsstörungen sind im Wesentlichen nach Lauth durch Unaufmerksamkeit, Hyperaktivität und Impulsivität gekennzeichnet. So haben aufmerksamkeitsgestörte Kinder beispielsweise Schwierigkeiten, Einzelheiten zu beachten; auch können sie nur kurze Zeit bei einer Sache verweilen. Sie erscheinen zumeist als leicht ablenkbar, sprunghaft, ungesteuert und zeichnen sich beispielsweise durch übermäßigen Rededrang aus. Des Weiteren fallen sie durch vorschnelles und unbedachtes Verhalten auf und neigen mitunter zu gefährlichen und unbedachten Aktivitäten. Die besondere Problematik aufmerksamkeitsgestörter Kinder äußert sich meist in wenig nützlichem Vorgehen, das sich deutlich von dem unauffälliger Gleichaltriger unterscheidet. Sie suchen zum Beispiel verkürzte Problemlösungen und nehmen sich dabei kaum die Zeit, eine Aufgabe zu verstehen bzw. eine Lösung systematisch abzuleiten und zu überprüfen. Erst durch die Beherrschung notwendiger Grundfertigkeiten sowie die Steuerung der Handlungsausführung und der Handlungsorganisation wird es aufmerksamkeitsgestörten Kindern möglich, dieses Syndrom zu überwinden. Hierzu benötigen Sie professionelle Hilfe mittels eines Therapiekonzeptes.

AD(H)S

Die deutsche Bezeichnung für „Aufmerksamkeits-Defizit-Störung mit/ohne Hyperaktivität.

ADHD
ist die internationale Bezeichnung und steht für „ Attention Deficit (Hyperactivity) Disorder".
Weitere, zum Teil ältere Bezeichnungen, die noch unterschiedlich verwendet werden:
ADS
Aufmerksamkeits-Defizit-Syndrom
HKS
Hyperkinetisches Syndrom, der Begriff wird teilweise mit AD(H)S gleichgesetzt.
MCD
Minimale Cerebrale Dysfunktion, der Begriff meint eine leichte Hirnschädigung, die bei der Geburt verursacht wurde, z. B. durch Sauerstoffmangel.

Weitere Symptome: kurze Aufmerksamkeitsspannen, keine Ausdauer, leichte Ablenkbarkeit, Tagträumen, übermäßiger Bewegungsdrang, Unruhe, zappeln, geringe Frustrationstoleranz, geringes Schlafbedürfnis, spontanes und unüberlegtes Handeln, Unfähigkeit, abzuwarten, vordrängeln. Die Kinder sind oft Außenseiter und haben schlechte Schulnoten. Im Kindergarten zeigen sich die Kinder motorisch sehr unruhig, sind sehr umtriebig und können sich selbst gefährden. In der Grundschulzeit können noch Lernschwierigkeiten dazukommen.

Die Ursachen von ► AD(H)S sind nicht eindeutig, man geht von einem Zusammenspiel von mehreren Faktoren aus. Je nach Profession werden Ansätze unterschiedlich diskutiert. Erbanlagen scheinen auch eine Rolle zu spielen. Mediziner gehen davon aus, dass Regelsysteme im Gehirn nicht funktionieren. Bereiche im Gehirn, die die Aufmerksamkeit steuern, benutzen den Botenstoff Dopamin. Dieser transportiert Informationen zu den Nervenzellen. Andockstellen, die an einzelnen Synapsen existieren, können bei AD(H)S Kindern den Botenstoff nicht aufnehmen. Das Signal wird nicht weitergeleitet. Psychosoziale Faktoren, die von Pädagoginnen und Psychologinnen herangezogen werden, sehen Mediziner nicht als Hauptursache. Allerdings kann z. B. eine ungünstige familiäre Situation AD(H)S ungünstig beeinflussen.
Bei der Behandlung von AD(H)S ist eine Zusammenarbeit von Therapeuten, Ärzten, Erzieherinnen, Eltern wichtig. Die Diagnose von AD(H)S ist nicht einfach und sollte von Spezialisten gestellt werden. Der Einsatz von Medikamenten wird kontrovers diskutiert.

Für Kinder mit AD(H)S ist in Kindertageseinrichtungen besonders wichtig, dass sie überschaubare Bereiche und klare Regeln und Strukturen vorfinden. Weiter sind klare Anweisungen und ein Anforderungsniveau, das den Kindern in ihrer Situation Rechnung trägt, für die Kinder hilfreich. Unnötige Reize sollten verhindert werden. Die Kinder sind oft Außenseiter und Sündenböcke. Fällt ein Kind mit den beschriebenen Symptomen auf, so sollten Erzieherinnen sehr behutsam mit der Situation umgehen. Gespräche im Team und die Einholung einer Außensicht durch Beratungsstellen sollte selbstverständlich sein, bevor Gespräche mit Eltern geführt werden. Stärken von AD(H)S-Kindern, wie z. B. ein starker Gerechtigkeitssinn, Kreativität, rhetorische Fähigkeiten, sollten mitberücksichtigt werden.

6.4 Verhalten

Verhalten meint alle Aktivitäten eines Menschen in der Auseinandersetzung mit seiner Umwelt. Die Aktivitäten können nach innen (Angst, Furcht, Freude) oder nach außen gerichtet sein (beobachtbares Verhalten wie Sprechen, Bewegung, ▶ Aggression.

Der Begriff der **Verhaltensauffälligkeit** ist in der Literatur unscharf definiert. Grundsätzlich ist ein Verhalten, das von der Norm abweicht, auffällig. Daran schließt sich aber die Frage an, was die Norm ist. Die statistische Norm ermittelt über Beobachtung von Menschen in gleichen Situationen die Norm eines Verhaltens und daraus folgernd auch die Abweichungen. Bei der soziokulturellen Norm ist das überwiegend in einer sozialen Gruppe gezeigte Verhalten die Norm. In diesen Betrachtungsweisen können Ansätze liegen, um Verhalten als „normal" oder als „auffällig" zu definieren. Der Begriff der **Verhaltensstörung** ist ein veralteter Begriff für Verhaltensauffälligkeit.

Der Begriff der Verhaltensauffälligkeit hat trotz der aufgezeigten Probleme den Vorzug, dass er einen Menschen nicht von vornherein als gestört etikettiert, sondern eine Beobachterin das Verhalten als auffällig wahrnimmt und daraufhin gefragt werden muss, wann, wann nicht, in welchem Umfang und in welchem Zusammenhang das auffällige Verhalten auftritt. Damit wird die Wahrnehmung des Beobachters und die Situationsbegebenheit mit einbezogen und nicht das Kind als „Störfaktor" wahrgenommen. Eine Verhaltensauffälligkeit kann auch als Notsignal, als eine gesunde Reaktion auf eine schwierige oder krankmachende Umwelt gesehen werden. Versteht man Auffälligkeit in diesem Sinn, so haben Erziehende die Aufgabe, das Notsignal des Kindes zu entschlüsseln bzw. zu fragen, was das Kind mit seinem Verhalten sagen bzw. erreichen will.

Grundsätzlich sollte davon ausgegangen werden, dass eine Verhaltensauffälligkeit vorliegt, wenn das auffällige Verhalten sich mindestens regelmäßig über drei Monate zeigt und das Kind entweder sich, andere oder Sachen schädigt. Verhaltensauffälligkeiten sind oft eine Reaktion auf belastende Situationen, auf schwierige Bindungs- und Kommunikationsmuster. Gleichzeitig ist immer auch zu prüfen, ob nicht auch körperliche Ursachen bzw. ▶ Wahrnehmungsstörungen eine Verhaltensauffälligkeit bedingen. Erzieherinnen in Kindertageseinrichtungen sind fast täglich mit Verhaltensauffälligkeiten konfrontiert. Gerade in der Praxis, in einem Gruppenalltag mit hohen Kinderzahlen, fällt das Einschätzen von Verhaltensauffälligkeiten und der Umgang mit ihnen nicht einfach. Häufig stößt man im Umgang mit verhaltensauffälligen Kindern an seine eigene und an die Grenzen der Institution. Umso wichtiger ist darum ein gutes Fachwissen und ein ruhiger, gezielter Umgang mit verhaltensauffälligen Kindern.

Aggressives Verhalten

▶ Aggressionen gehören zum menschlichen Verhalten. Es gibt positive und negative Formen der Aggressivität. Im positiven Sinn kann Aggression als ein offensives Verhalten gesehen werden, mit dem Vorhaben „in Angriff" genommen werden. Dazu gehören z. B. Formen der Selbstbehauptung, Durchsetzung, tatkräftiges Arbeiten. Negatives aggressives Verhalten kann sich wie folgt äußern: Kinder schlagen andere Kinder oder Erwachsene, Sticheleien, Schadenfreude oder Sachbeschädigung. Kinder können Aggressionen ins Unbewusste verdrängen, was zur Folge haben kann, dass sich Symptome wie z. B. Ess- und Schlafstörungen zeigen.

Zeigt sich ein Kind auffällig, so ist es wichtig herauszufinden, wofür das auffällige Verhalten steht, weshalb das Kind sich aggressiv zeigt. In Gesprächen mit Eltern sollte vorsichtig erkundet werden, wie sich die familiären Bedingungen gestalten. Ab einer bestimmten Schwere des aggressiven Verhaltens ist es ratsam, eine Beratungsstelle hinzuzuziehen. Des Weiteren ist abzuklären, ob das aggressive Verhalten ein Hinweis auf Hirnstörungen, Teilleistungsstörungen oder auf ein ▶ Hyperkinetisches Syndrom (HKS) ist.

Einnässen/Einkoten

Ein durchschnittlich entwickeltes Kind ist vor Ende des 2. Lebensjahres körperlich nicht in der Lage, Darm- und Blasenmuskulatur zu beherrschen.

Eine Störung beim Trockenwerden lösen Eltern schon aus, wenn sie das Kind in diesem Alter bei der Reinlichkeitserziehung überfordern. Störungen bei der Blasen- bzw. Darmkontrolle sind grundsätzlich ernst zu nehmen.

Enuresis

Ein Kind, älter als 5 Jahre, nässt unwillkürlich oder absichtlich ohne körperlichen Befund mindestens 2-mal im Monat in das Bett oder die Kleider ein. Ein sporadisches Einnässen beim Spielen, wenn das Kind seine Harnkontrolle vergisst, ist keine Enuresis.

Encopresis

Ein Kind entleert seinen Stuhl mindestens einmal im Monat über ein halbes Jahr in die Kleidung oder ins Bett.

Sekundäres Einnässen/Einkoten

Ein Kind, das bereits „trocken" bzw. „sauber war, nässt bzw. kotet wieder ein. Nässen oder Koten Kinder ein, ist zuerst eine medizinisch-organische Abklärung durch einen Arzt notwendig. Ca. 10 % der Fälle von Einnässen haben organische Ursachen (Harnwegsinfektionen, eine beginnende Infektionskrankheit, hormonelle oder muskuläre Defizite). Die restlichen Fälle sind auf psychische Situationen zurückzuführen, vor allem auf belastende Situationen in der Familie oder im weiteren Umfeld des Kindes, wie z. B. Trennung/Scheidung, Geburt eines Geschwisterkindes, Umzug der Familie, häufig wechselnde Bezugspersonen in der Kindertageseinrichtung, Probleme in der Freundesgruppe, Probleme in der Schule oder die Ursachen liegen in der Reinlichkeitserziehung der Eltern.

In der Kindertagseinrichtung kann ein einnässendes oder einkotendes Kind verschiedene Reaktionen (Mitleid, Überbehütung, Ekel) hervorrufen. Aufgabe der Erzieherinnen ist es, die Situation des Kindes zu analysieren. Ein Gespräch mit den Eltern sollte folgen, ggf. ist eine Beratungsstelle hinzuzuziehen. Mit den Eltern kann gemeinsam überlegt werden, wo die Belastungen des Kindes liegen, wie man dem Kind unabhängig vom Symptom Zuwendung geben und sein Selbstwertgefühl steigern kann.

Essstörungen

Essstörungen können sich z. B. wie folgt äußern: Essensverweigerung, Kinder sind wählerisch, Kinder essen zu viel oder zu wenig. Ursachen können emotionale Spannungen sein, ausgelöst z. B. durch Machtkämpfe in der Essenssituation, Machtkämpfe in anderen Situationen, Geschwisterrivalitäten. Oft will ein Kind durch das Essverhalten Aufmerksamkeit erzeugen, weil es zu wenig Zuwendung bekommt.

Lösungsmöglichkeiten: Je nach Symptom sollte eine Untersuchung beim

Kinderarzt erfolgen, damit mögliche organische Ursachen nicht unberücksichtigt bleiben. Können organische Ursachen ausgeschlossen werden, ist eine Beratung z. B. in einer Erziehungsberatungsstelle der nächste Schritt. Was können Erzieherinnen, Eltern selbst tun? Gelassenheit und ein Aussteigen aus Machtkämpfen, klare Essenregeln einführen, reflektieren, ob man nicht selbst ein schlechtes Vorbild beim Essen abgibt, die Gestaltung einer ruhigen und überschaubaren Essenssituation, Rituale einführen, versuchen, die Botschaft des Kindes zu entschlüsseln.

Adipositas-Simplex
Fettsucht – Kinder essen zu viel.
Schwerere Essstörungen treten bei Jugendlichen auf:

Anorexia nervosa
Magersucht. Tritt am häufigsten bei Mädchen und jungen Frauen auf. Symptome sind ein starker Gewichtsverlust, eine eingeschränkte Nahrungsauswahl, übertriebene körperliche Aktivitäten, eine übertriebene Sorge um das Körpergewicht und die Körperform, selbst herbeigeführtes Erbrechen, der Gebrauch von Appetitzüglern.

Bulimia nervosa
Bulimie. Zeigt sich durch Anfälle von Heißhunger mit einem anschließenden selbst herbeigeführten Erbrechen oder Ausscheiden der Nahrung durch Abführmittel. Eine übertriebene Sorge um das Körpergewicht und die Körperform besteht ebenfalls. Bulimische Erkrankungen können sich aus einer Anorexia nervosa entwickeln.

6.5 Behinderung(en)

Nach dem ► SGB IX sind Menschen behindert, wenn ihre körperliche Funktion, geistige Fähigkeit oder seelische Gesundheit mit hoher Wahrscheinlichkeit länger als 6 Monate von dem für das Lebensalter typischen Zustand abweicht und daher ihre Teilhabe an der Gesellschaft abweicht. Von Behinderung bedroht ist ein Mensch, wenn eine Beeinträchtigung zu erwarten ist.
Nach Artikel 3, Abs. 3, Satz 2 des ► Grundgesetzes darf niemand wegen einer Behinderung benachteiligt werden.
Nach dem SGB IX haben Menschen mit Behinderung oder Menschen, die von Behinderung bedroht sind, Anspruch auf Leistungen nach diesem Gesetzbuch (Leistungen zur medizinischen Rehabilitation, zur Teilhabe am Arbeitsleben, zur Teilhabe am Leben in der Gemeinschaft).

Den Bedürfnissen von Kindern soll in diesem Sinn besonders Rechnung getragen werden.

Primärbehinderung

Eine Schädigung führt zu einer Behinderung, z. B. Schwerhörigkeit. Die Folge kann eine Lernbehinderung sein (Folge- oder Sekundärbehinderung).

Behinderungsarten

- Anfallskranke (Epileptiker)
- Altersgebrechliche
- Psychotiker (Psychose). Bsp.: Schizophrene, Manisch-depressive
- Hörgeschädigte, z. B.: Schwerhörige, Gehörlose
- Intelligenzgeschädigte, z. B. geistig Behinderte, Lernbehinderte
- Körperbehinderte, z. B. Gelähmte, Rheumaerkrankte, Spastiker
- Langzeitkranke, z. B. Diabetiker
- Sehgeschädigte, z. B. Blinde
- Sprachbehinderte, z. B. Stotterer (Stottern)
- Verhaltenauffällige, z. B. Autisten

Formen von Behinderungen

Mehrfachbehinderung

Eine Mehrfachbehinderung liegt vor, wenn zwei oder mehr Behinderungen zusammentreffen, z. B. Gehörlosigkeit und Sprachbehinderung.

Schwerbehinderung

Behinderungen werden nach ihrer Schwere klassifiziert. Dieser sog. **Grad der Behinderung** bestimmt, ab wann ein Mensch schwerbehindert ist.

Die Feststellung des Grades der Behinderung erfolgt durch das Versorgungsamt, bei dem ein Antrag zu stellen ist. Dabei werden ärztliche Befunde oder Berichte verschiedener Organisationen berücksichtigt. Entsprechend des Grades der Behinderung können Ansprüche auf Nachteilsausgleiche bzw. verschiedene finanzielle Hilfen erworben werden.

Geistige Behinderung

Eine geistige Behinderung ist eine deutliche Beeinträchtigung der kognitiven Fähigkeiten bzw. des Lernvermögens eines Menschen. Weiter können im sprachlichen, motorischen, sozialen und emotionalen Bereich Entwicklungsverzögerungen auftreten. Geistig behinderte Menschen entwickeln sich langsamer, manche Entwicklungsstufen erreichen sie nie. Als geistig behindert gilt ein Mensch ab einem bestimmten ▶ Intelligenzquotient. Dieser wird in der Fachliteratur uneinheitlich (zwischen 49 und 70) angegeben.

Körperliche Behinderung

Eine Körperbehinderung besteht, wenn eine erhebliche und dauerhafte Einschränkung der Bewegungsfähigkeit vorliegt. Zu den Körperbehinderungen gehören Schädigungen des ▸ Zentralnervensystems , ausgelöst z.B. durch frühkindliche Hirnschädigungen. Hierdurch können spastische Lähmungen entstehen. Weitere körperlche Binderungen: Fehlbildungen des Rückenmarks und der Wirbelsäule. Häufig sind auch Schädigungen der Muskulatur und des Skelettsystems vorhanden, so dass es zu Fehlbildungen des Skeletts, Gelenkfehlstellungen, Rückratverkrümmung und/oder Kleinwüchsigkeit kommen kann. Die Beeinträchtigung der Bewegungsfähigkeit kann auch durch chronische Erkrankungen ausgelöst werden, z.B. Rheuma oder Herz-, Kreislauf- und Gefäßerkrankungen.

Sprachbehinderung

Der Übergang von einer ▸ Sprachstörung zu einer Sprachbehinderung ist fließend und von Experten festzustellen. Dabei kommt es auch auf die jeweilige Fachdisziplin der Experten an, sodass Diagnosen durchaus unterschiedlich ausfallen können. Sprachbehinderungen treten oft im Zusammenhang oder als Folge von anderen Behinderungen auf.

Lernbehinderung

Eine Lernbehinderung liegt vor, wenn ein Kind beim Lernen so schwer beeinträchtigt ist, dass es den Anforderungen an seine Altersnorm nicht entspricht. Eine Lernbehinderung ist keine ▸ geistige Behinderung. Kennzeichen von Lernbehinderungen können u.a. sein: eingeschränkte Abstraktions- und Gliederungsmöglichkeiten, langsames Arbeiten, Auffälligkeiten in der Wahrnehmung, des Sozialverhaltens und in der motorischen Entwicklung. Ist die Beeinträchtigung weniger gravierend, spricht man von einer **Lernstörung.**

Bei der Suche nach Ursachen geht man davon aus, dass es sich bei Lernbehinderungen um vielschichtige Ursachenkomplexe (z.B. körperliche, soziale Ursachen) handelt.

6.6 Heilpädagogik und Frühförderung

Heilpädagogik

Die Heilpädagogik befasst sich mit der Erziehung und Förderung von Kindern, Jugendlichen und Erwachsenen, die durch körperliche, psychische oder soziale Faktoren in ihrer Entwicklung so beeinträchtigt sind, dass sie bestimmten gesellschaftlichen Anforderungen nur teilweise oder nicht gewachsen sind. Statt des älteren Begriffes Heilpädagogik wird in Deutschland uneinheitlich auch der Begriff **Sonderpädagogik** verwendet. Historisch gesehen darum, weil mit dem Begriff Sonderpädagogik darauf hingewiesen werden soll, dass die Beeinträchtigungen nicht im medizinischen Sinn geheilt werden können. Bezweckt war damit eine Abgrenzung zur Medizin. Im Alltag werden allerdings die Begriffe synonym verwendet. Eher findet aber der Begriff Heilpädagogik Verwendung.

Die Heilpädagogik ist interdisziplinär ausgerichtet und bezieht z. B. Ansätze aus der Bewegungstherapie (Motologie), Spieltherapie oder Verhaltenstherapie mit in ihre Förderkonzepte mit ein. Heilpädagogisches Wissen ist in Kindertageseinrichtungen von Nutzen, da zum einen Beeinträchtigungen, Entwicklungsrückstände oder Behinderungen festgestellt und/oder zum anderen heilpädagogische Maßnahmen im Rahmen eines integrativen Ansatzes(► integrative Kindergärten/Tageseinrichtungen) durchgeführt werden können. Zielgruppen sind behinderte Kinder, entwicklungsverzögerte und verhaltensauffällige Kinder.

Frühförderung

Der Begriff entstand in den 1970er Jahren und meint die möglichst frühe systematische und integrative Förderung von behinderten oder von Behinderung bedrohten Kindern bis zum Schuleintritt.

Die für Eltern kostenlose Förderung kann in verschiedenen Bereichen (in Frühförderstellen, in Arztpraxen, integrativen Regeleinrichtungen, im Elternhaus) und durch verschiedene Professionen, z. B. Ärzte, Logopäden, Ergotherapeuten, Erzieherinnen erfolgen.

Prinzipien einer heilpädagogischen Frühförderung:

- **Prävention**: Weitere Folgeschäden, Schwierigkeiten sollen durch eine möglichst frühzeitige Förderung verhindert werden.
- **Normalisierung**: 1950 in Dänemark von Bank-Mikkelsen und 1969 in Schweden durch Nirje formuliertes Prinzip. Behinderten soll so weit wie möglich ein normales Leben ermöglicht werden bzw. es sollen ihnen die Errungenschaften des alltäglichen Lebens zur Verfügung gestellt werden. Nirje stellt 8 Forderungen auf: 1. normaler Tagesrhythmus, 2. Trennung Arbeit – Freizeit – Wohnen, 3. normaler Jahresrhythmus, normaler Lebenslauf, 5. Respektierung von Bedürfnissen, 6. angemessene Kontakte zwischen Geschlechtern, 7. normale wirtschaftliche Stan-

dards, 8. Standards von Einrichtungen. Normalisierung zieht ▶ Integration nach sich.

– **Reedukation**: Ausschöpfung und Reaktivierung von geschädigten Funktionen (Sehen, Hören, Bewegen) durch technische Hilfsmittel, Bewegungstraining oder andere Maßnahmen.
– **Korrektion**: Fehlentwicklungen (in der Sprache, im Sozialverhalten) sollen zurückentwickelt werden.
– **Kompensation**: Nicht zu korrigierende Beeinträchtigungen müssen durch sog. Bewältigungstechniken ersetzt werden, z. B. Blindenschrift.
– **Integration**: Behinderte sollen nicht ausgegrenzt und damit isoliert und stigmatisiert werden, sondern in sog. Regeleinrichtungen mit Nichtbehinderten erzogen und gefördert werden.
– **Ressourcenorientierung**: Das Förderkonzept setzt bei den Stärken eines Kindes an.

Der Berufsverband der Heilpädagogen e. V. stellt folgende **Grundsätze einer heilpädagogische Frühförderung** auf:

– Ganzheitlichkeit
   Familien und Umfeldorientierung
– Interdisziplinarität
– Regionalisierung
– Mobilität
– Flexibilität
– Koordination und Vernetzung

Weiter definiert der Berufsverband **Ziele der heilpädagogischen Frühförderung**:
– Prävention durch niederschwellige Beratungsangebote
– Frühzeitige Einleitung einer Förderung und Begleitung
– Vermeidung sekundärer Schwierigkeiten als Folge einer Behinderung
– Unterstützung der Familien im Zusammenleben mit dem Kind
– Stärkung und Unterstützung der Eltern in ihren Erziehungskompetenzen
– Unterstützung der Eingliederung des Kindes in den Kindergarten/in die Schule

6.7 Integration behinderter Kinder in Kindertageseinrichtungen

Gemeint ist die gemeinsame Erziehung von behinderten und nichtbehinderten Kindern in Kindertageseinrichtungen. Zu beachten ist, dass durch die föderale Struktur der Bundesrepublik die integrative Betreuung von behinderten Kindern in den einzelnen Bundesländern zum Teil unterschiedlich geregelt ist.

Kinder mit Epilepsie, Down-Syndrom sowie Kinder mit ► Körperbehinderungen, Sehbehinderungen, ► Sprachbehinderungen werden u. a. in Kindertageseinrichtungen betreut. Diese Auflistung hat keinen Anspruch auf Vollständigkeit.

Durch die Betreuung der behinderten Kinder in den sog. ► Regeleinrichtungen sollen diese nicht ausgegrenzt, sondern in ihrem gewohnten Lebensumfeld betreut werden. Behinderte und nichtbehinderte Kinder können voneinander profitieren und sich gegenseitig Impulse zur Entwicklung geben. Von Bedeutung sind dabei Rahmenbedingungen wie der Personalschlüssel, das Raumprogramm und die Ausstattung mit entsprechenden Spielmaterialien. Die Betreuung von behinderten Kindern sollte in der Konzeption verankert sein und muss auf jeden Fall vom ganzen Team mitgetragen werden. Die zusätzliche Förderung/Therapie der Kinder ist in das Alltagsgeschehen einzubinden. Grundlage der Betreuung ist dabei die Zusammenarbeit zwischen Eltern, Kindertagseinrichtung und weiteren Fachkräften. Im pädagogischen Alltag müssen Spiel- und Lernprozesse so gestaltet sein, dass behinderte und nichtbehinderte Kinder sich gegenseitig Anregungen geben können. Sonderstellungen behinderter Kinder sollen so weit es geht vermieden werden.

Inklusion

Ist als Konzept zu verstehen, das über Integrationsbestrebungen hinausgehend versucht, alle Menschen mit Beeinträchtigungen in einen Alltag für alle mit einzubeziehen. Behinderte Menschen werden nicht nur in eine Welt von Nichtbehinderten integriert, sondern alle Menschen in in einer Gesellschaft werden angesehen als Menschen mit jeweils unterschiedlichen Bedürfnissen, auf die angemessen reagiert werden muss. Die Schlussfolgerung bzw. Vision für Kindertageseinrichtungen nach diesem Konzept ist, dass die Einrichtungen offen sind für wirklich alle behinderten und nichtbehinderten oder auffälligen Kinder. Jedes Kind bekommt die individuelle Unterstützung, die es benötigt.

Möglich sind verschiedene Formen der integrativen Betreuung von behinderten Kindern in Kindertageseinrichtungen:
- **Einzelintegration**: Ein behindertes Kind wird in einer regulären Gruppe betreut. Je nach Situation wird die Kinderzahl reduziert.
- **Integrative Gruppen**: Behinderte und nichtbehinderte Kinder werden zusammen in der Kindertageseinrichtung betreut. Die Kinderzahl ist reduziert. Die Zahl der behinderten Kinder kann variieren.
- **Integrierte Einrichtungen**: Bsp.: ▶ Ein Sonderschulkindergarten und eine Kindergartengruppe arbeiten in einem Haus zusammen.

Rechtliche Grundlagen der Betreuung von behinderten Kindern in Kindertageseinrichtungen:
- ▶ Grundgesetz, Artikel 3, Absatz 3, Satz 3: *Niemand darf wegen seiner Behinderung benachteiligt werden.*
- ▶ SGB VIII, § 1, Absatz 3: *Jugendhilfe soll (…) junge Menschen in ihrer individuellen und sozialen Entwicklung fördern und dazu beitragen, Benachteiligungen zu vermeiden oder abzubauen.*
- ▶ SGB VIII, § 22a(4): *Kinder mit und ohne Behinderung sollen, sofern der Hilfebedarf dies zulässt, in Gruppen gemeinsam gefördert werden. Zu diesem Zweck sollen die Träger der öffentlichen Jugendhilfe mit den Trägern der Sozialhilfe bei der Planung, konzeptionellen Ausgestaltung und Finanzierung des Angebots zusammenarbeiten.*
- ▶ SGB VIII, § 24 (1): *(1) Ein Kind hat vom vollendeten dritten Lebensjahr bis zum Schuleintritt Anspruch auf den Besuch einer Tageseinrichtung. (…)* Alle Kinder ab dem. 3. Lebensjahr, selbstverständlich auch behinderte Kinder, haben einen Rechtsanspruch auf einen Kindergartenplatz.
- ▶ SGB VIII, § 35a: Eingliederungshilfe für seelisch behinderte Kinder und Jugendliche.
- ▶ SGB IX Rehabilitation und Teilhabe behinderter Menschen: In § 30 sind Leistungen der Früherkennung und ▶ Frühförderung geregelt. In den § 55 und 56 sind heilpädagogische Maßnahmen für Kinder geregelt, die noch nicht im schulpflichtigen Alter sind.
- ▶ SGB XII: Eingliederungshilfe § 53 ff.
Weiter sind noch landesrechtliche Rechtsgrundlagen zu beachten.

Bei der Aufnahme eines behinderten Kindes in eine Kindertageseinrichtung müssen verschiedene Aspekte berücksichtigt werden:
- Anmeldung des Kindes: Die Eltern wünschen die Aufnahme ihres behinderten Kindes in eine Kindertageseinrichtung. Klärung der Behinde-

rungsart und des sich daraus ergebenden Förderbedarfs. Kontakt zu Frühförderstellen, Beratungsstellen, deren Mitarbeiter eine Stellungnahme abgeben sowie Unterstützungsangebote anbieten können. Parallel: Klärung im Team, Informationsstand weitergeben, die zukünftige Erzieherin mit einbeziehen, ggf., wenn möglich, fachlich weiterbilden.

– Zusammenarbeit mit dem Gesundheitsamt oder Jugendamt, bei seelisch behinderten Kindern nach ▶ SGB VIII § 35 a. ggf. Einbeziehung weiterer Fachkräfte, z. B. Fachberatung. Verantwortlichkeiten im Hilfeprozess klären.

– Ggf. Klärung, ob die Betriebserlaubnis geändert werden muss.

– Klärung, aufgrund welcher rechtlichen Gegebenheiten das Kind in der Kindertageseinrichtung betreut werden kann.

– Einschätzung, ob Eingliederungshilfe nach ▶ SGB X IIin Verbindung mit SGB IX beantragt werden kann. Feststellung der Behinderung durch das Gesundheitsamt ggf. durch das Jugendamt.

– Eltern beantragen ggf. beim örtlichen Träger der Sozialhilfe Eingliederungshilfe bzw. beim örtlichen Träger der Jugendhilfe Eingliederungshilfe für seelisch behinderte Kinder.

– Wenn die Eingliederungshilfe genehmigt wird: Klärung der Hilfen, Aufstellung eines Gesamtplanes, ggf. Einstellung von Honorarkräften, Abschluss eines Vertrages zwischen dem Träger der Kindertageseinrichtung und dem Träger der örtlichen Sozialhilfe.

– Beginn der Betreuung, danach bedarfsgerechte Fortschreibung des Hilfeplans.

Literatur

Aden-Grossmann, Wilma (2002): Kindergarten. Weinheim und Basel: Beltz.

Arnold, Rolf; Nolda, Sigrid; Nuissl, Ekkehard (Hrsg.) (2001): Wörterbuch Erwachsenenpädagogik. Bad Heilbrunn/Obb.: Klinkhardt.

Ayres, Jean A. (1984): Bausteine der kindlichen Entwicklung. Berlin, Heidelberg: Springer-Verlag.

Bannenberg, Thomas (2002): Social Sponsoring & Fundraising. Kindergarten heute – basiswissen kita. Freiburg: Herder.

Bay, Rolf H. (1998): Teams effizient führen. Würzburg: Vogel Verlag.

Bayerisches Staatsministerium für Arbeit und Sozialordnung, Familie und Frauen (Hrsg.) (2003): Der Bayerische Bildungs- und Erziehungsplan für Kinder in Tageseinrichtungen bis zur Einschulung, Entwurf zur Erprobung. Weinheim und Basel: Beltz.

Beauftragte der Bundesregierung für Migration, Flüchtlinge und Integration (Hrsg.) (2004): Migrationsbericht (im Auftrag der Bundesregierung in Zsarb. mit dem Europäischen Forum für Migrationsstudien (efms) an der Universität Bamberg. Berlin, Bonn.

Bensel, Joachim; Haug-Schnabel, Gabriele (2004): Vom Säugling zum Schulkind – Entwicklungspsychologische Grundlagen. Kindergarten heute – spezial. Freiburg: Herder.

Bensel, Joachim; Haug-Schnabel, Gabriele (2005): Grundlagen der Entwicklungspsychologie. Die ersten 10 Lebensjahre. Freiburg: Herder.

Böhm, Winfried (2000): Wörterbuch der Pädagogik. Stuttgart: Kröner.

Bronfenbrenner, Urie (1981): Die Ökologie der menschlichen Entwicklung. Stuttgart: Klett-Cotta.

Bürgerliches Gesetzbuch (2004), 55. Auflage. München: Deutscher Taschenbuch Verlag.

Bericht der Beauftragten der Bundesregierung für Ausländerfragen über die Lage der Ausländer in der Bundesrepublik Deutschland (2002). Berlin.

Bundesministerium für Bildung und Forschung (1998): Abschlussbericht zum „Bildungs-Delphi". München.

Bundesministerium für Jugend, Familie, Frauen und Gesundheit (Hrsg.) (1990): Achter Jugendbericht.

Bundesministerium für Familie, Senioren, Frauen und Jugend (Hrsg.) (1998): Zehnter Kinder- und Jugendbericht.

Bundesministerium für Familie, Senioren, Frauen und Jugend (Hrsg.) (2001): Bericht der Bundesrepublik Deutschland an die Vereinten Nationen gemäß Artikel Abs. 1 Buchstabe b des Übereinkommens über die Rechte des Kindes.

Bundesministerium für Familie, Senioren, Frauen und Jugend (Hrsg.) (2002): Elfter Kinder- und Jugendbericht.

Bundesministerium für Familie, Senioren, Frauen und Jugend (Hrsg.) (2002): Mutig fragen, besonnen handeln.

Bundesministerium für Familie, Senioren, Frauen und Jugend (Hrsg.) (2004): Erziehungsgeld, Elternzeit. Das Bundeserziehungsgeldgesetz – Regelungen ab 01. 01. 2004.

Deutscher Verein für öffentliche und private Fürsorge (Hrsg.) (2002): Fachlexikon der sozialen Arbeit. 5. Aufl. Stuttgart und Köln: Eigenverlag.

Deutsches Jugendinstitut (Hrsg.) (2004): DJI Bulletin Nr. 67.

Diakonisches Werk der Evangelischen Kirche in Deutschland e.V. (Hrsg.)(2003): Wie Kinder trauern. Leinfelden.

Duden (2003): Deutsches Universal-Wörterbuch, 5. Aufl. Mannheim: Dudenverlag.

Dusolt, Hans (2001): Elternarbeit. Weinheim und Basel: Beltz.

Franken, Bernd (2003): Qualitätsentwicklung. Kindergarten heute – basiswissen kita. Freiburg: Herder.

Ebert, Sigrid (2003): Friedrich Fröbel – was uns seine Pädagogik heute noch sagen kann. In: Kindergarten heute. Heft 5/ 03, S. 6 – 15. Freiburg: Herder.

Franken, Bernd (2004): Leiten und Führen in Tageseinrichtungen für Kinder. Kindergarten heute – basiswissen kita. Freiburg: Herder.

Fthenakis, Wassilos E. (Hrsg.) (2003): Elementarpädagogik nach PISA. Freiburg: Herder.

Fried, Lilian (2004): Expertise zu Sprachstandserhebungen für Kindergartenkinder und Schulanfänger. Eine kritische Betrachtung. München: Deutsches Jugendinstitut.

Fuchs, Ragnhild; Siebers, Christiane (2002): Sprachförderung von Anfang an. Köln: Sozialpädagogisches Institut NRW.

Goleman, Daniel (1997): Emotionale Intelligenz. München: Deutscher Taschenbuch Verlag.

Gordon, Thomas (2003): Die neue Beziehungskonferenz. München: Heyne.

Gorges, Roland (1996): Didaktik: Eine Einführung für soziale Berufe. Freiburg: Lambertus.

Griebel, Wilfried; Niesel, Renate (2002): Abschied vom Kindergarten. München: Don Bosco.

Griebel, Wilfried; Niesel, Renate (2004): Transitionen. Weinheim und Basel: Beltz.

Hans-Böckler-Stiftung (Hrsg.) (2000): Armut und Ungleichheit in Deutschland: der neue Armutsbericht der Hans-Böckler-Stiftung, des DGB und des Paritätischen Wohlfahrtsverbands. Reinbek bei Hamburg: Rowohlt.

Hellrung, Uta (2004): Sprachentwicklung und Sprachförderung. Freiburg: Herder.

Hogenboom, Marga (2003): Menschen mit geistiger Behinderung besser verstehen. München: Ernst Reinhardt.

Hugoth, Matthias (2003): Fremde Religionen – fremde Kinder? Freiburg: Herder.

Hurrelmann, Klaus (2001): Einführung in die Sozialisationstheorie. 7. Aufl. Weinheim und Basel: Beltz.

Kazemi-Veisari, Erika (1998): Partizipation – Hier entscheiden Kinder mit. Freiburg: Herder.

Kazemi-Veisari, Erika; Becker-Textor, Ingeborg; Saßmannshausen, Wolfgang; Klein, Lothar; Brockschnieder Franz-Josef; Ullrich, Wolfgang; Böhm Regine und Dietmar (2002): Pädagogische Handlungskonzepte von Montessori bis zum Situationsansatz. Kindergarten heute – spezial. Freiburg: Herder.

Kinderschutz-Zentrum Berlin (Hrsg.) (2000): Kindesmisshandlung, Erkennen und Helfen. 9. Aufl. Berlin.

Klein, Lothar (2002): Freinet-Pädagogik im Kindergarten. Freiburg: Herder.

Krenz, Armin (1991): Der „Situationsorientierte Ansatz" im Kindergarten. 16. Aufl. Freiburg: Herder.

Krenz, Armin (2004): Der Situationsorientierte Ansatz auf einen Blick. Freiburg: Herder.

Laewen, Hans-Joachim; Andres, Beate (2002): Bildung und Erziehung in der frühen Kindheit. Weinheim und Basel: Beltz.

Laewen, Hans-Joachim; Andres, Beate (2002): Forscher, Künstler, Konstrukteure. Weinheim und Basel: Beltz.

Lück, Gisela (2003): Handbuch der naturwissenschaftlichen Bildung. Freiburg: Herder.

Näger, Sylvia (2003): Medienpädagogisch arbeiten. Kindergarten heute – spot. Freiburg: Herder.

Oerter, Rolf; Montada, Leo (Hrsg.) (2002): Entwicklungspsychologie. 5. Aufl. Weinheim und Basel: Beltz.

Osbar, Christian (1999): Sexualpädagogik zwischen Persönlichkeitslernen und Arbeitsfeldorientierung. Köln: Bundeszentrale für gesundheitliche Aufklärung.

Pausewang, Freya (1994): Ziele suchen – Wege finden. Berlin: Cornelsen.

Pfluger-Jakob, Maria (2003): Wahrnehmungsstörungen bei Kindern – Hinweise und Beobachtungshilfen. 5. Aufl. Kindergarten heute – spezial. Freiburg: Herder.

Prott, Roger (2001): Rechtshandbuch für Erzieherinnen. 7. Aufl. Neuwied, Berlin: Luchterhand.

Regel, Gerhard; Kühne, Thomas (2001): Arbeit im offenen Kindergarten. Freiburg: Herder.

Reinhold, Gerd (Hrsg.) (2000): Soziologie-Lexikon. München: Oldenbourg.

Sander, Rita; Spanier Rita (2004): Sprachentwicklung und Sprachförderung – Grundlagen für die pädagogische Praxis. 2. Aufl. Kindergarten heute – spezial. Freiburg: Herder.

Saßmannshausen, Wolfgang (2003): Waldorfpädagogik im Kindergarten. Freiburg: Herder.

Schaub, Horst; Zenke, Karl G. (2000): Wörterbuch Pädagogik. München: Deutscher Taschenbuch Verlag.

Schäfer, Gerd E. (Hrsg.) (2003): Bildung beginnt mit der Geburt. Weinheim und Basel: Beltz.

Schmutzler, Hans-Joachim (1993): Handbuch Heilpädagogisches Grundwissen. 5. Aufl. Freiburg: Herder.

Schede, Hans-Georg (2000): Der Waldkindergarten auf einen Blick. Freiburg: Herder.

Schultz von Thun, Friedemann (1994): Miteinander Reden 1. Reinbek: Rowohlt Taschenbuch Verlag.

Schultz von Thun, Friedemann (1998): Miteinander Reden 3, Reinbek: Rowohlt Taschenbuch Verlag.

Spitzer, Manfred (korr. Nachdr. 2003): Lernen. Gehirnforschung und die Schule des Lebens. Heidelberg, Berlin: Spektrum Akademischer Verlag.

Stamer-Brandt, Petra (2003): Arbeits- und Tarifrecht für Erzieherinnen. Kindergarten heute – basiswissen kita. Freiburg: Herder.

Tietze, Wolfgang; Viernickel, Susanne (Hrsg.) (2992): Pädagogische Qualität in Tageseinrichtungen für Kinder. Ein nationaler Kriterienkatalog. Weinheim und Basel: Beltz.

Steenberg, Ulrich (2002): Montessori-Pädagogik im Kindergarten. Freiburg: Herder.

Triarchi-Herrmann, Vassilia (2003): Mehrsprachige Erziehung. München: Ernst Reinhardt Verlag.

Ullrich, Wolfgang; Brockschnieder, Franz-J.: Reggio-Pädagogik im Kindergarten. Freiburg: Herder.

Utz, Klaus; Pfluger-Jakob, Maria (2003): Verhaltensauffälligkeiten bei Kindern – Symptome, Hinweise, Hilfen. Kindergarten heute – spezial. 3. Aufl. Freiburg: Herder.

Verband Katholischer Tageseinrichtungen für Kinder (KTK) (Hrsg.) (1999): Vielfalt bereichert. Interkulturelles Engagement katholischer Tageseinrichtungen für Kinder. Freiburg: KTK.

Viernickel, Susanne; Völkel, Petra (2005): Beobachten und Dokumentieren im pädagogischen Alltag. Freiburg: Herder.

Weber, Jürgen (1996): Einführung in das Rechnungswesen I Bilanzierung. 5. Aufl., Stuttgart: Schäffer-Poeschel Verlag.

Weber, Sigrid (Hrsg.) (2003): Die Bildungsbereiche im Kindergarten. Freiburg: Herder.

Weinert, Ansfried B. (1998): Organisationspsychologie. Weinheim: Psychologie Verlags Union.

Zimmer, Renate (1999): Handbuch der Psychomotorik. Freiburg: Herder.

Zimmer, Renate (1995): Handbuch der Sinneswahrnehmung. 9. Aufl. Freiburg: Herder.

Zimmer, Renate (2001): Alles über den Bewegungskindergarten. Freiburg: Herder.

Danksagung

Ohne meine Frau wäre dieses Projekt nicht möglich gewesen. Ich danke ihr für ihre Begleitung, Unterstützung und ihr Verständnis.

Ebenso danke ich Sonja Böhm für die sehr kompetente Unterstützung und Begleitung seitens des Verlag Herder.

Und ich danke Claudia Maier, die in der Zusammenarbeit im Rahmen des Projekts „KunstStücke" vieles mit angestoßen hat.

Register – Sachwortverzeichnis